日本现代文学选读

（下卷）

（增补版）

于荣胜　编著

图书在版编目(CIP)数据

日本现代文学选读.下卷.增补版/ 于荣胜编著. —北京：北京大学出版社，2006.5
(21世纪外国文学系列教材)
ISBN 978-7-301-10842-0

Ⅰ.日… Ⅱ.于… Ⅲ.①日语-阅读教学-高等学校-教材 ②短篇小说-作品集-日本-现代 Ⅳ.①H369.4 ②I

中国版本图书馆 CIP 数据核字 (2006) 第 070286 号

书　　　　名：	日本现代文学选读·下卷（增补版）
著作责任者：	于荣胜　编著
责任编辑：	许耀明
标准书号：	ISBN 978-7-301-10842-0/I · 0815
出版发行：	北京大学出版社
地　　　址：	北京市海淀区成府路 205 号　100871
网　　　址：	http://www.pup.cn
电　　　话：	邮购部 62752015　发行部 62750672　编辑部 62765014 出版部 62754962
电子邮箱：	zpup@pup.pku.edu.cn
印　刷　者：	北京汇林印务有限公司
经　销　者：	新华书店
	650 毫米×980 毫米　16 开本　26.75 印张　450 千字 2006 年 5 月第 1 版　2012 年 8 月第 3 次印刷
定　　　价：	39.00 元

未经许可，不得以任何方式复制或抄袭本书之部分或全部内容。
版权所有，侵权必究　举报电话：010-62752024
电子邮箱：fd@pup.pku.edu.cn

目 录

一、小说正文 1
　　白い人 .... 遠藤周作／1
　　楢山節考 .... 深沢七郎／79
　　人間の羊 .... 大江健三郎／141
　　時　　間 .... 黒井千次／171
　　草　　木 .... 中上健次／244
　　楽　　土 .... 中上健次／263
　　バス停 .... 丸山健二／284
　　蛍 .... 村上春樹／307
　　暑い道 .... 宮本輝／344
　　キッチン .... 吉本バナナ／369

二、日本現代文学史年表（小说） 414

三、主要参考书目 423

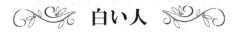

白い人

遠藤周作

I

　一九四二年、一月二十八日、この記録をしたためておく。聯合軍⁽¹⁾はすでにヴァランス⁽²⁾に迫っているから、早くて明日か明後日にはリヨン市⁽³⁾に到着するだろう。敗北がもう決定的であることは、ナチ自身が一番よく知っている。

　今も、このペンをはしらせている私の部屋の窓硝子が烈しく震えている。抗戦の砲声のためではない。ナチがみずから爆破したローヌ⁽⁴⁾河橋梁の炸裂音である。けれども橋梁を崩し、ヴィエンヌからリヨンに至るK2道路を寸断したところで津浪のような聯合軍は防ぎとめられる筈はない。巴里のフォン・シュテット⁽⁵⁾将軍はリヨン死守を厳命したというが、死守はおろか作戦的に後退すらうまくいくかわかったものではない。

　どの顔も兇暴にゆがめられている。聯合軍にたいするナチの憎しみは昨日から、リヨン市民に注がれている。死に追いつめられた鼠が猫にではなく自分の一族に飛びかかるように、今日、フランツ、ハンツ、ペーター、⁽⁶⁾といったナチの兵士たちはリヨン市民たちをくるしめる、それだけの為に街になだれ込

んでいる。レピュブリック街⁽⁷⁾で、エミール・ゾラ街⁽⁸⁾で、彼等は娘たちを凌辱(りょうじょく)し、民家や商店をあらしたりしている。ナチの誇った軍紀など糞くらえ⁽⁹⁾だ。

　私は彼等の血ばしった眼や憤怒にゆかんだ頬を想像するだけで、うすい嗤いが唇にうかぶのを禁じることができない。文化とか基督教とか、ヒューマニズムなどはなんの役にもたたない今日なのだ。ナチに限ったことではあるまい。聯合軍(レザリエ)であろうが、文明人(ユーロペアン)であろうが、黄色人(ジョンヌ)であろうが、人間はみな、そうなのだ。今日、虐殺される者は明日は虐殺者、拷問者に変る。明日とはリヨン市民が牙をならして、逃げ遅れたドイツ人、彼等を裏切った協力者(コラボラチュール)にとびかかる日だ。マルキ・ド・サド⁽¹⁰⁾はうまいことを云っている。

　　……かくて人間の血は赤くそまり
　　　その目は拷問の快楽(けらく)に赫(かがや)き……

　私のつむった眼の奥で、あの老犬を組みしいた女中イボンヌ⁽¹¹⁾の弾力ある腿の白さがハッキリとうかぶ。私はそれを人間が、他者にたいする真実の姿勢だと思う。

　イボンヌの白い腿……クロワ・ルッス⁽¹²⁾の家の窓から、グリーシヌ⁽¹³⁾の花の散る道に偶然みつけたあの小事件は私の少年時代にほとんど決定的な痕(あと)をのこした。けれども、他の少年たちならなんでもなく見過してしまったこの出来ごとが、なぜ、私にだけ焼きつくような極印をあたえたのだろう。今日、仏蘭西人(フランス)でありながら、ナチの秘密警察(グシュタポ)の片割れ⁽¹⁴⁾となり、同胞を責め苛(さいな)む路を私に選ばせたものを説明するために、幼年時代の記憶まで遡(さかのぼ)らねばなるまい。

　私の父は仏蘭西人だったが、リール⁽¹⁵⁾の工業技術学校にいる時、独逸人(ドイツ)の母と婚約した。結婚後、彼等はリヨンに住み、私はみにくい子だった。のみならず生まれつき斜視(すがめ)だった。後

白い人

　年父を思いだすたびに、私はあの十八世紀の卑俗な放蕩児(リベルタン)の肖像画を想起してしまう。リヨンのオペラ座の横で、老婆たちがみだらな雑誌と一緒に売っている、拙い猥画の主人公たちの顔だ。実際、彼は、肉づきのよい、背のひくい、こぶとりの男だった。白いブヨブヨした肉体と、女のように小さな手をもち、涙腺が発達しているのか眼だけは、いつも、泪でぬれていた。後年、自動車事故で死ぬまで、病気らしい病気も、死の恐怖もしらなかった。

　私は父のゴムマリのような肉体に指をあてたことがある。指跡は、いつまでも彼の白い皮膚の上にのこっていた。母がきびしい清教徒になったのも、考えると父の放蕩にたいする嫌悪からだったのかもしれぬ。自分の快楽しか顧みぬこの男は、やせこけた斜視の息子に愛情を持っていなかった。私が決して忘れることのできない仕うちがある。ある日、彼は指を私の眼の前に動かしながら云った。

　「右をみろと云うのに、右だよ」それから彼はワザと大きな溜息をした。「一生、娘たちにもてないよ。お前は」

　自分の顔だちのみにくさをハッキリ思いしらされたのは、この時からだった。私はそれを残酷に宣言した父を憎んだ。鏡をみることもくるしく、路で少女たちにすれ違う時やあたらしい女中に初めて引き合わされる時、辛かった。

　私は父がどれほど母を愛していたかも知らない。彼は仕事のためと云って、一ヵ月の半分は留守にしていた。あれは確か、私が十一歳の時である。母はその日、家にいなかった。その日父は工場から突然、ひとりの若い栗色の髪の女を連れてかえってきた。ながいこと、二人は一室にとじこもったまま出てこなかった。女はかえりがけに玄関で私の頭をなぜ、「可愛い子ね」と云った。そのとき私はこの女を憎んだ。手さげの中から一袋

のボンボンをくれた。

　女のこともボンボンのことも母には告げはしなかった。もちろん父へ味方したわけでもない。母に同情したでもない。私はただこの秘密を、秘密としてかくしておくことになぜか悦びを感じたのである。よる、寝床のなかで、そのボンボンを、音のせぬように口に入れながら、私はこの秘密の甘みをゆっくりと味わった。けれども誤解しないでほしい。今日の私の無神論は父の教育のためではない。清教徒である母への反抗からはじまったと云ったほうが正しいのだ。

　一九三〇年代のリヨンにおけるプロテスタント[16]の家庭を今日、想像することはむつかしい。父にたいする反動から当然母は私に、きびしい禁欲主義を押しつけた。十歳をすぎてから従姉妹とさえも二人きりでいることを許さなかった。彼女はなによりも、私を罪に誘うものとして肉欲の目覚めを警戒したのである。夜、床につく時も下半身から眼をそらして寝衣に着かえさせられた。両手を毛布の下に入れることは絶対に禁じられた。母は、既に欲望の血が騒ぎはじめた私の肉体から、その炎をかきたてる一切のものを追い払おうと懸命だった。

　おろかな母、と私は後年屢々思った。そのように気を配らなくても、私は娘に嘲けられる自分の顔だちを知っていた。彼女はふみくだかれた[17]灰から一層、火の燃えあがるという古い諺(ことわざ)を忘れていたのだ。とにかく、私はサン・チレーネ街[18]のプロテスタントの小学校で牧師がわれわれに与えた書物以外は絶対によまされもせず、普通その頃の年齢の子供の愛読する「灰かつぎ(サンドリアン)」[19]や「アラビアンナイト」[20]すらも、私の官能を刺激させ目覚ませると思ったのであろう、彼女は私がそれらの本を友人から借りることさえゆるさなかったのである。

　一九三〇年頃のリヨンはまだ十八世紀時代のリヨンと殆ど

変っていない。ふるい湿気のこもった、何十年の人間たちの臭気の滲んだクロワ・ルッスの館で、私はなにもせずに独りで、ジッと生きていた。他の子供たちのように女の子とママごとをしたり、輪投げをすることさえ私にはできなかった。しかし、悪魔の最大の詭計はその姿を見せないことである。彼はすべての罪から隔てられた筈の私にある日、突然悪の快感を教えてくれた……

　家の近所に飼主のない老犬がいた。むかし飼主は靴屋の老人だったのだが、それが肺病で死んでからも、犬はもとの家を離れず、毎日、あたりをうろつきまわっていた。私は登校や帰校のたびごとに、彼に出会うのを非常に懼れた。皮膚病のためか毛の抜けた赤い生身がむき出ていたし、のみならず、その犬は死んだその旧主人と同じように、たえず、しわぶきながら⁽²¹⁾歩いているのである。そばに近寄れば、皮膚病菌でなくても、結核菌をうつされるような不安が私をいたくくるしめていた。

　あれは春も終わりの日である。私は十二歳だった。その日、私は病気で学校を休んでいた。母は私を二階のベットにねせたまま、下の客間で、たまたま尋ねて来た牧師と話をしていた。しずかだった。

　ベットから退屈のままに外を眺めていた。ベットは窓ぎわにあってすこし端によれば、家の前の路がみわたせたのである。

　まひるのこととて路にはだれもいない。向い側の家の高い壁からもれ咲いているグリーシヌの紫色の花が風に吹かれて散りこぼれている。

　が、私はふしぎな光景をみた。家の女中のイボンヌがジッと路の隅にしゃがんで、なにかを手招いている。時時彼女は片手から一片の肉をだして、それをふってみせる。私は訝しく思った。

病犬は咳きこみながら、イボンヌの方にヨロヨロ近づいていく。彼は、しゃがみこんだ彼女の両脚の間に首をたれて、哀願するような姿勢をとった。
　と、イボンヌは肉片のかわりに一本の紐を手にした。片膝でもがく犬の首をおさえつけたまま彼女は老犬の口を一瞬にして縛った。私は窓に上半身を靠れさせたままふるえていた。イボンヌは肉片を、もう開くことの出来ぬ犬の口先に、なぶるように持っていく。犬は両足を痙攣させながら、あとずさりしようとする。イボンヌは右手をあげて、烈しく犬を撲ちはじめた。その首が彼女の白い太い腿で押さえつけられているため、犬はただ脚だけをむなしく掻きながら苦しまねばならぬ。やがてイボンヌは片膝をあげ、犬の口を縛った紐をとくと、何くわぬ顔をして、私の家の玄関に歩いていった。
　今日でも私は何故、あの女中があのようなことを演じてみせたのかわからない。恐らく彼女は、私の家から肉片をぬすんだこの老犬に復讐したのであろう。しかしその行為は、窓からそれを覗いていた十二歳の少年の生涯に決定的な痕跡を残した。私はふるえながら、一切をみていた。しかし、それは恐怖のためではない。可哀想な母が息子に強いた純潔主義(ピュリタニズム)の厚い城壁が、その日、音をたてて崩れたのである。私がその時味わったのは、情欲の悦びである。あの肺病やみの老犬の首を押えつけたイボンヌのむっちりした膝がしらは私の眼に焼けつくように白く、あまりに白くのこった。私の肉欲の目覚めは虐待の快楽を伴って、開花したのである。
　自分のほの暗い秘密を人にかたる程、私は莫迦でもなくもう無邪気でもなかった。父も母も学校の牧師も、依然として、この私を悪の悦びを味わわぬ一人の少年と思い込んでいたろうが。

聖書でも私は自分に与えられた影像(イマージュ)にしたがって敬虔(けいけん)に祈るふりをしていた。だが、サン・チレーネのあのカルビン小学校の聖堂で私が仰ぎみたのは決して神ではない。壁にかけられた地獄の想像画、そこでは死んだ罪人は裸のまま、黒い悪魔に、責めさいなまれていた。彼等は鞭うたれ、あるいは手脚をもぎとられていた。かつて私に一種の恐怖をあたえたものは、今日、あやしい快感を疼(うず)かせる。私は鞭うつ悪魔の見ひらいた眼のなかに、あの日、はじめて味わった叫びたいようなよろこびをよみとった。

　なぜ、そのような感覚が、他の子供には目覚めず、自分だけにひらかれたのか今でも私はふしぎに思っている。フロイド流にいえば[22]、こうしたサディズム[23]は子供の母にたいするコンプレックス[24]によると云う。もし、その理論通りならば、私は自分をきびしく教育した母を心ひそかに憎んでいたのではあるまいか。子供としての悦びや自由を禁じ、あのクロワ・ルッスの一室に幼年期を送らそうとした母の中に女性のすべてにたいする憎悪を養っていたのだろうか。ただ断っておきたいが、私の場合、サディズムはこれら都合のよい精神分析学の理窟通りにはいかなかったのだ。私はたんに女性にむかってのみ、自分の加虐本能を感じたのではない。女性のみならず、すべての人間、大袈裟(おおげさ)にいうならばすべての人類を苛(さいな)みたいという欲望を私は後年、感じだしたのである。

　先を急がねばならない。もう余り時間はないのだ。ふたたび烈しい炸裂音が、この部屋の窓をゆるがせ、壁や天井から、こまかい粉を落としてくる。今、破壊されたのはラファイエット橋だろう。

　だが、そういうことは、どうでもいい。ナチが敗走しようが、聯合軍がリヨンを奪回しようが、ファシズムが潰えて、所謂(いわゆる)、

民主主義が勝利をしめようが、そんなことは、私のあずかり知らぬこと⁽²⁵⁾だ。抗独運動者、コミュニスト⁽²⁶⁾、基督者たちがそこに歴史の進歩、正義の説明を托そうが私は無関心である。

もし、明後日のリヨンの運命が私に関係しているものがあるとすれば、それは、私が独逸秘密警察(ゲシタポ)に協力した裏切者として糾弾されることだけである。マキ⁽²⁷⁾やその味方を裁き、拷問し、虐待した、あの「松の実町」(ポム・ド・テール)事件の一味としての同胞？から復讐されるだろう。勿論、逃げるつもりだ。私は生きねばならぬ。第一、歴史が、この私を、いや私の裡の拷問者を地上から消すことは絶対にできないのだ。その事実を私はこの記録にしたためたいのである。

II

だれも私のほの暗い秘密に気がつかなかった。なるほど母も教師も私を天使のような子供とは思ってはいなかったろうが、それでも、やせて蒼ざめた勉強好きな少年ぐらいには考えていたろう。彼等は瞞(だま)されていたのだろうか。いや、そうではない。あのイボンヌと犬との光景が私の存在の底に燃え上らせた情欲はその後、つかの間にせよ、灰の下に埋れていたのである。周囲のものたちが私に描いている影像に自分をあわせていく間に、いつか私自身もあの事さえ忘れてしまっていた……

私は他の少年より肉体の発育が遅かった。リヨンのオペラ座裏のアンリ四世中学校にはいっても、他の友だちが好んで話す女学生(レフィユ)のことやガリーエーヌ街⁽²⁸⁾の淫売(ビュタン)の話に殆ど興味がなかった。どうせ自分がもてぬぐらいは知っていたのである。この年頃の少年たちが必ず一度はかかる「稚児(ペダル)さん遊び」⁽²⁹⁾の

熱病にも全く無関心だったと云ってよい。だが時として春の黄昏、あの十二歳の病気の日にそこに靠れたと同じように、硝子窓から、グリーシヌの花の散る人影ない小路を見おろしながら、体がふるえるのを感じた。心の中で私の手はなにかわからぬものを苦しめるために痙攣していた。寝巻を通してシーツまで汗まみれになりながら、その妄想を追い払わねばならなかった……

　アンリ四世中学校を終える前、その年の夏休み、父はいつになく、私を伴ってアラビアのアデンまで旅行した。それは彼にとっては、商用のためであった。彼の経営していた工場が、アデンから亜麻を買い入れるためだ。しかし私にとって、その旅行のあの日は……

　あの日、あのことをなしえたのは、道徳、宗教、家庭、学校がそこに住む一切の人間の本能や欲望をしばりつけている保守的なリヨンの重くるしい空気から突然、南東アラビアの砂漠のなかに自分を発見したためなのだろうか。それともあの八月の紅海から吹きつける、気も狂いそうな暑さのせいだったろうか。

　船は八月中旬、アデンに着いた。そしてわれわれはこの街で唯一つの西欧的な宿舎イングランド・ホテル[30]に泊った。父は一日中、契約先の出張商会の連中とかけずりまわっている。私は一人で放っておかれた。もう母の監督もない、牧師の束縛もない。私は自由であり、いかなる行為もなしうる状態にあった。

　目も昡むような熱さの中で生まれてはじめてあたえられた、この解放感を私はゆっくりと味わった。アフリカの黒人、褐色のアラビア人、黒布を顔にまいた女たちのみが蠢いている白い迷路もひそかに一人で歩いた。この街の何処からも、青いギラギ

ラと光る海と、その海べりに積まれた城館のような塩田とが見える。太陽は白熱した円球のように背後の裸山の上にいつも静止している。そして空の色は重く、鉛色であった。

　私はその日、土民たちの往来する迷路で曲芸をみた。曲芸師は、若い、殆ど裸体にちかいアラビア娘と一人の少年である。娘の裸体は汗と油とにヌルヌルと光っていた。彼女は銀色の蛇に似た手脚をくねらせておどった。見物人たちは、五、六人の土民だけである。彼等は骸骨のように痩せた脚をくんで、ミノと呼ばれる焼菓子をかじりながら見物していた。

　突然、娘はつれの少年を地面に寝かせた。彼の脚は徐徐に彎曲してそりかえったまま、頭の上まで届いた。その姿は交尾の刹那の蠍のようだった。裸体の娘は、少年の足と頭との上に飛び上った。少年の体は、殆ど耐えきれぬ程、弓なりになった(31)。

　「キイ！」

　たしかに彼のくいしばった唇からは苦痛の呻きがもれた。しかし娘は、容赦なく、その頭の上で足ぶみをはじめた。彼女の黒い眼は細く、ながくなり、残忍な光に燃えた。

　私は倒れそうだった。太陽は先程と同じようにギラギラとアデン背後の裸山の上で動かない。重い、鉛色の空の下で空気は膨れあがり、膨れあがり、私の体を痺らせていった。私はホテルまで夢中で走りかえった……

　その翌日、父はポート・サイド(32)まで出向くつもりになっていた。勿論、彼は私にこのエジプト第一の海港を散策することを奨めた。しかし私は断った。私は父の不在を利用してもう一度、あの迷路まで行かねばならなかった。

　更にまひるである。私はシャツをぬぎ色模様のＹシャツに着かえた。父が食事代にくれた紙幣をポケットに入れ、私はあ

の曲芸の場所にでかけた。

　少年は昨日とおなじ場所にいた。しかし、彼は今日は行きかう通行人に物乞いをする乞食になっていた。片言の英語で彼は私にアデンを案内すると申し出た。

　二人は歩きだした。彼は私の前になり、うしろになり、時々意味のわからぬ英語で話しかけた。太陽は今日も白熱の円球のように重くるしく静止している。突然、少年は「ナイス・ガール」とわめきはじめた。彼は私を昨日のアラビア娘の所に案内するつもりらしかった。不機嫌に私は首をふった。塩田の近くに来た時、われわれはたちどまった。二人は汗まみれになっていた。私はＹシャツをぬぎ、上半身、裸となった。それから、我々のいる前面に、塩をふいた褐色の岩壁が厚く不気味にそびえているのを見てから、初めて、ポケットの紙幣をとりだした。

　前面の岩石は熱風に焼け爛れた枯草の中にどぎつい原色のまま転がっている。私は濡れたＹシャツを右手に持ったまま進んだ。少年も黙って従った。濃い黒色の影を、岩は背後に落している。我々はたちどまった。首も裸体の胸もべっとりと汗にぬれていた。

　私は彼に囁いた。なにを云ったのか覚えてはおらぬ。口はカラカラに乾いた。少年は私の腕に押されたまま、岩石のうしろの秘密の影のなかに倒れた。

　……海は真青だった。海から吹きつける熱風を私はあらあらしく吸いこんだ。私は太陽をみた。それはやはり鈍い白い円板のように静止していた。少年が岩影のなかで気を失い、灰色の草の中にうつ伏しているのをふりかえりながら、白い路を歩いてホテルに帰った。しかし、私は痺れた記憶のなかで、私にからまれながら、あのアラビアの少年の眼が被虐の悦びに光り震えていたのをハッキリと思いだすことが出来た……

アデンの旅行後、ほとんど白痴のような状態になった。なにをするのも懶い。すべてのことに関心も、気力も持てない。一日中ベットの上にねそべって、煙草を幾本もふかし続け、濁った眼を虚空に注ぎながらジッとしていた。時々、あの原色のなまなましい岩の赫きと、その岩の背後のあまりにも濃い影のなかに、うつ伏しに倒れているアラビアの少年の裸の姿態が甦った。私の唇はふるえながら（そうされるに価するんだ）と呟いた。しかし、少年が、なぜ、そうされるに価するのか、いえなかった。

　新学期がはじまった。それは、私等、アンリ四世中学校の最高学級生徒にとっては、大学入学資格試験準備のための年でもある。われわれ、哲学級の生徒のために、特にリヨン大学哲学科のマデニエ氏(33)の講義があたえられた。講壇の上にこの老人は、葡萄酒の愛用と肉食とで、薔薇色に色づいたまるい顔をのせ、甘ったるい微笑を唇にうかべて「子供たちよ」としゃべりはじめるのだった。私はその充ち足りた顔が非常にイヤだった。このカトリックの哲学者が説く、人間の善や徳、人間の精神的進歩、人間の歴史的成熟という言葉を、私は耳もとで幻聴でも鳴っているように滑稽に思いながら聞いていた。十七歳、十八歳のすべての純情な学友たちはすくなくとも、これらの言葉の真実性と価値とを心の底ではうたがっていなかったのに、私だけが、なぜそれをおかしく思ったのだろう。もちろん、こちらには、そうしたモラリストの信念をくつがえすだけの理論も思索もあるわけではない。ただ、私は自分が斜視の青年であること、あの十二歳の日にグリーシヌの花の散る窓からみたイボンヌと老犬の光景を知っていた。アデンの迷路で少年の頭に躍り狂った褐色の娘の裸像の記憶をもっていた。そして白く燃えた円板の太陽の下で熱風に焼けただれた枯草と、岩の下で……、

それを思いだすだけで充分だった。

　翌年、父は死んだ。情婦とドライブしていた自動車が樹にぶつかったのである。一九三八年の夏である。父の死にあっても、私は慟哭(どうこく)も悲哀も感じなかった。もちろん、もう神や永遠の生命を信じてはいない。私はその秋、ベルナール街にあるリヨン法科大学で行われた大学入学資格試験で、マデニエ氏が我々に教えた「善」「徳」「理性の優位」「歴史的展開」という言葉をあの老人の甘ったるい顔を思いながら答案の上に書いた。試験に合格した時、私の将来に弁護士(アボカ)をゆめみていた憐れな母は泣いて喜んだが、私はくらく皮肉に微笑した……

　なにごともどうでもよかった。あのイボンヌと老犬との思い出以来、兎も角も私は周囲の人間を欺(あざむ)きつづけて来たのではないか。父は私のアデンの秘密を知らずに死んでいる。母は、私がいつの日かレピュブリック街に事務所をひらくのを心に描いている。

　もし、すべてが、そのままだったなら、私は周囲の者たちが抱いている影像に応じながら生きていったかもしれぬ。

　しかし、戦争が起った。その翌年、ヒットラーは麾下(きか)のナチ軍にポーランド進撃を命じたのである。

III

　その戦争がはじまる一年前、八月下旬の暑くるしい午後、私はぶらぶらとクロード・ベルナール街の法科大学にでかけてみた。大学入学資格試験(バカロレア)を合格した私は、そこに九月から入学することになっていたのである。

　大学はきびしい残暑の日差しに照らしあげられて、療養所の安静時間のようにガランとしていた。ただどこか、遠くで（恐

らく学生ホールからだろう）だれかが、拙いピアノを奏いているのがきこえた。

　通廊下の掲示板に、新学期の講義課目の表がのっている。マデニエが「カントの実践理性批判」を教えるのだ。わたしは、あの人のよい老人の、まるい薔薇色の顔を思いうかべた。あの意味のないふやけた顔が、私のアンリ四世中学時代を支配した。ねむたくなるような午後、教室はひるめし時のジャムの匂いが残っている。皆が黙ってペンをはしらせている。人間の良心、倫理的決断……灰色の塵が机の上におおいかぶさる。

　ピアノの音はまだ、聞こえている。それは幾度も幾度もきいた覚えがあるのに、いつまでもその名が思いだせない曲の一つだった。私が廊下を曲ったり、それにつきあたったりすればするほど、それはまるで夢のなかででものように、遠い、もっと別の方向から、ひびいてきた。

　ふと、わかい娘の声を耳にした。教室の内側からである。硝子ごしに(34)私はそっと背のびをしながら覗いてみた。

　「駄目よ。マリー・テレーズ(35)、チャンときめなくては。舞踏会に行くの、行かないの」

　教室の机の上に腰をかけて脚をブラブラさせながら、そう訊いた娘は水着の上に白いタオルを着ている。校内のプールで泳ぐため、この教室で着かえているらしかった。

　「そりゃ、行きたいわよ。モニック(36)、行きたいけどジャック(37)が……」

　マリー・テレーズとよばれたもう一人の娘は、女中のように、相手にクリームの瓶をわたしながら答えた。

　「ジャックがゆるしてくれないわよ。彼は私に云ったわ。ユダヤ人たちが独逸で血をながしている時、舞踏会を学生が開くのは不謹慎だって」

「ジャック？ジャックが何さ。恋人や婚約者ならともかく、たかが(38)神学生じゃないの。神学と布教しか、頭にない男じゃないの。あなたの人生となんの関係があるの。あのひと前からあたしをゾッとさしていたわ。陰気で狂信的な暗さが顔にあるためかしら」
　金髪を肩までたらしたモニックの水着のあいだから、肉づきのいい真白な胸や腕がのぞきみえた。「ねえ、ねえ、ねえ」と彼女はうなだれているマリー・テレーズの肩をゆさぶった。
　「ダメよ」お世辞にも綺麗とはいえぬ(39)マリー・テレーズは力のない声で答えた。「あたしジャックの従妹(いとこ)だけど、子供の時両親をなくしたでしょう。ずっと彼の家にひきとってもらったでしょう。今、大学に行けるのも、彼のおかげなんだもの」
　「彼のおかげか」とモニックは煙草を口にくわえながら嘲けるように笑った。「あの神学生、貴女を愛しているんじゃない？」
　「まさか、あたしみたいなものを。……それなら彼、なぜ、神学生になったの……」
　「みにくいからよ！」とモニックはカン高い声で笑った。「顔がみにくいから、求愛する勇気もないから、神学校にはいったまでよ」
　（みにくいからよ！）その言葉は突然私の斜視を、あの幼年時代の父の言葉を、蘇らせた。
　「右をみろというのに……お前は一生、娘たちにもてないよ、全く」

　娘たちは教室を出て行った。私はそっとしゃがんでいた。むかしみた映画のことが、意味もなく心に浮ぶ。それは兎口(みつくち)の男の話だった。兎口であるために、彼は女から愛されたことがな

かった。兎口であるために、彼は、自分を侮辱した淫売女を殺したのだ。

　（そいつは兎口だったよ。そいつは兎口だったよ）手さぐりでもするように、私は、頭の中でグラグラと湧いている奇妙な声を捉えようとした。（そいつは兎口だったよ）

　衝立のかげに、娘たちは下着を泡のように脱ぎすてていた。甘い匂いが、その桃色の、うすい、ヴェールから漂っていた。それを、つまむと、たよりない感触が指を伝わり、私の掌のなかに、そのまま、はいりこみそうである。細いレースにふちどられたパンティ、蝋をぬったように不透明なスチアン・ゴルジュは滑らかで、やわらかかった。

　（みにくいからよ……顔がみにくいから……求愛する勇気もないから……）突然、私は手に力を入れると、その下着を引き裂いた。嗄れた嗤うような音が指の下を走った。それは「キイ！」という響きをたてた。

　「キイ！」という響きは、私をふたたび、あのアデンの迷路、灼熱の太陽の下で、年上の娘にふまれながら、それと、おなじ呻き声をあげたアラビアの少年の世界に引き戻した……

　だれかが唾液を呑む音がした。戸口の壁に靠れながら、その男は私の一挙一動を凝視めていた。うしろの窓からふりそそぐ夕陽をまともに顔にうけて、眼鏡がギラギラと光っている。額が汗でぬれているのがわかった。

　ひどく痩せた男で、動くたびに粗い修道服が、乾いた、奇妙な音をたてた。

　（この男だな、さっき、女学生たちが話していたのは）

　学生ホールで、ピアノを、また奏きはじめた。こんどの曲は何だろう。これも、何処かで聞いた奴だ。ふしぎなことに、私

は目の前にいる神学生より、その曲の名を思いだすことに、気をとられている。
「豚(コション)！」と彼は呻いた。「豚(ケル・コション)！豚！それを下におき給え」
思わず、自分の両手をみた。はじめて恥しさが熱湯のように顔から頭にのぼってきた。
「なぜだい。え、なぜ、おかなきゃ、いけないんだ」
「みてたぞ」神学生は尻ごみでもするように、机と机との間をさがった。「みてたんだ」
「みてたからどうした」
「知ってるんだから。肉欲の罪でも一番、いやらしい……君がなぜ、それをしたか、知ってるんだから」
私は茫然と相手の顔をみた。彼の汗のにじんだ額は、はげ上って、頭の上には、あわれな赤毛が残っていた。この男は、斜視の私よりも兎口の男よりもみにくかった。
（求愛する勇気もないから、神学校にはいったまでよ）
私は嗤いたかった。なぜかしらぬが、大声をあげて嗤いたかった。
「肉欲の罪の中でも一番いやらしい……か」
私は下着を床に投げつけると、だれもいない廊下にでていった。

IV

十月二日、大学で入学式があった。法科の学生たちは、慣例によって、赤いリボンのついたベレー帽をかむって講堂に集った。マデニエ老人が、講師のガウンの上に、レジオン・ドヌール(40)を飾って得意げに坐っていた。教授席には、厳粛な顔、深刻な顔、栄養のないやせこけた陰気な顔が並んでいる。そし

て、学生たちは、客員としてよばれた作家のジュール・ロマン⁽⁴¹⁾の話をきいた。

「戦争がくるかもしれませぬ」とロマンは芝居げたっぷりな声を出して云った。悲劇的な顔をして額に指をあてて考えこんだ。「ヴァレリイ⁽⁴²⁾や私たちは、既に、戦争反対の決議文を独逸に送りました。けれども、この決議文は、私たちの善意(ボンヌ・ボロンテ)は彼等によって、ふみにじられるかもしれぬ。拒絶されるに違いない。しかし、よし、ふみにじられるにせよ、われわれの意志は残るでありましょう。われわれはいわねばならぬのです」

万雷の拍手。「そうだ(セ・サ)」「フランス万歳(ヴイヴ・ラ・フランス)」という感動した声。一九三〇年代の仏蘭西は、まことに、のどかだった。馬鹿馬鹿しかった。

入学式のあと、ヴィズウがあった。ヴィズウとは、上級生と新入生との親睦パーティである。

学生たちは、父兄から寄付された白葡萄酒を飲んだ。音楽がなり、慣例による「王様えらび」を遊んだ。

赤いリボンをつけた法科生、黄色いリボンをつけた文科生、酔って顔を薔薇色にした女学生までが走りまわり、笑いこけたりする群のなかに、紅色のマフラーをしたモニックが泳ぎまわっていた。

「アルベールがでていったよ」

「そうよ(メイウイ)、そちらの番(セ・ヴオートル・トウール)よ」

どの娘たちも、斜視(すがめ)の私を誘ってくれなかった。それならば、この騒ぎのなかから、早く引きあげれば良いのに、私はこの自分のみじめさ、暗さを味わい、たのしんでいた。私は慣れている。学生ホールの窓から、秋の陽が内庭のオーギュスト・コント⁽⁴³⁾像を金色に照しているのがみえた。哲学教室のドームか

ら鳩が曲線を描いて飛びたった。
　だれかが肩に手をおいた。私はふりむいた。キラキラと光る眼鏡の奥で眼をシバたたかせ[44]ながら、神学生がたっていた。
　「君」と彼はかすれた、くるしげな声で囁いた。「君、こないか」
　「なんのためだ」と私は答えた。
　「むこうに、静かなところがあるんだ。君、こないか」
　「なんのためかね」と私は亦、云った。
　「ぼくは君と話がしたい」
　彼は先にたって歩きだした。ホールを抜け、もう弱い秋の陽が、それでも精一杯、光を注いでいる内庭を通り抜けた。私は、彼の、羊羹色に焼けた修道服のうしろを黙ってついていった。
　地理学教室の、黝い円柱と円柱の間に、窓から、こぼれた陽が、花のような縞目をあんでいた。成程、ふしぎなほど、静かな所だ。
　「僕の呼名はジャックだ」と彼は恥しげにうつむいた。あの日と同じように、この男のはげ上った額には汗がたまり、唐辛子のような赤毛が縮れて残っていた。
　「話って、なんだね」
　私は自分の名を云うべきかを考え、それから名のった。
　ジャックは両手を修道服のポケットに入れて林檎をとりだした。
　「たべないか、君」
　「禁断の木の実[45]か」私は笑った。くるしげな声で彼はうち消した。
　「僕はフルビエールの神学生なんだが、ここに聴講にきてる。教会法の論文を書くためだ」
　円柱の下に腰かけて彼は林檎を囓った。

「あの日、ぼくは君にもっと、しゃべるべきだったな。君をとがめる資格はなかった」
　私はその時神学生が、自分の事を「僕(ジュ)」と云い、私のことを「君(チュ)」と云っているのに初めて気づいた。
　「そうさ」と私は答えた。「あんただって、俺とおなじように、女学生(キャミーヌ)の話、たちぎきしたんだからな」
　「きくつもりはなかったんだ。ただ、あの前を通った時……」
　「もういい」私は彼の横に腰をかけた。「俺は、神学生(セミナリスト)を信用しない。カトリックの奴は自分にまで平気でウソをつける人間だからな」
　「自分に?」林檎を囓るのをやめて彼は開きなおった。
　「なにを?」
　「なにかな。あんただって聞いたんだろ。女学生が云ってたじゃないか。あんたが神学校にはいった動機のこと」
　私は林檎を持っている彼の両手がふるえているのをみとめた。(兎口の男は自分の顔にウソをつくために情婦を殺した。マデニエ氏は人間の顔にウソをつくために「進歩」とか「向上」という観念を創った。そしてジャックは……)
　「ウソをついたんじゃない」突然、彼は林檎を下におとしてたち上った。「ぼくは醜い。子供のときから醜かった。だから、わかったんだ。斜視(すがめ)の君がなぜ、あんなことをしたのか、ぼくは自分の中にもそれと同じ嫉妬があるのを知っていた」
　(俺は、嫉妬で女の下着を裂いたのだろうか)と私は考えた。
　(ちがう、嫉妬だけではない。たしかに嫉妬だけではない)
　「醜いことは辛い」ジャックは呻いていた。「辛いよ。子供の時、ぼくは母や姉さえ、ぼくの顔から眼をそむけるのを感じた。だが十四歳のとき、僕は自分の顔だちが十字架であることを知ったんだ。基督が十字架を背負ったように、子供のぼくも

それを背負わねばならぬことを知ったんだ」
　彼の額には、また汗が溜った。はげ上った頭蓋骨の上に、血管がふとく、蒼く、膨れていた。のみならず、眼鏡の奥の瞳は腐魚の眼のように濡れだしていた。
　嫌悪を感じて私は彼の泣き顔をみまいとした。だがその時、地理学教室の円柱と円柱とのあいだにたゆとう(46)、弱い秋の陽影のなかから、やっぱり、白い肉の膨らんだ父の手がうかび上ってきた……
　(右をみろと云うのに、右を。お前は一生娘にもてないね)
　ホールの入口から中庭に、三、四人の男女学生が大声で笑いながら走りでた。なにかを奪いあっているらしかった。開かれた戸口から甘いロッシイ(47)のレコードがながれてきた。

　　　薔薇のはなは、若いうち
　　　つまねば
　　　凋み、色、あせる……

「神学校にはいった。十字架を背負うことを考えた」ジャックは、私のためではなく、自分を押えつけるように一語、一語呟いた。
「十四歳の時の十字架は変った。ぼくは、基督のように、ぼくの顔だけではなくこの世の顔を、みにくい顔を背負うつもりだ」

　　　青空は、まひるのうち
　　　行かねば
　　　陽が翳る、夜がくる……

「新聞によれば今日もユダヤ人たちがナチスによって殺された。悪はヨーロッパ中、充満している。戦争はいつ起こるか、わからない。それなのに、ああして学生たちは歌っている」

私は、やさしく、彼の手から先ほどの林檎をとってかじった。青くさく、酸(すっぱ)かった。

「あんたが」と私は云った。「いくら十字架を背負ったって、人間は変らないぜ。悪は変らないよ」

「しかし、ぼくのほかに、君も十字架を背負ってくれたら。せめて、君が、君の斜視(すがめ)のかなしみだけでも背負ってくれたら。そうした人がふえていたら」……と彼は両手で顔を覆った。

「俺がかね」陽のたまりに、にがい林檎を投げると、林檎はコロコロころがりながら中庭に落ちていった。

「俺はあんたのように、自分の顔のみにくさに酔ったりしないさ。十字架だ、なんだと叫ばないさ。そりゃ、俺だって女学生の下着を破ったりする弱さはあるだろう。しかし十字架の効用を俺は信じないからな」私は庭におり林檎を足でふみにじった。

「それだけかね。あんたの話は」

その時、背後からジャックは手で顔を覆ったまま、ほとんど吐き捨てるように、次のような言葉を呟いた。

「祈っているよ。君。たとえ、君が神を問題にしなくても、神は君をいつも問題にされているのだから……」

学生たちは、どこかに引き上げたらしい。しずかだった。ふりかえると、ジャックは柱に崩れるように靠(もた)れ、それに顔を押しつけたまま、動かない。その姿勢、そのみぶりは私に突然、基督を思いださせた。基督のように彼も亦、私の斜視の傷を背負い、ひきうけようとして酔っていた……

V

　彼は攻撃してきた。十月五日、講義はじめの日、自分の机に一冊のブルウ・クロア版の「基督のまねび」が置かれてあるのに気がついた。のみならず、その表紙の裏には、あまりウマくない字で、私の名と、聖ヨハネ福音書からとった句とが書きつけてある。

　翌日の朝、はやめに大学に行き、その本を彼に返そうかと考えた。けれども、私はそうしなかった。別に戻す理由もみつからなかった。

　この子供らしい遊戯はしつこく繰りかえされた。一週間ごと、正確な時計のように私の机にはドニャック師の「聖テレジア伝」や聖ロヨラの「霊想」などが運ばれてきた。

　もとより私はその本を開かなかったし、この莫迦莫迦しい児戯に乱されることはない。だが、彼の存在はやはり気にかかる。あまったるい[48]神学生の誘惑などはなんでもないが、兎に角、あの男は二ヵ月前、人影のない教室で、私の秘密をみたのだ。「肉欲の中で一番いやらしい」と叫んだ奴の声は、錐のように私をえぐっていた。

　「君は斜視だ。斜視のくるしみは、ぼくにはわかるのだ」このアーメン輩[49]の憐憫（れんびん）ほど私を傷つけるものはなかった。

　私は黙って機会を待つことにした。

　その月の終わりのことである。偶然、その復讐の機会がやってきた。放課後、私は法科図書室にとじこもって、黒い細かい活字の並んだ法律書の前で二時間ほど坐っていた。日が暮れてきた。窓が既に灰色にかすみはじめる。リヨン特有の黄濁した霧がそろそろソーヌ[50]、ローヌ[51]の両河から這いあがる季節がやってきたのだ。私はいろいろなことを考えてみた。

法律の本を伏せ、鞄から、その日、ジャックの奴が亦、持ってきた「信仰の歓喜」とかいう本をめくってみた。

　所々に奴が、赤い鉛筆で線を引いたり、丸を書いたりしている。私は好奇心をもってそれを読んだが、イイ思案はうかばない。退屈し、本を閉じようとしたが、その時、ふと、自分がある大事なことを読みすごしたのに気づいた。

　それは、最後の頁の余白に書いてあった奴の読後感とも云うべきセリフである。

　「基督がくるしまなかったと云うのか。基督はその生涯に二度の心理的苦痛を味わわされた」味わわされたと奴は受身形に表現していた。「ひとつは明日の迫害、拷問を予感したゲッセマニアの園で、主が血のごとき汗をながし給うた瞬間である。今ひとつは、彼がユダに裏切られた時だ。ユダを基督が愛さなかったと誰が云えるか」（ユダ）と私は首をひねった。窓のむこうにドローヌ街(52)の教会の塔が蒼黒く浮かんでいる。藍色になった夕空を斜めにきって鳩の群が帰るのが見えた。なぜ、今までこれに気がつかなかったのか。なぜ基督者をくるしめるには聖書を逆さまによむことが一番いいと考えなかったのか。だがユダとはジャックの場合、だれであるか。

　図書室を出ようとして、傘を教室に忘れたことに気がついた。私は、あの八月の午後のように、ひとり、誰もいない廊下を戻っていった。

　ふしぎなことには、亦、人声が教室から洩れてきている。なにもかも、あの日と舞台装置が同じである。私はなにか、あるな、ジャックがいるなと予感した。廊下と教室とのあいだの硝子からひそかに中を窺った。奴は背中をこちらにむけていた。その彼にモニックが向きあっている。

　はじめ、彼等がなにを云い争っているのかわからなかった。

そしてマリー・テレーズは泣いていた。栗毛の髪をおさげにして十四、五の少女のように肩にたらして、やせこけた体を灰色のスカート、白いブラウスに包んでいた。弾力ありげな白い胸と腰とをもったモニックにくらべる時、その体は固く青くさく貧しかった。
　「マリー・テレーズ」とジャックが叫んだ。マリー・テレーズは撲たれたようにピクッと震えた。「先週の教会で司教(モンセニョール)の御言葉をきいただろう。今日基督信者は、いつよりも犠牲を捧げなくてはいけないことだ。独逸でくるしんでいる人々と、それから戦争が起らないために信者が行を慎むことは聞いただろう」
　「舞踏会がなぜ悪よ。わるいのよ」とモニックは眉をあげてひきとった。「マリー・テレーズ、あんた、どうして、この神学生のまえで脅えるの。そんなに脅える必要があるの」
　モニックの云う通り、ジャックが一言、叫ぶたびにマリー・テレーズは、仔犬のように顔をそむけ、一歩一歩、友だちの背後にかくれた。
　「君に云っているのじゃないよ」神学生は興奮のあまり、声をあららげて云った。「君には、ぼくは責任がないよ。しかし、マリー・テレーズは違うからね。マリー・テレーズが大学にきたのは舞踏会にでるためじゃないからね」
　「じゃ、なんのためよ。きかしてもらいましょうよ」
　奴はしばらく黙った。彼のはげ上った額がまた、あの時と同じように汗で光りはじめたのがわかった。
　「なんのためよ」モニックがつめよった[53]。
　「ぼくは云わないさ」ジャックは答えた。「それはマリー・テレーズが答えるからな」
　娘は両手で顔を覆って椅子に崩れ落ちた[54]。三人はしばら

く、無言のまま身じろがなかった。
　「あたし、行かない。行かないわ。モニック、心配しないで」
　小娘はすすり泣いていた。
　「そう、そうなの」拍子抜け(55)がしたようにモニックは呟いた。それから彼女は軽蔑のこもった眼でマリー・テレーズをみつめ、「さよなら……」といった。
　私は素早く、隣の教室の入口に身をかくした。パタンと大きな響きをたて、廊下を走っていくモニックの足音がした。
　教室は既に夕闇に灰色となり、その中でジャックと女とは石像のようにみえた。非常にしずかだった。
　「マリー・テレーズ」神学生は彼女の肩に手をおいて囁いた。「行きたければ行っていいんだよ」
　その声は、ふしぎなほど優しくなった。「ぼくがとめたと思わないでくれ給えな。ぼくはただ、君が……」
　「あたしの魂のためと云うんでしょう」突然、マリー・テレーズはたち上り、憎しみのこもった眼で神学生をみつめた。「あたしの魂のため、あたしの信仰のため、あたしの義務のため……」
　「マリー・テレーズ、君は……」
　私の唇にはウス嗤(わら)いがうかんだ。ジャックにとってユダがだれであるかが、私にはその時わかったのである。

　翌日、私は大学前、ローヌ河岸のプラタナスの樹かげに身をひそめて校門からはきだされる学生たちの中に、マリー・テレーズを待ち伏せしていた。無茶苦茶にあたたかい日だった。一日の授業で疲れた学生たちが、もの憂げな、だるそうな表情で出てくる。やがて、奴も、黒い修道服の腕をくみながら、はげ上った額と眼鏡とをギラギラ光らせ、マリー・テレーズにつ

きそって、あらわれた。
　二人はギローネ橋の方向に歩いていった。私は時々、プラタナス⁽⁵⁶⁾の樹かげにかくれながら、あとをつけていった。
　橋のたもとの聖ベルナール教会⁽⁵⁷⁾に二人ははいった。十分ほど、私は鳩の糞のついた教会の壁に靠れていた。
　赤い鞄をかかえて、女だけが独り、教会の戸口から出てきた。そして、レピュブリック街のバス停留所にむかった。
　バスが来た。発車するまぎわに、私はとびのった。
　「マリー・テレーズ」私は声をかけた。彼女はふりむいた。そのソバカスだらけの顔を赧くした。
　「こちらの方角ですか」
　「ええ」
　つり皮にぶらさがり、彼女は窓の方ばかりむいて、ききとれぬほど、弱い声で答えた。男に話しかけられた経験なぞ、ないのである。
　「明後日、行きますか。舞踏会」
　当惑と不安で彼女はうつむいた。「あたし……」
　「どうして」
　マリーテレーズは唇を嚙んだ。
　「どうして」と私は亦、たずねた。
　「だって……」
　バスは市役所とオペラ座との間を曲った。よろめいた拍子に私は彼女の体にぶつかった。それはヤセて、ゴツゴツと骨っぽかった。
　「ぼくは貴方におどって頂こうと思ってね、この間ですがね、ジャック君にたのんだんですよ」
　私の汗ばんだ掌が彼女のそれに触れると、マリー・テレーズはあわてて手を引っこめた。

「ジャックとぼくは議論しましたよ。貴女のことでね」
そういって彼女によりそっていった。
「ぼくは彼のカトリシスムが狭いと云ったんです。きびしすぎると云ったんです。カトリシスムとはあんなものじゃない。もっと寛大なもの、ひろびろとしたもの、貴女、そう思いませんか」
狙いはまず、この醜い娘の自尊心をなでることにあった。彼女が舞踏会にいかなければ、私も行かないといった。
「ねえ、貴女が悪いんじゃありませんよ」
「でも……」彼女は耳まで赧くした。「あたしでなくても。ほかの方が沢山いらっしゃるじゃありませんの」
ラファイエット街(58)には、曲馬団(サーカス)が来ていた。大きな天幕が、並び、人の群が雑踏していた。退屈だった。非常に退屈だった。
「だれが……」と私はくるしそうに答えた。「だれが斜視の男と……」
突然、マリー・テレーズは憐憫のこもったかなしげな眼で私を眺めた。
「そんなこと……」
「じゃ、おどってくれるのですか。貴女は」
「でも、ジャックに知られると……」
バスは広場前でとまった。彼女はここでおりる筈だった。
「いいでしょう」
私は彼女の耳もとに口をよせ、小声で囁きつづけた。マリー・テレーズのギスギスした体(59)が曲馬団見物のかえりらしい子供や母親たちの群のなかに消えていった時、私はほくそえんだ(60)。兎も角、あの女はジャックに小さな秘密をもったのである。小さな秘密は次のウソ、次の秘密を生み、それは裏切

りの谿(たに)に地響きをたてて崩れ落ちることを私は知っていた……

VI

　舞踏会の夜、ベルクール広場のルイ十四世銅像の下で彼女とおちあった。滑稽にもまだらに白粉をつけ、唇はルージュ(61)さえぬったこの道化のような顔をみたらジャックでさえ、顔をそむけだろう。どこから、引きずりだしたのか、黒いビロードのケープ(62)をまとった彼女は、私を見つけると、媚を浮べて微笑したのだ。私は裏切りと秘密とがこの娘を一人の女に創り変えた手際に驚いた。

　（今頃、ジャックの奴、フルビエール神学校の寄宿舎で神学大全(スマ・テオロジカ)にでもしがみついているだろう）

　ホテル・ラモのホールからは既に甘いタンゴの響き、サソフォーン(63)の調節する音、陽気な声が洩れていた。窓から灯が春のよるのように、うるんでいる。私が彼女をつれてロビイにはいった時、受付の学生たちが袖を引き合ってひそかにしのび笑いをした。

　「モニック、来てるかしら」

　「まあ、いいじゃないか。あとで行った方が彼女、驚くだろう」

　私はわざとこいびとのようにぞんざいな言葉を使った。酒場にはボーイがコップをふいているだけである。

　「コニャック」

　「だめよ、飲めないんだもの」

　女がケープをとると鎖骨(さこつ)がみにくいほど、はっきり見えた。胸は七、八歳の少女のように扁平だった。

　「一寸、口、つけてみろよ。なんでもないからな。ところで、

ジャックには黙っていた?」
　彼女はくるしげに眉を顰めた。「あたし、貴方を信じたのよ」
　「大丈夫さ、大丈夫だよ」
　酒がまわるにつれ、女の顔は、次第に火照り、汗で崩れた化粧が流れはじめ、ソバカスが浮きだした。こわれた人形のように、首さえ、ぐらぐらとしてきた(64)。「信じててよ」と彼女は廻らなくなった舌で云った。私は階上のホールからワルツのきこえるのを待った。タンゴやスロウよりもワルツをえらんだのは考えがあったからである。
　「さりげなく」という新曲がジャック兄弟たちによって演奏された時をころあいとみた。赤、黄、青、独楽のように女学生たちの衣裳の渦まいている群の中に私は女を押しこんでいった。
　「信じててよ」と馬鹿娘は口ばしった。「信じててよ」できるだけ細かくターン(65)した。相手が息がつけないようにするためである。
　彼女は私の胸に顔を押しあてた。その汗化粧の残骸で私の一張羅(66)が台なしになる。
　「駄目、もう駄目、くるしいの」
　マリー・テレーズは私の腕の中でグッタリとした。犬のようにあけ放しにした口から桃色の舌をのぞかせ、ハッ、ハッ、と喘いだ。
　「水がほしい」
　ホールの左隅は庭園に出る入口となっている。庭園には、まだ、誰もいない。茂みのベンチに彼女をすわらせた。
　そこからはベルクール広場の電気ニュースがはっきりと見える。私はバーから相当量のジン(67)を水に入れて運んできた。マリー・テレーズは咽喉の乾きに一気にそれを飲んだ。彼

女の両腕を左手で押えるようにかかえて、私は右の掌で顔をもち上げた。
「あたし、今まで男のひとにかまってもらえなかったの」と女は私にしがみついた。「だれも愛してくれなかったの」
電気ニュースが消えては、現われ、亦、消える。「ナチは・ケルンにて・五十人のユダヤ人を・虐殺せり」ホールからはジルバ(68)の曲、トランペット(69)の間のびした音、爆竹の響きがした。
「ナチは・ケルンにて・五十人のユダヤ人を・虐殺せり」「そうかね、そうかね」と私はウツロ(70)に呟いた。
…………
夜風が私を覚ました。女は死体のようにベンチに横たわっている。アデンのまひる、褐色の岩がけにアラビアの少年も亦、このような姿勢で倒れ伏していた。寂寞としたものが私の胸をしめつけた。なぜだかわからない。悲しみというよりは疲労に、非常に深い疲労にちがいなかった。埋めるべき空間を埋めたあと、もはや、なにを為していいのかわからない。鉛色のアデンの空で円球のような太陽はふちだけ鈍く赫き上っていたが、私の魂は今、それに似て、青く燃えつづけていた。
ひとりロビイに戻った。ロビイの椅子と椅子との間に神学生が、こちらを凝視めながらたっていたが、今の私には、どうでもよかった。
「何処だ」ジャックは私の肩をゆさぶった。「何処にマリー・テレーズをやった」
「庭だろ」疲れた声で私は答えた。肩に奴の指先の烈しい力が加わった。
「まさか、君は」
「よしてくれよ。指一本ふれなかったぜ。俺が彼女の下着を

引き裂いたからか。だが、あんたは、あの女のもっと大切なものを引き裂いたじゃねえか」

「なぜ、ぼくを……」と云いかけて彼は口をつぐみ熱病患者のように震えた。

「悪魔！」と彼は叫んだ。叫びながら拳をむなしくふり上げたが、それは力なく、おろされた。

それっきり二人に会わなかった。翌日からは夏休みだったのだ……

VII

夏休みのあいだ、母は保養のため、私を連れてサボア[71]の避暑地コンブルウに赴いた。彼女は脳溢血を神経質なほど懼れていた。あの千米にちかい高原の気圧が、彼女の血圧に良かったのか、どうか。われわれは村はずれの小さなホテルに二部屋を借りた。私はここで、ジャンセニスム[72]の書物をよんで暮らした。幼年時代から、私を、ともかくも形成したこの思想をみなおしたかったのだ。そこに関心があったのは、人間は原罪によって歪められているということだけだ。人間はいかに、もがいても悪の深淵に落ちていく。いかなる徳行も意志もわれわれを純化するに足るものではない。ジャンセニスムのこの考え方こそ、まさしく私の人間像を裏づけるものだ。

何も知らぬ母は、私が久しぶりに宗教書をひもといたことに満足していた。あわれな母、彼女は、あのクロワ・ルッスの家で、少年の私に課したきびしい宗教教育が、今、どのような実を結んだかを、まったく知らなかったのである。

しずかな日が続いた。夏は高原のすべてのものを碧くそめてしまうほど深く濃かった。私は二枚の絵葉書を買い、ジャック

と、マリー・テレーズ宛に「よい休暇を」と書いて送った。も
とより返事は来ない。九月になった。霧がたちこめ肌寒くなっ
てくる。母は、今度は喘息を怖れはじめた。私たちがリヨンへ
戻る準備をしていた九月一日の未明、ドイツ軍はポーランドに
侵入を開始した……

　十月の一日、夏休みが終ると同時に、すぐ、大学にとんで行っ
た。だがしずかだった。新学期の講義案紙が平和の日と同じよ
うに構内掲示板でバタバタ⁽⁷³⁾となっていた。五、六人の断髪
女学生たちが、しきりと首をかしげながら、それを手帳にう
つしている風景も、少しも変っていなかった。
　プラトン⁽⁷⁴⁾……マデニエ講師
　その名をふたたび、見た時、私は、あの老先生の葡萄酒やけ
のした、丸い薔薇色の顔、いつも唇にうかべている、甘ったる
い微笑、煙草のヤニで黄ばんだ、あごひげをはっきりと思いだ
した。かつてアンリ四世中学校の生徒だった時、老人はこの顔を
机の上にのせて、倫理学概論を教えた。今、戦争と大量虐殺と
の日が、目の前に迫っている時にさえこの老人はとぼけた微笑
を口にうかべてプラトンを説く。マデニエが生きつづけてお
り、その人生が許されており、のみならず、その人の好い笑い
が大学の教室を、支配している。今でさえも可能なのだ。
　……文科大学をでて校庭の芝生を横切りオウギュスト・コン
トの像の前まで来た時、私は、赤い鞄を持ったマリー・テレー
ズがモニックと何か囁き合いながら、校門をくぐってくるの
をみとめた。
　「今日は、モニック」
　私はわざと、モニックに挨拶をした。それからつばをのみ、
ゆっくりとたちどまった。

「今日は、マリー・テレーズ」と私は相手の眼をじっと眺めながらいった。

女は手を差しださなかった。小娘のようにすこしずつ後ずさりしながら、マリー・テレーズはモニックの背後にかくれていった。

「あれからどうしたのさ。舞踏の日。ズッとホテルにいたの？」

私はわざと狎れ狎れしく云った。

「どうしたのさ」

モニックが思わずハッとふりむいた程、烈しい声で、マリー・テレーズはなにか叫んだ。私にはそれがなにか聞きとれなかった。どうでもよかった。

「もう舞踏会なぞ、永遠にないやね。戦争がはじまるんだからさ」

モニックだけに笑いながらそういい捨てると、私は二人をそこにのこして、たち去った。

母が脳溢血で倒れた。自分の国と、夫の国とが、敵同士となったショックも、その原因だろう。「あたしはドイツ人じゃない。フランス人なの」ウワ言のなかで彼女はそう叫んだから。ゆめのなかで夫をみているらしかった。その声はあるなまめかしさ、あまえた調子さえおびていた。夫に自分の愛情、自分の潔白を弁解しているようだった。枕もとにはべりながら私は、憐みをこの女に持つこともあった。

彼女の病気を口実に、私は大学を休学することにした。健康の時ならば決して許さない、この申出を、母は私の孝行と思いこんだ。そこにもちいさな、通俗的な幻影があった。

幻影はまだリヨンの街にしがみついていた。ポーランドを一挙に征服したナチ軍はじっと独逸国境侵入を待ちかまえてい

る。「みろ！マジノ線(75)がこわいものだから、奴等、手が出せねえぜ」新聞はそう書きたてたし、マロニエの葉々が金色に散る秋の陽ざしのなか、キャフエのテニスで、市民たちは、あくびをし、老人たちは第一次大戦のころの思い出をしゃべり合い、食前酒を何時間もかかって飲んでいた。

　秋が暮れた。黄濁色のリヨン特有の霧が、ソーヌ、ローヌの両河からはいのぼり、街を舐めまわす季節がやってくる、母の病気はだんだん悪くなる。「坊や、坊や、教会に行かなくてはいけないよ」彼女はベットの上でうつろな眼で私をながめて呟く。私を十五年前の天使のように純真敬虔な少年と錯覚しはじめたのだ。「もう、死ぬな。もう駄目だな」と私は思った。付添看護婦が帰ったあと、私は、床ずれで膿をもった彼女の背中に薬をつけてやりながら、母が死んだ日に自分にかえされる自由について考えた。それは、あのアデンに泊っていた時、ポート・サイドに父が出張した日、私が獲た自由を思いださせた。それなのに、汗にまみれ、土気色となった母の顔をのぞきながら、なぜか私は悦びを感じなかった。私は無感動になっていた……

　霧雨と氷雨の続く一九四〇年の二月、彼女は遂に死んだ。母は父と同様、遂に生前、息子の黝い秘密をしらなかった。天使のような子に手を握られながら息をひきとった。

　一人になった。遺産は、今後十年の私の生活を保証している。私は自由である。

　ふたたび、もの狂おしい(76)春がやってきた。ひとり、二階の窓からグリーシヌの花の散る路をみるとあの時と同じように一人の人影さえない。ひそまりかえった静けさのなかにうすむらさきの葩が散っている。もとよりあの老犬はとうの昔に死んでいた。女中のイボンヌの消息も聞かない。

ジャックとマリー・テレーズが、どうなったかも私は知らない。彼等のことはもうどうでもよかった。大学には二、三度出かけたが、むかしの級友は、既に、私を忘れかけている。
　だから、モニックから、マリー・テレーズのその後の消息をきいた時、私はとくに驚きもしなかった。
　「まあ、知らなかったの、マリー・テレーズは、聖ベルナデット会の修道院に寄宿しているわよ」
　「ジャックの命令かい」
　「でしょう。聖ベルナール教会に午後、五時に行ってごらんなさいよ。お二人が一緒に祈っているわよ」
　皮肉な笑いを唇にうかべて、この当世風(77)の娘は教えてくれた。
　一週間ぐらいして、やっぱり私は聖ベルナール教会に出かけた。けだるい夕暮である。一年前の五月、私はマリー・テレーズをここに追いかけた。それから二度とここを訪れたことはない。
　教会の横には大きな白蓮の樹が白い花を咲かせている。灰色の夕靄のなかで苑はそこだけ白く浮きあがって見える。内陣(78)〔ランテリユール〕にはいったが彼等は、まだ来ていない。内陣のすり切れた祈祷台の一つに腰をかけて、ジッと待っていた。
　祭壇には聖燭台が赤い灯をつけている。その灯に熱しあげられながら、一つの十字架が置かれている。みにくい、痩せた、裸の基督が、両手両脚を釘づけにされたまま、うなだれた頭をこちらにむけていた。足座には、「吾、汝等の生、たらん」というラテン文字が彫りつけてある。その足座のかたわらには聖母マリアが半ば、悲しみに倒れかかりながら手を合わせていた。
　私はその日まで、このような十字架を随分みなれてきた。プロテスタント(79)の家庭に育ったとはいえ、私はカトリックの

美術をしらぬわけではない。この聖ベルナール教会の十字架が特に芸術的にすぐれたものでないこと、むしろ通俗的なものの最たるものであるぐらいはわかった。しかし、その夕暮、ジャックとマリー・テレーズとを窺いみるためにのみ、この教会にやってきた私に、この基督像は、ある烈しい誘惑をした。

　私があらためて知ったのは基督の生涯が、拷問されて完成したということである。この男も流石に、拷問するものと拷問されるものから成りたっている世界をよけて生きることはできなかったのだ。今日、幾億の信者たちは日曜ごとに、ポケットをチャラ、チャラといわせて[80]、教会の門をくぐっていく。十字架の前にひざまずく。神父や牧師の説教をぼんやり聞く。しかし、彼は目の前の十字架が語ろうとしていることに耳を傾けない。あの大工の息子がこの地上でおくったのはとどのつまり[81]、あのクロワ・ルッスの、女中と犬との姿勢、アデンの太陽の下で、私が岩かげに少年を押し倒したものと同じ世界であることを認めようとはしない。

　（そうだろ、そうだろ）と、その基督像は私に囁いた。私は首をふった。基督は今私のもっともよろこびそうな部分から誘惑しかかってきているのだ。（その手にのるものか[82]）と私は呻いた。

　われにかえった[83]とき、周囲を見廻した。奴等は来ていた。二年前とおなじように、聖母寄進台の前で蠟燭をあげていた。

　女は痩せていた。女学校の老嬢教師でも着るようなダブダブの黒服を着て、黒靴下をはいていた。両拳を顔にあてて、歯をくいしばっていた。それなのに、ジャックはその傍で昔のとおり腕をくみ、眼をとじたまま、たっている。はげ上った頭にあわれな赤毛が汗で光り、顔をうごかすたびに寄進台の燭台の炎影が、その縁なしの眼鏡が、キラッ、キラッと光るのも同

じだった。

　私にはなぜ、マリー・テレーズだけがこのように変ったか、わからなかった。おそらく、彼女はあの舞踏会の夜からジャックに裁かれたのだろう。追いつめられたのだろう。私と肉欲の罪を犯したという汚れを消すため彼女は、痛責を身に課すことを要求されたのだろう。だがたしかなこと、重大なことは、この娘が、今、ジャックの暴君的な支配に従っていることだ。私がつき落としたこの娘の過去は、逆に神学生の狂言の好餌となったにちがいない。彼女はふたたびジャックの、この神学生の手に戻ったのである。

　内陣の、太い、つめたい石柱に、頬をあてて、私はいいようのない怒り、情けなさを感じた。それは彼等にたいしてというよりはこのマデニエやジャックの世界のなかで、ひとり生きている自分にたいしてであった……

　五月十日、遂にナチ軍はオランダとベルギーの国境を突破した。マジノ線の幻影は、響きをたてて崩れおちた。
　リヨンの停車場は北仏から、巴里(パリ)から避難する人群、召集された将兵やその家族で大混乱していた。街は空襲にそなえて五時以後は無用な外出が禁じられた。
　六月二十五日、遂に巴里(パリ)は陥落した。そしてそれから一週間もたたぬある黎明(しののめ)に、リヨン市民は、ローヌ河の朝霧のなかからナチ軍の整然たる靴音と戦車の響きにあわてながら目を覚したのだ。
　占領(オキュパシヨン)時代がその日から始まる。商店も住宅も、かたく戸をとざした。キャフエ(84)も映画館も午後四時からでないと開かない。市民たちは街に出ることをおそれている。プラタナスの街路樹が七月の灼熱(しゃくねつ)に生気なくたれているレピュブリック街を、

ただ、ナチ軍のサイド・カー⁽⁸⁵⁾のみが布を裂くような鋭い音を立てて走っていく。
　私といえば家にとじこもっていた。待っていた。なにかが訪れてくるのを待っていた。
　処刑、拷問、虐殺の日が近づいている。人間世界が、文明や進歩の仮面を剝いで、真実の面貌を曝(さら)けだす日がやってくる。イボンヌと老犬の世界、アデンのアラビアの娘と少年の世界、動かない白い太陽の下、焼けただれた褐色の草原と岩石とが本来の姿をとり戻す日がやってくる。私は知っていた。
　八月のまひる、私はジュランの街を用事で通りすぎた。占領にも幾分馴(な)れはじめた市民たちは、ホッとしたような顔で、そこを歩いていた。
　その時である。突然、背後で、唸る独軍のサイド・カーとトラックの響きをきいた。本能的に、私は前にある商店の閉じた戸のかげに身をひそめた。
　けたたましい女の叫びがした。武装したナチ兵はトラックからとびおりると、狼狽、四散する通行人のなかに走りこんだ。手あたり次第、彼等は、ぶつかった五、六人の市民の腕をとり、撲ったり曳きずったりしながら、車の上に押しあげた。アッという間もない。彼等の車はそのまま通り過ぎていった。
　私たちにはなぜだか、その理由がわからなかった。捕えられた市民が、全く偶然で選ばれたのはたしかである。「あの人たち反独運動者だったのかしらん」やがて街路のアチコチにかたまって助かった者はヒソヒソと話しあった。ヴィシー派⁽⁸⁶⁾の仏蘭西(ランス)警官が来て、われわれに即刻、帰宅するように云った。ひとびとは、うしろを振りむき、振りむきちらばっていった。
　翌日、私たちは、この狩りこみの理由を知った。街角の至る所に五人の逮捕者のつぶれ凹んだような顔⁽⁸⁷⁾を写した写真

が告示された。

「リヨン占領軍は、忠誠なる独軍軍曹、ハンツ・シューラを殺害せる反独運動者への復讐のため、左の五名の仏人を処刑することに決定した。我等はここに今後も独将兵の一人の血にたいし、五人の仏人の血を要求することを告示する」

私は、ナチスのテロリズムの深謀に感歎した。彼等が市民の上に恐怖と不安を拡がらせ萎縮させる方法は、まことに科学的というより他はない。

十九世紀までの恐怖的政治や拷問は、むしろ衝動的、動物的なものである。血にうえた者、怒りや恐怖にくるったものが、その衝動にかられて敵を拷問し、殺害する。この原始的なやりかたは宗教裁判やフランス革命にみられる通りである。

しかし、ナチはもっと近代的、二十世紀的だった。人間を弱者とし、奴隷とする方法をつめたく、論理的に心得ている。おなじ拷問、おなじ虐殺でも、そこにはモルモット[88]を殺す医師のような非情さ、強さがある。

たとえば、ポーランドの収容所では捕虜たちに塩分を与えなかったという事実がそれだ。烈しい強制労働につかれた人間が塩を摂らねば、次第に衰弱していく、やがて疲労死をする。疲労死はおもてむき虐殺ではなく国際法上病死と宣言することができる。のみならず、この方法は一挙に大量の人間を死亡せしめるのに手間どらない。

私が見た「狩り込み」[89]はもっとも熟慮されていたのだ。無実の市民たちは、狩り込みの日に、偶然、外出したため、偶然、その路を、その時刻に通り過ぎたため、死の犠牲者とならねばならない。偶然が彼等に死をもたらすという事実は、なににもまして恐怖を拡がらせる。ある生死をきめる法律規制が定まっているならば、人は、自分の運命をその法律、規則に順応させ

て救うことができる。しかし、偶然だけには、どうにも、たちむかうことはできぬ。リヨンの市民たちは、もうその日から一歩も外出することができぬ。外出すること、それは、あるいは死を意味するかもしれぬからだ。

　抗独運動者の抵抗もその頃からポツポツ、烈しくなったが、処刑されたマキの名は、必ず、目抜き通りに貼りだされる。私は、ユダヤ人であることがいつも処刑者の条件であることに驚いた。「ピエール・バン(90)は、ユダヤ的人間である故に処刑す」フランス人は、独逸人たちがユダヤ人を憎悪していることを知っていた。しかし、その告示を見る彼等は、内心、自分がユダヤ的血統でないことにホッとする。その時、彼等は、既にひそかに殺されたピエール・バンを裏切り見捨てたのだ。バンがユダヤ的血統であれ、おなじ仏蘭西人であることを忘れるのだ。ナチは、こうして、仏蘭西人の卑怯な自己保全本能を利用し、彼等を分裂させることを企てたのである。

　このことに気づいた日から、私は好んで、黄昏、リヨンの街におりていった。夕陽が、生けるもの一つない大道路を赤くそめている。街は幾世紀前に滅び捨てられたように死んでいる。それをみながらマデニエが今どう生きているか、ジャックやあの女がなにをしているかとフト思ったりした。けれども、その血でそめられたように赤い、だれもいない、一本のアスハルト路、その荒野や砂漠のような風景は私を感動させた。私は真実をそこにみたような気がした。

　十月の上旬のこと、ナチに押えられたプログレ紙の下段広告のなかに、私は独軍使役の通訳、事務員の募集広告をみた。しかし、その日の広告は何時ものものと違っていた。それはリヨン占領軍の秘密警察部のものだったからである。

　ドイツ人を母に持った私は、少しはこの国の言葉を話すこと

ができた。私は、にがい、砂糖のない代用コーヒーを飲みながら、一時間あまりその広告を凝視めていた。この仕事が、自分に何をもたらすかを知っていた。ふと母が、死ぬ前に譫言のなかで叫んだ、「あたしは独逸人じゃない。仏蘭西人として生きます」という言葉が、臓腑の底から苦い味をもってこみあげてきた。およし⁽⁹¹⁾、お前は裏切るつもりなの、およし、母は必死で叫びつづけていた。

　だが、やっぱり私はソーヌ河のほとり、リヨン市裁判所の裏の黒い寒い建物にでかけた。拳銃を持ち市民証をみせることを要求した独兵に、私は、今朝新聞をみたのだといった。尿の臭いのする小室につれていかれた。口ひげをはやし頬のやせこけた一人の男がションボリすわっていた。スペイン人だと名のった。右の耳が欠けていた。

　「革命戦争の時、なくしたんだよ」と彼は云った。私たちは、それっきり黙って夕暮の陽溜りの中で向い合っていた。

　彼のあとで私は呼ばれた。むきだしの壁にとりかこまれた寒々とした部屋のなかで、机を前にして、太った、中年の中尉が一人、腰かけていた。彼のたるんだ皮膚が印象的だった。この男が秘密警察に勤めているとは考えられなかった。前歴をひとつ、ひとつ訊ねるたびに彼は大儀そうに眼をしょぼしょぼさせた。その眼は浜辺にうちあげられた腐魚のように、濁りぬれていた。（アル中⁽⁹²⁾かな）と私は考えた。父の眼が思いだされた。

　午後の光が窓から引いていく。卓上の燈をともし、中尉は書類に私の返答を書きこむ。

　突然、遠くで野獣の呻きにも似た悲鳴をきいた。声は、瞬間、途絶えたが、次に烈しい叫び声に変った。それっきり、非情にしずかになった。中尉は顔もあげなかった。私は採用された。

VIII

　松の実町はリヨンのフルビエール丘陵とクロワ・ルッスとの丁度、境界にあるながい坂路である。私は独逸秘密警察(ゲシュタポ)がここを訊問所にえらんだことを至当だと思う。人目につきやすい市内や無数のアパート、人家の集中している街々とちがい、ここは長い褐色の土塀が内部の家を全くかくしている。いかなる拷問の絶叫、悲鳴も、ひろい庭に妨げられ、恐らく外に洩れ聞えることは、まずあるまい。

　占領時は、リヨンの有力な地主が所有していたこの館(やかた)は、館というより、むしろ大きな農家に似ていた。広い庭には小作人たちの宿る二軒の小屋があり、その小屋から母屋の厨(くりや)まで、地下廊がつないでいる。秘密警察が訊問に使ったのは厨である。私はそのほかの部屋のことは殆ど知らない。彼等は私が勝手に歩きまわるのを禁じたからだ。

　はじめて、その家に連れていかれたのは四十一年の一月のことである。中尉は私をサイド・カーにのせ、ローヌ裁判所裏のゲシュタポ[93]東部から突然、この人影ない松の実町を訪れた。

　それは夕暮のことだった。リヨン特有の黄濁色の霧が、もつれ合い、からみ合いながら、二三日前ふった残雪の上を舐めるように這っている。凍み雪は、夕闇のなかで、そこだけ蒼黒く光っていた。私は凍み雪をふむ中尉の長靴が、かすれた音をたてて鳴るあとを、無言でついていった。中尉も、何故ここに来たのか、何をするのかを一言も云わない。

　館の窓々は、ペンキの剥げた鎧戸(よろいど)でかたくとじられている。時々冬枯れた庭の林のなかで、木の割れるような音をきいたが、そのほかはすべて静まりかえっていた。海鼠色(なまこいろ)の家壁には、刺のある灌木が這いまわっていたが、それを見た時薔薇

だナと思った。なぜか、クロワ・ルッスの路にまひる、散っていたグリーシヌの花が心にうかんで、すぐ消えた。

　厨の前に行くと、外套を着て拳銃を持った独逸兵が戸口に靠れていた。若い兵士である。挙手の礼をすると彼は大きな鍵を戸の穴に入れて中尉と私とを通した。

　灯もともさぬ厨の翳のなかに、二人の男が粗末な木椅子に腰をおろしていたが、私たちを見るとたち上った。中尉が、二人と声をひそめて話し合っている間、私は、この壁にかけられた大きなフライパンや、厨の真中にある煤煙で、もう何十年来燻ぶり煤けた壁を眺めていた。ながしには、独逸兵のギャメル（飯盒）が三つ並べてある。

　中尉は私を呼びそして二人の男に私の名を云った。彼等は独逸人ではない、灰色の夕闇のなかで、頬のこけ落ちた長い汗まみれの眼だけが熱っぽく光っている一つの顔をみた。

　「俺、肺病なんだ」アレクサンドル・ルーヴィッヒ(94)と呼ぶそのチェッコスロバキヤ(95)人はポケットに手を入れたままなまりのあるドイツ語でそう云った。

　もう一人の男、アンドレ・キャパンヌ(96)は私の顔を白痴のようにながいこと凝視するだけだった。すき通るほど白い顔である。差し伸べた私の手を受けとろうともせず、血管でにごった眼で私をながめた。

　「どうして、挨拶しないんだ」アレクサンドルは嗄れた声で、く、くと笑った。「あんたら、仏蘭西人じゃないか」空咳をして彼は床に唾をはいた。しかし、アンドレ・キャパンヌは、ふたたび、部屋の隅に戻り、壁に靠れたまま動かなかった。

　厨では訊問や拷問が行われた。
　そのうち厨の隣にある小窖からひきずり出された容疑者が

戸口にあらわれた瞬間から、私にはこの男が、拷問に耐えうるか、否かがわかるようになった。マキの一味をかくまった農民、抗独運動者の連絡書を受け継いでやっていた若い銀行員、反独宣伝文を秘密に刷った印刷屋など、彼等は叫んだり失神したりする。歯をくいしばった時、苦痛にたまりかねて呻く容疑者の顔は美しいこともある。

 だが私はただ、丁寧に大儀そうに訊問する中尉の言葉を仏蘭西語で相手にきかせる機械にすぎない。

「かくまったマキの名をいえよ」

「知らねえな。薬と食料をくれてやっただけですしね」

「じゃ、なぜ、そのマキは、君の家を選んだんだね」

「十二日の夜、だれかが戸口を叩いたんだ。妹が出てみたら、負傷したマキだったんでね。薬と食料を持って、そのまま出て行きましたよ」

「そうかね。手数をかけるね」

 中尉は、最後の言葉まで大儀そうに云う。アレクサンドルはゆっくり上衣をぬぐ。容疑者は、また拷問されるということが信じられない。彼は中尉のねむそうな顔を不安げにうかがう。ホースの一撃で椅子からころげ落ちた肉体から、鈍い、しかしずっしりと重量のある打音が規則正しく響く。しばらくの間は、黙って耐える容疑者たちもいるものだ。最初の呻きが洩れると、それは、丁度、酔っぱらいの鼻のように加速度に悲鳴をたかく上げていく。ピシッ、ピシッとなる乾いた間隔的なリズムに合わせて、高くだんだん高く彼は叫ぶ。顔を腕で覆う。顔を覆ったまま芋虫のように床をころげまわる。アレクサンドルの顔も汗まみれになり、その眼は痺れるような快感でギラギラ光りはじめる。撲たれる者の声さえ、その時は、撲たれることにある情欲的な悦びを感じているみたいだ。呻きがドス黒い咆

哮に変るとき、息づかい荒くアレクサンドルは撲る。「ハッ、ハッ、ハ」と彼は叫ぶ。叫びながら時々くろい痰を吐く。薄暗い厨の隅で、中尉はそれを、ぼんやり凝視めている。「これじゃあ、俺も、もうすぐ死ぬなあ」痰で唇を汚しながら肺病の拷問者は譫言のように呟く。

やがてアレクサンドル自身は口をきくことも出来ず、腕をやすめると、肉欲の悦びが突然引き退いた時のように、その眼は黒く空洞のように凹むのだ。

それからアンドレ・キャパンヌがたち上る。彼はながしから水を入れた飯盒をとって、それをうつ伏している男の顔にかける。

拷問者の性格によって、被拷問者の呻き、悲鳴、絶叫の声音が違うのを、私ははじめて知った。アレクサンドルが撲る時、そこにはたんなる拷問だけではない、なにかいまわしい情欲の遊戯が感ぜられる。撲つこと、一人の人間の肉体を、責めることに肺病やみは、快感と陶酔とを感じている。容疑者にも、その情欲が伝わるのか、呻きや悲鳴のなかにもなにか、痺れるような刺激があった。

けれどもアンドレ・キャハンヌの場合はそのような陶酔は感ぜられない。ホースを振りおろすたびに、にぶい、かたい音が、相手の肉体から響くだけである。アレクサンドルのように、わめきも、罵りもせず、額に栗色の髪をおとし、蒼い顔をうつむけたまま、事を運ぶこの男に、私はなぜか、興味を覚えた。アレクサンドルと違い、キャパンヌが陶酔しないためだろうか。仏蘭西人に生まれながら、仏蘭西を裏切り、といって、独逸人にもなりえないノケ者の影が、その蒼白なやせた顔を削りとっていた。拷問のにぶい音をききながら、私は屢々、キャパンヌが相手だけでなく、自分を撲っているのだなと考えた。

他人からだけではない。自分でも自分を呪わねばならぬ運命が、たしかにこの男を歪めていた。

けれども、また私は、彼等と交際しているうちに、拷問者というものは、一般に考えられているような単純な野蛮者、暴力者ではないとはっきりわかった。

ある黄昏、私は、中尉が松の実町の邸に捨てられてあるピアノを奏いているのを見たことがある。先ほどの拷問の時に、腐魚のように濁ってみえた彼の眼は、その時イキイキと赫いていた。夕陽がその額と銀髪とを薔薇色にさえ、そめていた。

「音楽をお好きですか」と私はたずねた。「俺か」と突然、彼は顔をゆがめて答えた。「モツァルト(97)が好きだなあ。俺は召集されぬ時、毎夜、妻と子供と合奏したものだ。モツァルトは素晴らしい」

松の実町で訊問のない日、私は中尉の事務室でタイプを叩きカードを整理した。_{ポム・ド・テール}

中尉はまだ、私を信用しきっていなかった。彼の事務室から勝手に出あるくことは禁じられていた。けれども、私は、まわされてくるカードを分類し、コッピイしながら、秘密警察の能力がかくも精密をきわめているのを知って鼻をならした(98)ものだ。カードはたんに占領軍に物資を納入する仏商人、リヨンに転入する難民たちの経歴調査にすぎなかったが、それは履歴、人相、特徴だけではなく、行きつけの料理店、交際する友人の名、親類の職業等に至るまで、時には情婦や妾についても洩れなく調べあげられている。「俺のことも……」と私は考えた。彼等が私の外出中、ひそかに調査に来なかったと、どうして云えよう。母の死後、私は身の周りを一週三回、リシイーヌと呼ぶ家政婦に世話をさせたが、この家政婦も奴等か、抗独運

動者の手先さえかも知れない。疑おうと思えば、通行人さえ疑わねばならぬ日である。しかし、中尉や秘密警察や抗独運動者がいかに私の身辺を詳細洩れなく調べあげても、彼等は私の過去の思い出を、私を育てたもの、イボンヌと老犬の光景、アデンの少年との事件を知ることはできない。そこに、中尉、アレクサンドル、キャパンヌさえも私から奪うことの出来ぬもの、私と本質的に違うものがあったのだ。

　四一年の一月と二月もこうして終った。ここの所、私たちは久しく松の実町に行かなかった。けれどもある日、私がタイプを叩いていた時、中尉が事務室にはいって来た。例によって彼はくたびれた様子をしていた。その態度で私は今日、訊問があるなとわかった。中尉は拷問の前には、いつももの倦げな表情をうかべる。
　「君、リヨン大学に一九三八年にいたな」と彼はたずねた。私はタイプに指をおいたまま、黙っていた。彼等は私について何か洗いだしたのか、疑いはじめたのかという予感がしたのだ。
　「この男、知っているかね」
　投げ出された一枚の写真は私の机の上に落ちた。焼きつけと洗いが悪いのか、輪郭の曖昧な、黄色に変色した一人の青年の写真である。そいつは心持ち、首をかしげたまま、縁のない眼鏡の奥で、暗い小さな眼を見開いたまま、おびえたように、こちらを眺めていた……
　私は「ほーう」と叫んだ。
　「見覚えがあるかね」
　「あります」と私は答えた。「神学生でしてね」
　「ジャック・モンジュといわなかったかね」

「いいましたよ」
「やっぱりそうか」
「どうして、こいつ逮捕されたんです」
「奴か。第六区のマキの連絡員をやっていたのさ。カトリックの坊主たちが、どんなに狡猾か、奴等はミサをあげながら、内乱運動をやっているのだからな」
「訊問ですか」
　その午後、中尉は私をサイド・カーに乗せた。すべてが、いつもと同じようだ。リヨン特有の黄濁した霧は、松の実町を既に包んでいた。このしずかな坂路を歩いている仏蘭西人は一人もいない。（ジャック、お前が）お前はマキの一味だったのかと心のなかで云いかけて、私はそれを殺した。（いや、お前のやりそうなこったな。お前なら、そうするのが当然だったかもしれないな）私は二年前の秋窓から陽の束が流れ落ちる教場で、「肉欲のなかでそれは一番いやらしい」と叫んだ、あの男の汗にぬれた顔を思いだしてみた。
　サイド・カーをおり中尉は皮靴を軋ませながら、蕭条たる風のなかを無言で先にたって歩いた。鎧戸をしめた窓々は、犠牲者たちの叫びを外に洩らさぬため、固くとじられている。背後で冬枯れた林の樹々が寒気に、罅割れる乾いた鋭い音を聴いた……
　何時ものように厨の戸口には鉄兜をかぶり、厚く外套の上に帯皮で拳銃を肩からつるした兵士が待っていた。厨のなかを咳きこみながらアレクサンドルが歩きまわり、ジャックは隅の壁に靠れていた。
「やったかね」と中尉がきいた。
　アレクサンドルは肩をすぼめた。
　風が厨の窓硝子をカタコトならしている[99]。私は目をつぶ

り、灰色に渡ってゆく風の姿を思いうかべる。私には、もう何千年もの間、亦、何千年もの後も、風はこのように吹き渡り、窓硝子にカタコトと鳴りつづけるように思う。そして、この厨だっていつの日か灰塵（かいじん）に帰す日はあっても、私がジャックを拷問する姿勢は風のように残る。中尉、アレクサンドル、キャパンヌは死んでも、次の奴等が亦生れてくる。ジャックは、この不変の人間姿勢がいつかはなくなると信じている。しかし私は信じない。私はかかる人間を変えられぬものと思うし、その人間を軽べつしている。

厨の戸が軋み、私は夕翳（ゆうかげ）のなかで、そこだけ夕顔のように浮び上っている布片を見た。白い布片は彼の黒い修道服の胸もとから裂け落ちた皮膚のように垂れ下っている。

頬から顎にかけてジャックの顔は赤黒く光っていた。眼鏡を奪われた上に、急に明るみから翳のなかに突きだされたためか、彼は真正面にいる私を見わけることが出来ない。その眼には何の感情もなかった。

ただ三年前と同じように頭ははげ上り、赤毛が僅かにそこに残っていなかったら、私は彼を見まちがえたかもしれぬ。彼は床にしゃがみこんでうつむいていた。

夕風がまだ吹きつづいている。先程までながしの硝子窓から僅かに洩れていた、淡い陽はもう殆ど息たえている。私は暗紫色の翳にすわって、地面に横たわっているジャックを見ていた。しずかだった。中尉、アレクサンドル、キャパンヌは一息入れに、母屋の何処かに珈琲（コーヒー）を飲みにいっていた。「一晩中かかるな、これは」戸口を出しなにアレクサンドルはそう云った。

拷問中ジャックは殆ど呻かなかった。私は最初、キャパンヌが、次にアレクサンドルが撲りつけるのを見ながら、ジャックは恐らく耐えるだろうナと思った。彼の肉体に、くい込むかた

い鈍い響きを聞きながら、その肉体がどこまで耐えるかを待った。ふしぎに私は一方ではジャックが絶叫するのを待ちながら他方では、耐えろ、耐えろと念じていた。だがもし彼が拷問に屈し中尉の嗄れた低い声が甘くやさしく問いつめるままに、リヨン第六区の他の連絡員の名を云ったならば、私は勝つ筈だ。人間はやはり信じられぬ。人間は自己の肉体の苦痛の前にはやはり、すべての人類への友情、信義をも裏切る弱い、もろい存在である。

　窓の外で、また、冬枯れた枯木が冷い鋭い音をたてて罅割れている。二年前、あの教場でマリー・テレーズの横に坐っていた彼、授業前のひととき、ノートを指さし、なにかを説明してやっている彼、彼とともに、あの教室で一緒に、腰かけた、いろいろな学生たち、その若いあかるい笑い声、たとえばモニックの微笑が一時に甦って来ないでもない。

　床の上でジャックは四肢を痙攣させていた。ながしの飯盒に水を入れ、私はそれを、少しずつ彼の顔にたらしてやった。修道服からはみでた下着には血が溝のように滲み流れている。

　「ジャックうー」私は小声で低く云った。彼はえぐられた凹んだ眼をあけた。はげ上った額と頭とは油を流したようにドロドロとしていた。

　「ジャック、俺だぜ」

　やっと唇をふるわせた。なにを云っているのか、わからない。舌が一つの生きもののように、鼻や顎に残っている水滴を求めた。

　飯盒を私は彼の口にあてがってやった。「俺のこと覚えていたかね」

　かすかに彼は肯いた。

　「覚えていたかな」私は彼の横にしゃがみこんだ。

血のりを拭ってやる、飯盒の水を、ふたたび、口にあてがう、その私の動作の一つ一つをジャックは空虚な眼をして、されるがままになっていた。
　「お前、俺を覚えていたかな」と私はまた訊ねた。
　彼は肩で喘ぎながら呟いた。なにをいっているのかわからなかった。
　「なんだって？」と私は彼に耳をよせて彼の呟きを聞きとった。
　「え、そうか、俺がいたからか。お前が拷問にたえたのは俺がいたからだな」私は低く嗤った。私はそのような心理を計算してはいなかった。そう、そうかも知れぬ。
　「煙草を喫むか」
　私は配給の黒ゴロワーズ(100)を二本、ポケットからとり出し、その一本を彼に与えた。
　「お前、俺がそんなに憎いか」
　「憎くない」虫のような声で彼は答えた。
　「憎まずに何故、抗独運動に参加したんだ」
　「基督者、憎悪のため闘わない……正義の……」
　私は嗤った。正義のため？ジャックはまたふたたび、あの教場で、私に説法し、床にひざまずいて祈った男の面貌をとり始めた。
　窓の外で樹々の枝が、亦輝割れる音がする。私は、先程、自分の前を凍雪でふみつけ歩いた中尉の皮靴の軋みを思いだした。（そうだ、ジャックを拷問するのはアレクサンドルやキャパンヌではない。この俺でなければならないのだ）早くせねばならぬ。彼等が帰ってくるまでに話をつけておかねばならぬ。
　「君、ここで……」
　煙草を持っている彼の右手はかすかに震えていた。

「俺か？俺はＡ・ＳやＦ・Ｆ・Ｉに参加したリヨン大学の学生を調べる仕事をしているのさ。ナチは目的のために手段を選ばぬからな。仏蘭西人である俺は旧リヨン大学の学生であった限り、結構飯をくわしてくれるのさ」

ジャックは小さな、暗い眼を私の方にむけた。それから「君こそぼくを憎んでいたのだな」といった。

「うむ、俺はお前を憎んでいるよ。それをお前は、あの大学時代から知っていただろうが」

「なぜだ、なぜ、ぼくが」と彼は喘いだ。「ぼくが憎いんだ」

「お前が現代の英雄になりたいからさ」私は自分の煙草にゆっくり火をつけて考えこんだ。

「お前が、もし、俺たちの責道具に口を割らぬとしたらだ。そりゃ英雄主義への憧れ、自己犠牲の陶酔によるものじゃないか。酔う。恐怖を越えるためになにかに酔う、死を克えるために主義に酔う。マキだって、お前さん等基督教徒だって同じことだぜ。人類の罪を一身に背負う。プロレタリアのために命を犠牲にする、この自分、この自分一人がという涙ぐましい犠牲精神がお前さんを酔わしているんじゃないか。ナチの協力者、裏切者のこの俺が、お前の肉体をいかに弄ぼうと、お前はユダのように魂を売りはしない。そう思っているんだろう。そう信じこんでいるんだろう。だが、そうは問屋はおろさない(101)」

闇は次第に迫って来た。それは波のようにながしの向うの窓硝子を濡らし、それを浸しはじめた。私は黙っているジャックの顔のほの白い輪郭しか、もう見えなかった。しかし、見えなくてもその表情はわかっていた。

「俺のあの学生時代から、お前が、英雄になろう、犠牲者になろう、としているのを知っていた。だから、俺は、お前の、その英雄感情や犠牲精神をつき落としてやろうと考えた。考え続

けた。俺は今、それがやっと自分にわかったんだ。お前だけじゃないさ。俺は一切そのような陶酔や信仰の持主が憎いんだ。彼等はウソをつくからな。他人だけではない、自分のにもウソをつくからな。

　ジャック、ナチスムは政治だぜ。政治は人間の英雄感情や犠牲精神を剥奪する方法をちゃんと知っているんだ。犠牲感情だって、自尊心がなくっちゃ存在しない。だが、この感情はもろく砕いてみせられる。お前、ポーランドのナチ収容所の話をきいているだろ。はじめは、そんな陶酔に酔った闘士(コンバタン)が沢山いたらしいな。彼等は、お前と同じように、一人で殺されるのを待っていたらしいな。そこには英雄の孤高、英雄の死という、くすぐったい悦びがあるからな。所がだ。ヒットラーはちゃんとそれを見抜いていた。奴等を無名のまま集団で殺した。ヒットラーはそんな文学的、感傷的な死に方を彼等に与えてやらなかったのさ」

　私はたち上って、厨の壁をまさぐり、スイッチを上げた。六十燭光の電光は、はじめてジャックの顔を私にはっきりと見せた。その顔には全く影がなかった。影のない顔には、いかなる心の動きもあらわれぬ。それはひらたく凹み、マスクに似て、憎しみも苦痛もなかった。

　このマスクに烈しい怒りを感じた。その顔をゆさぶり、歪めたかった。私の眼はおのずと、床にころがっているアレクサンドルのホースに注がれた。

　「わかるのか。文学的、個人的な死などは十九世紀までの被告の特権だぜ。殉教者、ルネッサンスの反抗者、革命時代の貴族階級、彼等は死ぬ時でもこんな特権を持っていたのさ。

　だが、今日はそうはいかない。何しろ二十世紀だからな。万事、集団の二十世紀だからな。お前さん等、個人、個人の英雄

的な死、文学的な死まで与えてやる余裕なんぞ、ありはしない」

「しかし君だって」ジャックは突然ひきつった声で叫んだ。「君だって悪に陶酔しているじゃないか。信じているじゃないか」

「悪は変らないさ」

ジャックの手は、裂けた修道服の間をまさぐっていた。「変る部分はない」と私は大声で叫んだ。細い白い彼の指のあいだから、私は、銀色の金属が、キラキラと光るのを見た。それは十字架だった。修道服の裏帯につけられたコンタツ[102]の先の十字架だった。

「お前が、拷問をしのべたのは、俺がいたからではなくて、その十字架を握っていたからだな」私は体が震えるのを感じた。

「十字架をこちらに出せ」

「イヤだ」と彼は叫んだ。血と汗とでドロドロになった顔をこちらにむけた。

「十字架が、お前に陶酔を教えるんだ」

私は平手で撲った。ジャックは十字架をかたく握りながら、左手で顔を覆い防いだ。私は今度はホースをふりおろした。彼の肉体にそれがぶつかる時、私の掌は、焼けつくような熱を感じた。太陽はアデンの空に、ギラギラと燃えていたのだ。ただれた褐色の草の向うに、岩は濃い翳をおとしていたのだ。私は少年を、ジャックをそこに押し倒した。私が踏みつけ、撲り、呪い、復讐しているのは、その少年、このジャックだけではなかった。それはすべての人間、幻影を抱いて生れ、幻影を抱いて死ぬ人間たちにたいしてであった。彼は床の上を芋虫のように転げまわった。転げまわるたびに、下着がちぎれた。「悪魔」と彼は叫んだ。「悪魔!」奴の白い皮膚は私の情欲をあおった。

「もういい、あとは俺たちがやる」

ふりむくと、戸口に中尉、アレクサンドル、キャパンヌがたっていた。

「中尉!」と私はホースを投げだして叫んだ。「この男に口を割らしてみましょうか」

彼は私を疑わしげに眺めた。

「マリー・テレーズという女学生がいます。その女を責めるのです。この男の前で」この夜私はユダをまた利用した。

IX

私がベットの端に腰をかけている間、マリー・テレーズは、追い迫られた獣のようにあとずさりをしていく。

その指はドアのノブをまさぐりながら、カチッ、カチッと、奇妙に、かたい音を響かせた。ノブはむなしく廻っただけである。

彼女はソバカスだらけの頬をクシャクシャにして泣きはじめた。まるで六つか、七つのいたいけない幼女の泣き声にそっくりである。

黒いケープが、彼女の体から灰でも崩れるように、地面に落ちた。私には、そのビロウドのケープが見覚えがある。二年前、あの舞踏会の夜、彼女は、この黒色のケープに身を包みながら、ジャックの代りに私を選んだのだ、だが、今夜、彼女は、生きのびるためにはふたたび、ジャックを裏切らねばならぬ。

私は耳をそばだてたが、隣の厨から、咳ひとつ、きこえない。奴は気絶したのか。もし、今度、口を割らねば、アレクサンドルは私に合図することになっている。そして私はその時……

夜がきた。灯をつけた。一匹の蠅が部屋の中をとびまわって

いる。この部屋には前の持主の趣味らしいニセのバロック風[103]のシャンデリア[104]がぶらさがっていた。光がマットだけのベッドや、手垢でふちのよごれた椅子の長い影を床に落した。壁には、十八世紀の服装をした男女たちの遊ぶ、ふるいリヨンの風景画が、いくつか、かけられてある。ナチたちは、この部屋をそのままにしておいた。三年前、ここは客用の部屋か、あるいは娘たちの寝室だったのだろう。

　マリー・テレーズは片隅で肩を震わせてしゃくりあげていた。

　「本当になんとか、ならないものかなあ。本当に困っちゃったな。あんた。帰りたいだろ。ジャックさえ、チャンと話してくれれば、あんたも彼も無事ですむんだがな」そんな風にひとりごちながら私は時間をつないだ。彼女の泣声と部屋をとびまわる蠅の羽音がいつまでも長くつづき途絶えない。

　二年前、あの舞踏会の夜、私が計算し、演出した戯曲は、大詰に近づいている。摂理[105]という言葉がある。人間の不測の運命にたいする基督教の考え方だ。なるほど、私が、ナチの拷問者の一味に加わり、その拷問の場所にジャックとマリー・テレーズがまき込まれるということは、この私が考えたことではない。ハッキリ云えば、私はあのサン・ジャンの教会で彼等が祈っているのを見た黄昏から、この二人の運命とは別れたつもりでいた。彼等を棄てた気でいた。けれども、奴等は、また、私の運命のなかに舞い戻ってきたのである。私の意志をこえて誰がそうしたのかは知らぬ。

　私は指を嚙みながら、ジャック、マリー・テレーズ、私という人間が互に相結ぶ三角形が、次第に収縮していくのを感じた。マリー・テレーズが、無事に、この部屋から出るためにはジャックは同志を裏切らねばならぬ。リヨン第四区の連絡員の名、住所を口割らねばならぬ。その時、彼が裏切るのは同志だ

けではない。彼が腰にさげた銀色の十字架、その十字架にたいしてである。

　だが一方、このソバカスだらけの顔をゆがめて泣いている娘は、私にどう云う関係をもつのだろうか。ジャックが裏切らねば、アレクサンドルやキャパンヌは彼女を凌辱(りょうじょく)するだろう。ジャックだって凌辱という行為が、たとえ、強要されたものにしろ、若い娘に決定的であるぐらいは知っている筈だ。所詮、今夜、二人は互に裏切るか、裏切られるかの位置におかれている。そして、私はジャック、ジャックだけではない、基督者に革命家にマデニエに、ジュール・ロマンに勝つか、まけるかわかるだろう。だが、このように、私たち三人をピンセット[106]で実験台におき人形のように賭を強いたのは私ではない。決して私ではない。私でないとすれば、それは……

　やっとシャンデリアのまわりを廻転しつづけていた蝿が、煖炉の上の壁に、とまった。すると静寂が一挙に、この部屋にやってきた。蝿は羽をたたみ、前脚をながく揃えて擦り合わせる。その滑稽な身ぶりを私は指を嚙んだまま眺めた。

　彼はまた飛び上った。しかし今度はシャンデリアの方にはむかわずに、その映像の反射している窓硝子に体をぶつけ、腹だたしげに駆けずりまわった。

　突然、私は、その窓硝子に、さきほどのジャックの銀色の十字架を、その幻をみたような気がした。私が描いた三角形に、なぜか、計量し足らぬ一点があるような気がした。思わず、私は不安にかられ、マリー・テレーズをふりかえった。

　だが、彼女は、泣きやんでドアの下に崩れ落ちている。地面についた膝から、床に、ほとんど平行に両脚が投げだされていた。

私は今まで、この娘のやせた、ソバカスだらけの顔しか知らなかった。彼女がこのように形のいい若鹿のように伸びきった脚をもっているとは思ったことがなかった。のみならず、まくれたスカートと、灰色の靴下とのあいだから目にしみる(107)ほど真白い太腿がハッキリのぞいていた。

　私は唾を飲んだ。あのグリーシヌの花のちるクロワ・ルッスの坂路で、老犬をくみしいたイボンヌの腿もこんなに白くはなかった。のぞきみえた、彼女の腿の一部分は朝がたに口をつけたばかりの乳のように純白であり、恥しげだった。

　自分のあらい息づかいを聞いた。私がそそのかされたのは、たんに情欲だけではない。ただ私には、このソバカスだらけの娘がこのような純白さを肉体にせよ、持っていることに烈しい妬（ねた）みを感じた。それはたしかに私が生れてから持たなかったもの、神から奪われたものだった。羽を拡げた蝙蝠（こうもり）のような私の影が煖炉(108)から戸口にちかづいた。その時、厨から、響きがした。

　そいつは肺病やみのアレクサンドルの空咳だった。からんだ痰を吐きだすため、彼は、引きしぼるような咽喉音をたてた。

　「しぶといなあ（ケルティチュ）、神父さん（ペール）」

　それから、隣室の私たちには、ききとれぬヒソヒソとした囁きがつづいた。私はマリー・テレーズの肩に手をおいたまま、ジッとしていた。蠅はまた窓硝子にぶつかり、乾いた腹だたしげな音をたてはじめた。

　「君が叫べば」と私はひくい声で云った。「ジャックは裏切るぜ。裏切らせたくないなら」私の手は、彼女の、ひきしまった膝の肉に触れた。

　まだ、アレクサンドルがなにか呟いていた。こちらの指は、虫のようにマリー・テレーズの膝の上を這いまわった。

隣室から、溜息とも呻き声ともつかぬ声が洩れた。泣き声だった。一時間に渡るさきほどの拷問にも、声一つ洩らさなかった奴が、今、泣きはじめた。あの男、泣いているな。あの男が、ジャックが、他の人間たちと同じように、遂に肉体の苦痛に負けた時、殆ど子供にも似た声で悲鳴をあげているなと私はぼんやり思った。

　リズミカルな硬い音が、泣き声のあいだに、正確に加わると悲鳴はそのたび毎に高くはずんでいった。それは落下速度を増す雪なだれににていた。ジャックは崩れていく、崩れていく。

　女はもう私をふせごうとはしない。彼女の眼はひきつったように見開かれている。その膝がしらだけがはげしくふるえた。

　女の耳もとで、私はなにかを囁いた。なんでもない、叫ぶな、と云ったのかも知れない。覚えていない。譫言（うわごと）のように、囁きつづけた。女の方は魂の抜けた人形のように私の顔を凝視していた。私の声を聞いているのか、どうかも、わからなかった。

　覚えているのは、その時、彼女が、力の抜けた(109)病人のようにたちあがったことだ。

　「ゆるしてくれよう。ゆるしてくれよう」厨からジャックが子供のようにすすり泣く声がきこえた。「ゆるしてくれよう。彼女をはなしてやってくれよう」声は途切れ、なにもきこえなくなった。

　「気絶だろ」中尉のだるそうな声がした。「水をかけてみろよ。今度で口を割るだろう」

　突然、マリー・テレーズは、両手でブラウスのホックをはずし始めた。私には最初、その意味が、ほとんど、理解できなかった。彼女は眉と眉のあいだに、くるしげな皺をよせて、胸を大きく開いた。それから突然、そこを両腕で覆おうとこころみた。

　「ぶたないで、ぶたないで」と女は白痴（はくち）のように唇だけを動

かした。
　「え、なんだって、え」私は耳をさしのべた。突然、一切の意味がわかった。私の想像していた戯曲、私の演出する芝居は、もっと悲壮なもっと悲劇的なものの筈だった。しかし、今この娘までが、ムーラン・ルウジュ(110)的な喜劇の女優になりたがっていた。聖女になりたがっていた。
　ブラウスの胸もとにふるえる手をかけて、私は烈しくそれを引き裂いた。うすい胸をかくしたレースの下着も引き裂いた。三年前、あの陽光の注ぐ法科教室で、私は今とは別の気持で、しかも、本質的には同じ衝動で泡のようにやわらかな下着を引き裂いた。あの時、私はなぜそれをしたのか、自分でさえ、理解できなかった。しかし、今、私は自分の手のなかでブラウスと下着の引き裂ける鋭い音をききながら、くるしげに歯をくいしばりながら耐えている彼女の顔をましたに見おろしながら、はじめて、処女強姦の意義、意義といって妙ならば、その使命を理解した。……泥沼の底から熱湯が吹き上げて……（俺は、犯す、俺は犯す）と私は呻いた……歯をくいしばって私の眼底にはもはや、マリー・テレーズは存在しなかった。私が、今、凌辱し、汚すのはすべての処女、その処女の純白さ、無垢の幻影であった。男性は純潔の幻影を破壊するために存在するのだ。純潔の幻影のなかには、ジャックの十字架像がかくれていた。基督者、革命家、マデニエのような人間が、未来に、歴史に抱く愚劣な夢想、陶酔がひそんでいた。
　……私は木片のように、波に押しながされ、水底に吸いこまれた。
　死んでいた。幾世紀も死んでいた。部屋の蝿は唸りながら電燈の周囲を駆けずり廻っていた。

「気絶したのか」
「いや、気絶したふりをしているのでしょう」
　ヒソ、ヒソととりかわす中尉とアレクサンドルの声が壁を通してまた洩れきこえてきた。女は白い片腕で眼を覆って私の眼の下に横たわっている。私がその死体のような肉体に、ふたたび、衣服をまとわせる間、彼女は人形のように片脚を持ち上げられたり、寝がえりをうったりされる(111)ままになっていた。
「死んだ？」
「死んでます、これは」
　バタバタと走る音、飯盒に水を注ぐ、するどい響きにまじって、
「舌を嚙みきりやがったんだ」
　と叫ぶアレクサンドルの声がした。私は壁にかけより耳をあてた。彼等がジャックの体をゆさぶり、ひっくりかえす身ぶりも手ぶりも手にとるようにわかった(112)。
　そうか、舌を嚙んだのか、私は壁に頭を押しつけた。固い重い音が頭で響くのを聞いていた。しらぬまにその頭をいくども壁にぶつけながら拍子をとっていた。悲哀とも寂寞ともつかぬものが胸をしめつけはじめた。かつてホテル・ラモでマリー・テレーズを屈服させた瞬間、私はこれと同じかなしみを味わった。かなしみというより、非常にふかい疲れに似ていた。埋めるべき空間に埋めたあと、もはや、なにをしてよいのか、私にはわからなかった。（母を喪った時、私は決してこのような感情を味わわなかった）まるで、私がジャックをながいこと愛しつづけ、その愛に裏切られ、喪ったような気持だった。
　そうか、舌をかんだのか、ほんとうに私はそれを予想していなかったんだ。自殺はカトリック教徒には、絶対に行ってはならぬ大罪であったからである。

（お前、神学生じゃないか、それなのにお前は、この永遠の刑罰をうける自殺を選んだのだ）

　悲哀にみちた灰色の海の上でしずかな腹だたしさが次第に荒れはじめた。

　（意味がない。意味がないよ）と私は呟いた。（お前は自殺によって俺から脱れたつもりなんだろ。同志を裏切るべき運命やマリー・テレーズの生死を左右する運命からも脱れたつもりだろ。ナチも俺も、もう、マリー・テレーズをお前のために使うことはできない。だが、それがなんだ。お前は俺を消すことはできない。俺は今だってここに存在しているよ。俺がかりに悪そのもの[113]ならば、お前の自殺にかかわらず、悪は存在しつづける。俺を破壊しない限り、お前の死は意味がない。意味がない）

　マリー・テレーズは片腕を顔にあてたまま、みじろがなかった。彼女が今の厨のもの音、叫びをきいたか、どうかは知らぬ。ただ、私は、彼女の腕のあいだから、透明な泪が、すこしずつ、すこしずつ、流れていくのをみた。（意味がない。意味がない）

　「ジャックは死んだよ」

　私は兄のようにやさしい声で告げた。彼女の唇はふるえながら、なにか答えようとしていた。

　「え、なんだって」耳をその口もとに近づけたが、それを聞きとることはできなかった。ウワ言のような、しかしウワ言ではない奇妙な旋律をまじえながら、この娘は歌を歌っていた。

　私は非常に、非常に疲れていた。肉体の疲労だけではないらしかった。もう、なにも私を動かさなかった。

　薔薇のはなは、若いうち

つまねば
凋み、色、あせる

　唄はどこかで聞いたことがあった。ああ、あれはリヨン大学の入学式の日だったな。しかしそれも、もう意味がない。（気が狂ったな。マリー・テレーズは気が狂ったよ）私は彼女の歌声をききながら考えた。だがそれにも無感動だった。
　耳の底で戸をあけたり、しめたりする音がきこえる。
　「坊や、坊や」それは臨終の刹那に私をよぶ母の声だ。
　「悪魔！」ホテル・ラモのホールでジャックは、片手をあげて叫んだ。「右を見ろと云うのに、右を」（そいつは兎口なんだ。そいつは兎口なんだ）
　私はたち上って、さきほど、あの蠅が脱れ路を求めて、おろかにも頭をうちつけ、戸外に幻影を抱きながら、かけまわった窓に近づいた。闇のなかでリヨンは燃えていた。ベルクール広場もペラッシュ駅も、レピュブリック街も、あのイボンヌが老犬を白い脚でくみ敷いたクロワ・ルッスの坂路も真赤に燃え上り、その火はこの街の夜空を無限に焦がしていた。

注　释

(1) 聯合軍（レ・ザリエ）／由两国以上军队组成的联军。这里指第二次世界大战中的盟军。

(2) ヴァランス／法国东南部的工业城市。

(3) リヨン市／法国里昂市。位于法国东南部、罗纳河与赛纳河两条河流的交汇地带。

(4) ローヌ／法国罗纳河。流经瑞士以及法国南部的一条河流。

(5) フォン・シュテット／人名。冯・修泰特。

(6) フランツ、ハンツ、ペーター／此处应是士兵的名字。

(7) レビュブリック街／地名。

(8) エミール・ゾラ街／地名。エミール・ゾラ：埃米尔・左拉（1841—1902）。19世纪后半期法国重要的批判现实主义作家，自然主义文学理论的主要倡导者，1908年，法兰西共和国政府以左拉生前对法国文学的卓越贡献，为他补行国葬，并使之进入先贤祠。

(9) 糞くらえ／骂人的话。呸，胡说，扯蛋！くそ：在这里为感叹词。很多情况以"くそっ"形式出现，表示骂人或强烈的否定，即表示不服气、鼓劲、失败时的诅咒。

(10) マルキ・ド・サド／萨德（1740—1814）。本名为Donatien Alphonse Francois de Sade。法国革命期的思想家、作家。1740年出生于法国巴黎的一个贵族家庭。后与一个司法官的女儿结婚，20来岁时开始出现精神异常的征兆，后以同性恋等罪名入狱。在监狱中度过了40多年的监禁生活，其间完成了大量作品。大革命时期被释放。1803年进入精神病院，1814年逝世。代表作有《闺房哲学》、《美德的不幸》等。后曾受到一些不正当评价，被作为了（性）虐待狂（sadism）的语源。到了20世纪，被人们重新认知，承认其对超现实主义与存在主义思想产生了一定的影响。

(11) イボンヌ／法国人名。是小说中女佣的名字。

(12) クロワ・ルッス／法国人名。克罗瓦・卢斯。

(13) グリーシヌ／一种植物的名字。

(14) 片割れ／①一个碎片，一片儿，一个。②同伙之一，一分子。此处指后者。

(15) リール／法国北部的城市。是临近比利时国境、法属弗拉芒地区的中心地带。该城市有大学、博物馆等。棉、羊毛以及亚麻工业兴盛。1990年人口约17万2千。

(16) プロテスタント／信奉新教的基督教徒。

(17) ふみくだかれた／（踏み砕く的被动形式）表示被踩碎、踏碎。

(18) サン・チレーネ街／地名，圣・奇莱内大街。

(19) 灰かつぎ（サンドリアン）／书名。

(20) アラビアンナイト／《一千零一夜故事集》。

(21) しわぶきながら／咳（しわぶ）く：①咳嗽。②假装咳嗽，引起别人注意。

(22) フロイド流に言えば／フロイド：弗洛伊德，澳地利的一名精神病学家。将人类的心理生活归结于抑制在下意识或潜意识范围内的性欲冲动，创始了用阐明心理的手段来分析人类精神世界的立场方法。主要著作有《梦的解析》、《日常生活的精神病理学》、《精神分析入门讲义》。按照弗洛伊德的解释。

(23) サディスム／施虐淫、（性）虐待狂、残暴色情狂。通过对异性施加暴力达到性满足的异常性欲。该词来源于法国小说家マルキ・ド・サド。

(24) コンプレックス／①合成，集合体。②情结、复合、变态心理、潜在意识综合表现。③卑情结、自卑感。此处指对母亲的依恋情结。

(25) 私のあずかり知らぬこと／あずかり知る：（多伴随表示否定的词语）相关，有关联，干预。此句的意思为"与我无关"、"我管不着"。

(26) コミュニスト／共产主义者，共产党员，共产党人。

(27) マキ／法语。指第二次世界大战中，抵抗德国占领军的法国左翼地下组织。

(28) ガリーエーヌ街／格里埃奴街。

(29) 稚児（ベダル）さん遊び／稚児（ちご）：①婴儿。②小孩、儿童。③（神社、佛寺用以参加祭礼的）童男童女。④相公。男色对象的少年。这里是指同性恋。

(30) イングランド・ホテル／不列颠大酒店。

(31) 弓なりになった／弓なり：弓形。

(32) ボート・サイド／埃及东北部，位于苏伊士运河地中海侧入口处的港湾城市。人口约46万（1992）。

(33) マデニエ氏／人名。马德尼尔。

(34) 硝子ごしに／隔着玻璃。～ごし（越し）：隔着（某物）。①めがね～に見る：隔着眼镜看。②垣根～に話す：隔着篱笆说话。

(35) マリー・テレーズ／（人名）玛丽·戴莱斯。

(36) モニック／（人名）摩尼卡。

(37) ジャック／（人名）雅克。

(38) たかが／充其量、最多也不过。含有轻蔑的语气。～百円ぐらいで／也不过一百日元。

(39) お世辞にも綺麗とはいえぬ／お世辞：奉承话，恭维。此句话的意思为"即使往好里说，也说不上漂亮"。

(40) レジオン・ドヌール／（法国的）最高荣誉勋章。共分为五级，授予在军事或文化领域有突出功绩的人。1802年拿破仑制定的。

(41) ジュール・ロマン／朱勒斯·罗曼（1885—1972）。法国作家。原名路易·法里古勒。"一体主义"诗歌的倡导者。罗曼从资产阶级人道主义出发，同情劳动群众，主张作家不仅应表现个人，塑造英雄人物形象，更应反映群众的共同命运和集体一致的心理。他还提出诗人个人的内心生活不应作为诗的题材，而群众的共同生活、人类的爱，才是真正诗的题材。

(42) ヴオレリイ／人名。沃莱里。

(43) オーギュスト・コント／孔德（1798—1857）。法国哲学家。最早提出实证主义哲学学说。1838年还创用"社会学"一词，并对社会学作了系统化的尝试，因而被认为是社会学的创始人。在伦理学上，最早提出"利他主义"一词，认为利他必须以利己为基础。晚年醉心于创立"人道教"。著有《实证哲学教程》、《实证政治体系》、《实证宗教教义问答》等。

(44) 眼をしばたたかせる／瞬（しばたた）く：屡次眨眼、直眨巴眼。①急に揺り起こされて目を～：突然被推醒，直眨巴眼。②彼女は涙にぬれた目を瞬いた：她一再眨巴泪眼。

(45) 禁断（きんだん）の木の実／禁断：禁止、严禁。这句话表示"禁果"的意思。诱人而不应追求的快乐。

(46) たゆとう／①晃来晃去，不固定；漂动。②内心摇摆，犹豫。此处为前者之意。《广辞苑》里标记为"たまたう"。

(47) ロッシイ／吉奥阿基诺・罗西尼（1792—1868）。著名的意大利歌剧作曲家。罗西尼把意大利喜歌剧和正歌剧的体裁推向了高峰，他的代表作品为《塞维利亚的理发师》和《威廉·退尔》。他的创作继承了意大利注重旋律及美声唱法的传统，音乐充满了炫技的装饰和幽默、喜悦的精神，且吸收了同时代作曲家贝多芬的手法，使用管弦乐来取代和丰富原来仅作音高提示的古钢琴伴奏。

(48) あまったるい／①（味道）太甜，甜得过火。②阿谀奉承，谄媚。③起腻，过分撒娇。

(49) アーメン輩／アーメン为基督教祈祷、唱赞美歌等最后大声说的一句话。这里指那些信徒们。

(50) ソーヌ／法国索恩河。罗纳河和索恩河交汇于法国著名城市里昂的市中心，并把它分为新城区和老城区两部分。

(51) ローヌ／法国罗纳河。流经瑞士以及法国南部的一条河流。发源于阿尔卑斯山中的冰河，后进入日内瓦湖，向西流出，转南注入地中海。全长约810公里。

(52) ドローヌ街／德罗努街。

(53) つめよった／詰（つ）め寄（よ）る：①逼近，逼到近旁。②逼问，追问。

(54) 崩れ落ちた（くずれおちる）／崩落，崩塌，塌下，倒塌。这里是比喻人一下子瘫坐下来。

(55) 拍子抜けがした／"拍子抜け"表示"泄气、没劲了"的意思。

(56) ブラタナス／（植）悬铃木，法国梧桐，梧桐科植物。原产于欧洲南部和美国，目前所知的共有10种。

(57) 聖ベルナール教会／圣伯纳德教堂。

(58) ラワイエット街／地名。拉维埃特街。

(59) ギスギスした体／ギスギス：①不和悦、板着面孔，死板。②枯瘦。本文意思为第二项。

(60) ほくそえんだ／（因得意等）自笑，窃笑，暗自嘻笑。

(61) ルージュ／①红色。②口红。

(62) ケープ／斗篷。

(63) サキソフォーン／乐器名，萨克斯。萨克斯管是法国乐器制造家A.萨克斯于1846年发明的。一种圆锥形的金属管乐器，上面有许多不同间隔的按键。型号多样，音色不同，常用来为高音、次高音歌唱家伴奏。

(64) ぐらぐらとしてきた／ぐらぐら：摇晃，摆动，不稳定。①地震で家が～揺れる：地震把房子弄得摇摇晃晃。②前歯が一本～する：一颗门牙松动了。③～する机：晃晃荡荡的桌子。

(65) ターンした／ターン：①回转，转动②改变路线。③（游泳）折回，转弯，转身。④（舞蹈）旋转。此处为第四种意思。

(66) 一張羅（いっちょうら）／唯一的一件（好）衣服，最好的一件衣服。

(67) ジン／杜松子酒。在玉米、黑麦等发酵液中添加上杜松果实香味的蒸馏酒。酒呈无色、透明状，酒精度数为40%至50%之间。

(68) ジルバ／（舞）吉特巴舞・交际舞的一种。是一种快节奏的、动作激烈的舞蹈。

(69) トランペットの間のびした音／トランペット：小号。"間のびする"在此处表示"有气无力、无精打采"的意思。

(70) ウツロ（空ろ）／①内部空洞。②空虚，发呆。

(71) サボア／法国地名，萨夫瓦。位于阿尔卑斯山地区，是法国旅游业最发达的地区之一，也是欧洲著名的滑雪胜地。

(72) ジャンセニスム／（宗教）詹森主义，17世纪中期詹森创始的教义。认为人性由于原罪而败坏，人若没有上帝恩宠便为肉欲所摆布而不能行善避恶。1713年被教皇所禁止。

(73) バタバタ／（拟声词）鸟拍翅膀或者布扇动时发出的声音，也指其状态。这里指张贴在告示板上的课程计划表发出的声响。

(74) プラトン／柏拉图（希腊语：Πλάτων，英语：Plato，约公元前427年—前347年）是古希腊哲学家，其主要哲学思想对西方的哲学思想有重大而深远的影响。原名亚里士多克勒（Aristoklēs）。柏拉图是其体育老师给他起的绰号。他是苏格拉底的学生，又是亚里士多德的老师。《理想国》是他最重要的著作。

(75) マジノ線／马其诺防线，绵延于法国东部的全部国境线上，全长750余公里，是法国参谋部长期苦心经营的一条坚固筑垒防线。它始建于1929年，1940年全部竣工，耗资2000亿法郎。整个防线上共建有5600个永久性工事。防线以法国前陆军部长马其诺（1877—1932）的名字命名。

(76) もの狂（ぐる）おしい／疯狂般，似发狂，狂热。～群衆に包囲された：被疯狂般的人群所包围。ジャズは～音楽だ：爵士乐事一种狂热的音乐。

(77) 当世風（とうせいふう）／当前时代所流行的风俗习惯或思考方式。～な（の）身なり：时髦打扮。

(78) 内陣（ランテリユール）／日文读作"ないじん"。在神社或者寺院的正殿里，安放神体、佛的地方。此处指教堂里的同样位置。

(79) プロテスタント／信奉新教的基督教徒，新教徒。十六世纪的马丁路德和加尔文教派的宗教改革后，反对罗马天主教会的宗教信仰，形成了诸多基督教派，此为这些教派和信徒的总称。北欧、英国和北美相对占优势。

(80) チャラ、チャラといわせて／拟声词。"チャラ、チャラ"为金属片、钱币等碰撞时发出的声音。"といわせて"表示"发出声响"的意思。

(81) とどのつまり／意思为到末了，到头来，到底，结局，终归，归根到底。～は何もかもおじゃんになった：结果什么都完蛋了。～は、やりたくないということですね：归根到底你是不想干，是不是？

(82) その手にのるものか／手に乗る：中计，上当。此句可译作"怎么能上他的当呢？"

(83) われにかえった／苏醒、醒悟过来；恢复意识；神志清醒过来。

(84) キャフエ／咖啡店，茶馆。

(85) サイド・カー／跨斗式的摩托车。跨车，边车。

(86) ヴィシー派／维希是位于法国中部、中央高地北部的矿泉城市。自1940年6月法国降服于德国纳粹至1944年，贝当内阁将首都迁于此地，被称为维希政权。

(87) つぶれ凹（へこ）んだような顔／好像被挤瘪了的脸。

(88) モルモット／（动物）（实验用）豚鼠、天竺鼠；土拨鼠、旱獭。也可以作为比喻，比喻被放在实验台上的人。

(89) 狩り込み／（对野兽、流氓）追捕、搜捕。～にあってつかまる：遇到围捕而被抓住。

(90) ビエール・バン／人名。皮埃尔·班恩。

(91) およし／"おやしなさい"的省略形式，表示禁止：不要做。

(92) アル中／"アルコール中毒"的省略形式，酒精中毒。

(93) ゲシュタポ／以取缔反纳粹运动为目的的德国国家社会党（纳粹）秘密警察，盖世太保。

(94) アレクサンドル・ルーヴィッヒ／法国人名。亚历山大・路德维希。

(95) チエッコスロバキヤ／捷克斯洛伐克。

(96) アンドレ・キャパンヌ／法国人名。安德烈・查旁努。

(97) モツァルト／沃尔夫冈・阿马德乌斯・莫扎特，欧洲维也纳古典乐派的代表人物之一，作为古典主义音乐的典范，他对欧洲音乐的发展起了巨大的作用。

(98) 鼻をならしたものだ／鼻を鳴らす：哼哼，撒娇。此处指用鼻子哼了哼。

(99) カタコトならしている／"かたこと"表示坚硬的东西连续相互碰撞时发出的声音。"ならしている"表示使之发出响声。

(100) 黒ゴロワーズ／香烟的品牌名。

(101) 問屋はおろさない／事情不会那么随心所欲；没那么便宜。

(102) コンタツの先（さき）／コンタツ（contas）为罗马教会的念珠。祈祷用的念珠。

(103) バロック風（ふう）／巴洛克式。17世纪初至18世纪中叶，风靡整个欧洲的、艺术（建筑、雕刻以及音乐等）以及文学领域的一种风格。

(104) シャンデリア／雕花玻璃与若干灯泡组合，悬挂于天花板等处的装饰电灯。

(105) 摂理（せつり）／天意，天命，神的意志。①神の～にまかせる：任凭神的安排。②自然の巧みな～：大自然巧妙的安排。

(106) ピンセット／镊子。

(107) 目にしみる／刺眼睛。たまねぎが目にしみる：葱头辣眼睛。

(108) 煖炉（だんろ）／（暖房间用的）暖炉，特指壁炉。①飾り～：装饰壁炉。②～を囲む：围在炉旁。

(109) 力の抜けた／力がぬける：筋疲力尽。

(110) ムーラン・ルウジュ／红磨房。1889年开设在巴黎蒙马特区的舞场和酒吧，后为歌舞剧场的名字。

(111) 寝がえりをうったりされる／寝返（ねがえ）りを打つ：翻身。

(112) 手にとるようにわかった／手に取るよう：非常清楚；非常明显。山の下の景色が手に取るようにはっきり見える：山下风景历历在目。

(113) 悪そのもの／そのもの：指那个东西本身。農薬～が悪いわけではない：农药本身并不是个坏东西。

☪ 作者简介

  远藤周作（1923—1996）　1923 年 3 月 27 日出生于日本东京。1926 年跟随其父来到中国大连，生活到 1933 年。后随离异的母亲返回日本，居住在日本神户。1933 年，在姨母的影响下接受天主教的洗礼。尽管最初接触天主教是被动的，但是天主教对于远藤周作的影响却是深远的。后来，他曾多次试图离开天主教，但却最终未成。这使他开始思考自己与宗教的关系。"对于他来讲，接受了西方宗教基督教的自己与作为日本人的自己总是对立的存在。"1943 年，他入庆应大学文学部预科，1945 年进入法文科学习。1950 年，赴欧洲学习天主教文学。两年多的留学生活成为他以后创作的一个重要基础。在法国他"发现了人们保守的一面，感受到基督教的新气息，""感觉自认为已经很了解的法国小说背后还有着许多未知的东西"，"让他具有了作为日本人的民族意识，并且成为了他以后创作的一个主题"。从总体上看，作为文学家的远藤周作具有两副面孔，一是批评家的远藤周作，另一个是小说家的远藤周作。作为批评家，他主要活跃于 1947—1954 年之间，1954 年以后他的主要身分是小说作家。《神们与神》（《四季》1947，5）、《天主教作家的问题》（《三田文学》1947，5）、《堀辰雄论备忘录》（《高原》1948，3，7，10）三篇评论是他作为批评家的起点。在早期的这些评论里，可以看到他对于"一神论与泛神论"的关注，这种关注直接影响到他以后的创作。法国留学归来，他又成为《现代评论》的重要撰稿人，发表了一系列重要的文学评论。后来，当与他同时代的年轻作家相继获得芥川奖、成为文坛新人之时，他也开始了小说创作。

  1955 年，他的小说《白色的人》获得芥川文学奖，这使其一举而成为"第三新人"的代表作家。他的小说作品与其他"第三新人"作家的创作很为不同，具有较强的观念性、思想性。他的一部分小说作品十分关心日本的精神风土和以基督教信仰为核心

的欧洲之间的差异，经常表现上帝与人、西方与日本等主题。《白色的人》的发表为他打开了小说创作的大门，从此一发不可收拾，连续发表了早期的代表作品，如《绿色的小葡萄》(1956)、《海与毒药》(1957)、《月光下的多米那》(1957)。这些作品都涉及到日本人的信仰问题。在这些作品里，他"不断地询问在没有上帝的日本这一文化风土之中该如何接受基督教的上帝与爱，该如何生存，此时的日本人到底是什么"。1958年11月，《海与毒药》获得了第十届每日出版文化奖、第五届新潮社文学奖。自此以后，他的小说创作愈加成熟，重要代表作品相继问世，如《火山》(1959)、《傻家伙》(1959)、《沉默》(1966)等。1965年出版的短篇小说集《哀歌》收集了他长达两年半的住院生活之后所创作的作品，这些创作更关注普通人的生活与感情，在观察普通人的同时思考基督教的问题。

　　远藤周作两次赴法的经历对他的创作影响重大，二十世纪五十年代初第一次留学法国因为他既是天主教的信徒又是普通的日本人，所以使他在作品中不断地审视自己、审视日本人，提出双重的要求和认识。而二十世纪五十年代末的法国留学和长达两年半的住院生活则使他转向对西方进行审视、思考。1966年发表的《沉默》可以说是这一立场转换的产物，在这一作品中，他通过弱者形象的塑造追求"上帝"和"爱"，寻找宽容的、安慰者的、分担苦痛的上帝。《沉默》使他获得了第二届谷崎润一郎奖。以后，他发表了《狐狸庵闲话》等很有幽默色彩的作品，反映出他创作的另一层面。1981年，远藤周作成为日本艺术院会员，并担任日本笔会会长。1993年，发表了远藤文学之集大成式的作品《深河》，这部作品于1995年被拍成电影。

☪ 作品简析

《白色的人》是远藤周作的成名之作,也是1955年"芥川文学奖"的获奖作品。刚发表时,人们对这部小说可以说褒贬不一,有的人认为,这部作品表达了作者"对于现代欧洲的文化批评",在"日本文学中缺少这种表现方式",也有的人认为"小说好似翻译小说,读起来有点吃罐头的味道"。以后的批评家普遍认为这一小说蕴涵着许多主题,譬如对于有色人种与白色人种的差别观的抗议、对于纳粹主义的抵抗等等,其中最为重要的主题就是所谓"上帝"的问题。对于这部小说的特点,人们往往强调这样两点。一是弱者向强者的转换。这主要指的是"在纳粹军队占领里昂后主人公主动协助秘密警察,转换为一个加虐者,由一个天生斜视的弱者成为一个强者"。二是指"'恶的逻辑'对于由雅克所象征的白色世界(美、善、德、理性)的挑战"。有的评论家认为"《白色的人》在合理与非合理、逻辑与非逻辑的对立之中,探讨人的存在结构"。小说里面使用了许多对立的概念,如强者与弱者、善与恶等。这应该说也是作者创作上的一个重要特点。

这个中篇小说通过主人公"我"向读者讲述了一个故事,一个断断续续的故事。主人公"我"是德国人母亲与法国人父亲所生的儿子,"我"的父亲是个放纵自己的人,最终和自己的情人因车祸死去。而母亲在患脑溢血死去之前,尽管德国人已经开始占领法兰西,但她并没有因此而强调自己的德国人身份,相反自始至终认定自己就是法国人,并且一直以法国人的身份生存,直至死去。因为父亲放纵的生活态度,母亲一直以严厉的宗教禁欲式教育约束"我"。但是,"我"却从未成为一个真正的为母亲所称道的好孩子。"母亲的禁欲主义的教育不仅没有使'我'远离官能的觉醒,反而让'我'在少年的时候,感受到加虐的快意,并且在'阿拉伯少年'的眼里发现被虐的喜悦。这些体验使'我'逐渐相信人的行为是通过施虐与被虐的本能而存在的。"虽然"我"

实际上并不是母亲所期望的好孩子，但在表面上"我"仍然尽可能使母亲得到安慰。因此，"虚伪"成为"我"对世界认识的基础。在"我"的眼里，一切都是伪饰的。无论是神圣的宗教，还是著名的专家，以至虔诚的信徒，他们都在掩饰自己内心的真实。在"我"看来，人的欲望本身也许是最为真实的，特别是人的最为本能的生存欲望。它可以带来背叛，带来对他者的牺牲。因为"我"就是在生的欲望支配之下，选择了对于法兰西的背叛，对于德国的归属。这种选择背后没有任何信仰的因素，有的只是生存的需要。"我"的这种选择当然还具有另外一层意义，那就是"我"因此由一个天生斜视的、长相丑陋的"弱者"变为一个可以施虐的、掌握他人命运的所谓"强者"。而这种转化的根基是无信仰。这种"弱者"、"无信仰"是不是可以看做作者本身对于日本人的反思呢？进入近代以后，日本人在西方面前往往具有一种自卑的心理，自视丑陋、自认为"弱者"，同时日本人往往缺乏坚定的信仰。假如从这个角度解读"我"，"我"完全可以被视作"日本人"的象征。

　　与"我"相对应的小说人物就是年轻人雅克。雅克与"我"同样长相丑陋，身体羸弱，也是现实之中的一个肉体上的"弱者"。但是，他与"我"不同，他是一个天主教教徒，有着坚定的信仰。在"我"看来，"人是脆弱的存在，在自己肉体的痛苦前面，会背叛所有的人的友情、信义"，就像"我"自己最终作出的选择一样。然而，雅克对于死的选择彻底击碎了"我"对于人的这种认识。雅克显然不是一个勇敢的人，最终他选择了自杀结束了自己的生命，避免了自己可能的背叛。对于一个教徒而言，自杀也许是对于教规的违背，但是作为一个具有坚定信仰的人，这种对于教规的违背远远胜于对信仰的背叛。雅克最终咬断自己的舌头，走上了绝路，那是因为他忍受不了目睹自己恋人受辱的屈辱，是因为他害怕自己会玷污圣教者的神圣。他无法像基督那样

忍受人生中所有的苦难。在这种意义上，他确确实实是一个弱者。但是，他最终的的确确以死维护了具有信仰的教徒的自尊，没有背叛、没有出卖自己的同志，在这种意义上，他又可以说是强者、勇者。具有信仰的"白色的人"雅克与没有信仰的"我"在最终的结局里形成了极为鲜明的对比。可以说，这样的对比使作者试图表达的意图昭然若揭。

楢山節考

深沢七郎

　山と山が連っていて、どこまでも山ばかりである。この信州の山々の間にある村——向う村のはずれにおりんの家はあった。家の前に大きい欅の根の切株(1)があって、切口が板のように平たいので子供達や通る人達が腰をかけては重宝がっていた。だから村の人はおりんの家のことを「根っこ」(2)と呼んでいた。嫁に来たのは五十年も前のことだった。この村ではおりんの実家の村を向う村と呼んでいた。村には名がないので両方で向う村と呼びあっていたのである。向う村と云っても山一つ越えた所だった。おりんは今年六十九だが亭主は二十年も前に死んで、一人息子の辰平の嫁は去年栗拾いに行った時、谷底へ転げ落ちて死んでしまった。後に残された四人の孫の面倒を見るより寡夫になった辰平の後妻を探すことの方が頭が痛いことだった。村にも向う村にも恰好の後家などなかったからである。

　その日、おりんは待っていた二つの声をきいたのである。今朝裏山へ行く人が通りながら唄ったあの祭の歌であった。

　　楢山祭りが三度来りゃよ
　　　　栗の種から花が咲く

　もう誰か唄い出さないものかと思っていた村の盆踊り唄である。今年はなかなか唄い出されなかったのでおりんは気にしていたのであった。この歌は三年たてば三つ年をとるという意

味で、村では七十になれば楢山まいりに行くので年寄りにはその年の近づくのを知らせる歌でもあった。

　おりんは歌の過ぎて行く方へ耳を傾けた。そばにいた辰平の顔をぬすみ見ると、辰平も歌声を追っているように顎をつき出して聞いていた。だがその目をギロッと光らせているのを見て、辰平もおりんの供で楢山まいりに行くのだが今の目つきの様子ではやっぱり気にしていてくれたかと思うと

　「倅(せがれ)⁽³⁾はやさしい奴だ！」

と胸がこみあげてきた。

　おりんが待っていたもう一つの声は、実家から飛脚⁽⁴⁾が来て向う村に後家が一人出来たことを知らせに来てくれたのである。その後家は辰平と同じ年の四十五で、三日前に亭主の葬式がすんだばかりだそうである。年恰好さえ合えばそれできまってしまったと同じようなものだった。飛脚は後家になったものがあることを知らせに来たのだが、嫁に来る日までをきめて帰って行った。辰平は山へ行って留守だったが、おりんが一人できめてしまったというより飛脚の云うことを聞いていただけで万事がきまってしまったのである。これで辰平が帰ってくればそのことを話しさえすればよいのである。どこの家でも結婚問題などは簡単に片づいてしまうことで、好きな者同士が勝手に話し合ってきめてしまったり、結婚式などという改まったこともなく、ただ当人がその家に移ってゆくだけである。仲人が世話をすると云っても年齢が合えばそれで話がきまって、当人がその家へ遊びになど行っているうちに泊りきりになって、いつからともなくその家の人になってしまうのであった。盆も正月もあるけれども遊びに行く所もないので、ただ仕事をしないだけである。御馳走をこしらえるのは楢山祭りの時だけで何事も簡単にすんでしまうのである。

おりんは飛脚が帰った方を眺めて、あの飛脚は実家からの使だといっていたが、嫁に来る人の近い身の者だろうと思った。亭主が死んで三日しかたたぬのに、すぐとんできて話をきめたいという様子は後家の後始末がよくよく心配だったのだろう。うちの方でも急いで来てくれて有難いことだと思った。来年は七十で楢山まいりに行く年なのだから、この年になっても嫁がきまらなかったらどうしようと焦っていたところに、丁度年恰好のうまい話があったものだ、もう少したてば嫁が父親か誰かと向うの方から来るだろうと、肩の荷が降りたように安心したのである。向うの方から嫁が来るというより女が一人来ると想像しただけで一番難しいことが片づいてしまったのだった。孫は総領(5)のけさ吉が十六で男三人、末が女でまだ三つである。辰平も後添がなかなかきまらなかったので此の頃は諦めたらしく、ぼんやりしてしまい、何かにつけて元気がない様子はおりんも村の人も気づいていたが、これでまた元気をとりもどすだろうとおりんまでが活気づいてきた。
　夕方、辰平が山から帰ってきて根っこに腰をかけたとき、おりんは家の中から大声で辰平のうしろへあびせかけるように云った。
　「おい、向う村から嫁が来るぞ！おととい後家になったばかりだけど、四十九日がすんだら来るっちゅうぞ」
　おりんは嫁がきまったことを話すことは手柄話(6)でも知らせるように得意満々だった。
　辰平はふり向いて
　「そうけえ、向う村からけえ、いくつだと？」
　おりんは辰平のそばに飛んで行った。
　「玉やんと云ってなあ、おまん(7)と同じ四十五だぞ」
　辰平は笑いながら

「いまさら、気色⁽⁸⁾はねえだから、あっはっは」
　辰平はてれ臭いのか、おりんに相槌をうって喜んでるらしかった。辰平は後妻を貰うことより何か外のことで思いつめていることがあるのじゃアないかと、年寄りの勘でそんなことも思ったが、おりんは夢中になって嬉しがっていた。
　楢山には神が住んでいるのであった。楢山へ行った人は皆、神を見てきたのであるから誰も疑う者などなかった。現実に神が存在するというのであるから、他の行事より特別に力をいれる祭りをしたのである。祭りと云えば楢山祭りしかないようになってしまった程である。それに盆と続いているので盆踊りの歌も楢山祭りの歌も一緒になってしまった。
　盆は陰暦七月十三日から十六日までだが楢山祭りは盆の前夜、七月十二日の夜祭りであった。初秋の山の産物、山栗、山ぶどう、椎や櫟の実、きのこの出あきの外に最も貴重な存在である白米を炊いて食べ、どぶろくを作って夜中御馳走をたべる祭りであった。白米は「白萩様」と呼ばれてこの寒村では作っても収穫が少なく、山地で平地がないので収穫の多い栗、稗、玉蜀黍等が常食で白米は楢山祭りの時か、よくよくの重病人でもなければ食べられないものであった。
　盆踊り歌にも
　おらん⁽⁹⁾の父っちゃん身持⁽¹⁰⁾の悪さ
　　　三日病んだらまんま⁽¹¹⁾炊いた

　これは贅沢を戒めた歌である。一寸した病気になったら、うちの親父はすぐ白米を食べるということで、極道者⁽¹²⁾とか馬鹿者だと嘲られるのである。この歌はいろいろなことにも格言のように使われて、息子が怠けているときなど、親とか兄弟が

おらんの兄ちゃん身持の悪さ
　　　　三日病んだらまんま炊いた

　と唄って、遊びぐせがついているけど、あんな御苦労なしの奴は、白萩様を炊いて食べたいなどと言い出しはしないだろうかと警告代りにも使われたり、親の命令をきかないときとか、子が親に意見をするときにも使われるのである。
　楢山祭りの歌は、栗の種から花が咲くというのが一つだけであるが、村の人達が諧謔な替歌(13)を作っていろいろな歌があった。
　おりんの家は村のはずれにあったので裏山へ行く人の通り道のようになっていた。もう一と月もたてば楢山祭りであった。歌が一つ出ると次から次へと唄い出されて、おりんの耳にきこえてきた。

　塩屋のおとりさんは運がよい
　　　　山へ行く日にゃ雪が降る

　村では山へ行くという言葉に二つの全く違った意味があるのであった。どちらも同じ発音で同じアクセントだが、誰でもどの方の意味だかを知りわけることが出来るのである。仕事で山へ登って薪とりや炭焼きなどに行くことが山へ行くのであって、もう一つの意味は楢山へ行くという意味なのである。楢山へ行く日に雪が降ればその人は運がよい人であると云い伝えられていた。塩屋にはおとりさんという人はいないのであるが、何代か前には実在した人であって、その人が山へ行く日に雪が降ったということは運がよい人であるという代表人物で、歌になって伝えられているのである。この村では雪など珍しいもの

ではなかった。冬になれば村にもときどき雪が降り、山の頂は冬は雪で白くなっているのだが、おとりさんという人は楢山へ到着したときに雪が降り出したのである。雪の中を行くのだったら運の悪いことであるが、おとりさんの場合は理想的だったのである。そしてこの歌はもっと別の意味をも含んでいたのである。それは楢山へ行くには夏は行かないでなるべく冬行くように暗示を与えているのであった。だから楢山まいりに行く人は雪の降りそうな時を選んで行ったのである。雪が降り積れば行けない山であった。神の住んでいる楢山は七つの谷と三つの池を越えて行く遠い所にある山であった。雪のない道を行って到着した時に雪が降らなければ、運がよいとは云われないのである。この歌は雪の降る前に行けという、かなり限られた時の指定もしているのである。

　おりんはずっと前から楢山まいりに行く気構えをしていたのであった。行くときの振舞酒(14)も準備しなければならないし、山へ行って坐る筵(15)などは三年も前から作っておいたのである。やもめになった辰平の後妻のこともきめてしまわなければならないその支度だったが、振舞酒も、筵も、嫁のことも片づいてしまったが、もう一つすませなければならないことがあった。

　おりんは誰も見ていないのを見すます(16)と火打石を握った。口を開いて上下の前歯を火打石でガッガッと叩いた。丈夫な歯を叩いてこわそうとするのだった。ガンガンと脳天に響いて嫌な痛さである。だが我慢してつづけて叩けばいつかは歯が欠けるだろうと思った。欠けるのが楽しみにもなっていたので、此の頃は叩いた痛さも気持がよいぐらいにさえ思えるのだった。

　おりんは年をとっても歯が達者であった。若い時から歯が自

慢で、とうもろこしの乾したのでもバリバリ嚙み砕いて食べられるぐらいの良い歯だった。年をとっても一本も抜けなかったので、これはおりんに恥ずかしいことになってしまったのである。息子の辰平の方はかなり欠けてしまったのに、おりんのぎっしり揃っている歯はいかにも食うことには退けをとらない[17]ようであり、何んでも食べられるというように思われるので、食料の乏しいこの村では恥ずかしいことであった。

　村の人はおりんに向って

　「その歯じゃア、どんなものでも困らんなあ、松っかさでも屁っぴり豆でも、あますものはねえら」

　これは冗談で云うのではないのである。たしかに馬鹿にして云っているのである。屁っぴり豆というのは雪割り豆[18]のことで、石のように堅い豆で食べると屁ばかり出るので、それを食べて放屁したときには、屁っぴり豆を食ったから、と云ったりして、堅い、まずい豆という意味で云うので、普通は雪割りとか堅豆と云うのである。おりんは人の前で屁をひったこともないのに、わざわざ屁っぴり豆と云う言葉を使うのは確かにあざけって云っているので、おりんもよくわかっていた。それと同じような云い方を何人からも云われたことがあるからだった。年をとってから、しかも楢山まいりに行くような年になってもこんなに歯が達者では馬鹿にされても仕方がないと思っていた。

　孫のけさ吉なども

　「おばあの歯は三十三本あるら」

　と云ってからかうのである。孫までかまいづら[19]で云うのである。おりんは指でさわって歯のかずを勘定しても上下で二十八本しかないのである。

　「バカこけえ[20]、二十八ぽんしかねえぞ」

と云いかえしても
「へえー、二十八よりさきの勘定は出来んずら、まっとあるら」
と憎まれ口をたたくのである。けさ吉は三十三本あると云いたいのである。去年唄った盆踊り歌で
「おらんのおばあやん納戸(21)の隅で
　　鬼の歯を三十三本揃えた」
と唄ったらみんなが笑いころげたのである。この歌は村の一番ふざけた歌をけさ吉が更に作り替えたのであった。うちの女親は納戸の隅で秘密のところの毛を三十三本そろえたという歌があって、これは母親を侮辱する歌であった。けさ吉はそれを鬼の歯と替えて唄って大喝采を博したのだった。だからけさ吉としては三十三本あることにしなければつまらないのである。それにおりんの歯は三十三本あるのだとみんなに云いふらしてしまったのである。

おりんはこの村に嫁に来て、村一番の良い器量の女だと云われ、亭主が死んでからもほかの後家のように嫌なうわさも立てられなく、人にとやかく云われた(22)こともなかったのに、歯のことなんぞで恥ずかしいめにあうとは思わなかった。楢山まいりに行くまでには、この歯だけはなんとかして欠けてくれなければ困ると思うのであった。楢山まいりに行くときは辰平のしょう背板(23)に乗って、歯も抜けたきれいな年寄りになって行きたかった。そこで、こっそりと歯の欠けるように火打石で叩いてこわそうとしていたのである。

おりんの隣りは銭屋という家だった。村では銭など使い道もなく、どの家にもないのだが、銭屋では越後に行った時、天保銭を一枚持って帰ったのである。それから銭屋と呼ばれるようになったのである。銭屋の老父は又やんと云って今年七十であ

る。おりんとは隣り同士の上、同じ年頃だったので長い間の話し相手だったが、おりんの方は山へ行く日を幾年も前から心がけているのに、銭屋は村一番のけちんぼで山へ行く日の振舞支度(24)も惜しいらしく、山へ行く支度など全然しないのである。だからこの春になる前に行くだろうと噂されていたが夏になってしまい、この冬には行くらしいのだが行く時はこっそり行ってしまうだろうと、陰では云われていた。だがおりんは又やん自身が因果(25)な奴で山へ行く気がないのだと見ぬいていたので、馬鹿な奴だ！といつも思っていた。おりんは七十になった正月にはすぐに行くつもりだった。

　銭屋の隣りは焼松（やけまつ）という家であった。家の裏に枯れた松の大木の幹が岩のような形になって残っていて、これはずっと前、松の大木に雷が落ちてから焼松と呼ばれていた。

　その隣りは雨屋という家であった。村から巽（たつみ）(26)の方角に巽山という山があった。この家の人がその山に行くと必ず雨が降ると云われ、昔この家の人が巽山で二つの頭のある蛇を見つけて殺してしまってから、この家の人が巽山に行くと雨が降るというので雨屋と呼ばれていた。

　その隣りが歌で有名な榧（かや）(27)の木という家である。村はみんなで二十二軒であるが、村で一番大きい木がこの榧（かや）の木である。

　　かやの木ぎんやんひきずり女(28)
　　　　せがれ孫からねずみっ子抱いた

　おりんが嫁に来た頃はぎんやんという老婆はまだ生きていた。ぎんやんはひきずり女という悪名を歌に残した馬鹿な女だった。ねずみっ子というのは孫の子、曾孫（ひこ）のことである。

ねずみのように沢山子供を産むということで、極度に食生活の不足しているこの村では曾孫を見るということは、多産や早熟の者が三代続いたことになって嘲笑されるのであった。ぎんやんは子を産み、孫を育て、ひこを抱いたので、好色な子孫ばかりを産んだ女であると辱しめられたのである。ひきずり女というのは、だらしのない女とか、淫乱な女という意味である。

　七月になると誰もが落ちついていなかった。祭りはたった一日だけだが年に一度しかないので、その月にはいるともう祭りと同じ気分である。そして、いよいよ明日になったのである。辰平はなにかと忙しかった。みんな有頂天になってしまって、けさ吉など何処へ行ったか少しも役に立たないので、辰平が一人でとびまわっていた。

　辰平は雨屋の前を通ったときに、家の中でそこの亭主が鬼の歯の歌を唄っているのをきいたのである。

　　ねっこのおりんやん納戸の隅で
　　　　鬼の歯を三十三本揃えた

　辰平は
　「この野郎」
と思った。こんな歌は初めてきいたのだった。去年けさ吉が唄いだしたのであるが、去年はおりんと辰平の耳にはいらなかったのである。今年は堂々と根っこのおりんやんと名ざしになって歌われたのである。

　辰平は雨屋の家の中にすーっと入って行った。そして雨屋の亭主が土間にいたので土間の土の上にぴったりと座り込んでしまった。

　「さあ、うちへ来てもらいやしょう、おらんのおばあやんの

歯が何本あるか勘定してもらいやしょう」
　ふだん無口の辰平が口を尖らせて⁽²⁹⁾坐り込んだのであるから凄い剣幕である。雨屋の亭主はすっかりあわててしまった。
　「あれ、そんなつもりじゃアねえよ、おめえのとこのけさやんが唄った真似をしただけに、そんなことを云われても困るらに」
　辰平は、この歌を唄い出したのはけさ吉であることも今はじめて知ったのであった。そう云われればけさ吉が
　　「おばあの歯は三十三本あるら」
といやにからみついていたけど、これでよくわかったのだった。けさ吉でさえ辰平やおりんの前では唄わなかったのである。
　辰平は雨屋を黙ってとび出した。道のはじに転がっていた丸太ん棒を持って、けさ吉の奴はどこにいやアがると探しまわった。
　けさ吉は池の前(めえ)の家の横で四五人の子供と歌を唄っていた。

　　年に一度のお山のまつり
　　　　ねじりはちまき⁽³⁰⁾でまんま食べろ

　杉の木立が垣根のように生えているので姿はわからないが、その中にけさ吉の声がまじっているのですぐわかった。
　辰平は丸太ん棒をふり上げて
　「けさ！おばあやんの歯が鬼の歯か！てめえ⁽³¹⁾は、おばあやんに、あんねん⁽³²⁾可愛がってもらって、でかくした⁽³³⁾のに、てめえは、てめえは！」
　辰平は躍り上って丸太ん棒をふりおろした。だがけさ吉は、ひょいと身をかわして⁽³⁴⁾しまったので、そばの石を叩い

てしまったのである。あんまり力を入れたので痛い程、手がしびれてしまった。

けさ吉は向うの方に逃げて行って平気の顔でこっちを眺めていた。

辰平はけさ吉の方に向って

「バカ野郎！めしを食わせねえぞ！」

と怒鳴った。

村では「めしを食わせねえぞ」とか「めしを食うな」という言葉をよく使ったのである。めしを食わせないという懲罰もあったけれども悪態(あくたい)(35)のように使われる言葉である。

その晩のめし時になった。みんなが膳のまわりに坐った頃になると、けさ吉は外から入ってきてみんなと一緒に膳の前にすわったのである。辰平の顔をちらっと見ると、さっきの怒った形勢は全然なく、しおれている(36)ぐらいな顔つきである。

辰平の方は、あの鬼の歯の歌のことをおりんの前でふれることは実に嫌なことだった。あんな歌があることをおりんにだけは知らせたくなかったのである。腹の中で、けさ吉はさっきのことを云い出さないでいればよいと思っていたのだ。

けさ吉は腹の中で

「あの鬼の歯の歌のことを、あんなに怒ったが、あのくらいのことを怒る方がどうかしているぞ、そんなに嫌なことなのか、こんど何かあったら何度でも唄ってやるぞ！」

と気が強くなった(37)。これにかぎるぞと勢が出て(38)来た。けさ吉は父親が近いうちに後添を貰う(39)ことになっているが大反対であった。そのうちにみんな飯をよそって食べ始めた。めしと云っても汁の中に玉蜀黍のだんごと野菜が入っているもので、食べるというよりすするのである。

おりんは別のことを考えていた。

「向う村から来る嫁は、少し早いが祭りには来るかも知れない」
という予感がしていたのである。今日来るかとも思ったが来なかったので明日は来るかも知れないが、これはみんなにあらかじめ知らせておいた方がよいと思った。
「あしたは向う村からおっ母あが来るかも知れんぞ」
とうれしいことでも知らせるように孫達に宣言するように云い放った。
辰平が
「まだ一と月しかたたんが、早く来れば、おばあもめしの支度がらくになるら」
と相槌をうつように喜んだ。するとけさ吉が
「ちょっと待ってくれ」
と手を上げた。辰平の云うことを制するような恰好をしておりんに顔を向けて
「向う村からおっ母あなん来なくてもいいぞ！」
と怒鳴った。つづけて辰平に顔を向けて
「俺が嫁を貰うから後釜(40)なんいらんぞ」
と喧嘩腰(41)である。又、おりんの方を向いて
「めしのことがめんどうなら俺の嫁にさせるから黙っていろ」
おりんは驚いた。持っていた二本の箸をけさ吉の顔のまん中に投げつけた。そして
「バカヤロー、めしを食うな！」
と大声を出した。そうすると十三になる孫がおりんに加勢する(42)ように
「けさあんやんは池の前の松やんを貰うのだぞ」
とけさ吉に恥をかかせてやれという気でみんなの前で発表

したのである。けさ吉が池の前の松やんと仲がよいことを次男は知っていたのである。

　けさ吉は次男の顔のまん中を平手でぴしゃっとなぐった。
　「バカー、黙ってろ！」
　と怒って睨みつけた。
　辰平も驚いた。だが何も云えなくなってしまったのである。けさ吉の嫁などということは考えたこともなかった。この村では晩婚で二十歳前では嫁など貰う人はないくらいだった。それにけさ吉の度胸のよい(43)反対にあって圧倒されてしまったのである。
　歌にも

　　三十すぎてもおそくはねえぞ
　　　　一人ふえれば倍になる

　この唄は晩婚を奨励した歌であった。倍になるということはそれだけ食料が不足するということである。だからおりんも辰平もけさ吉の嫁などとは夢にも考えてはいなかった。
　村を流れているチョロチョロ川も途中で池のようにたまりになっている所があって、その前にある家を池の前と呼んでいた。その家の松やんという女の子はおりんもよく知っていた。おりんは一旦けさ吉をあんな風に怒鳴ったけれども、これこそ物わかりの悪い年寄りのあさましいことにちがいないのだと勢がぬけて(44)しまったのである。あの松やんも一人前の女になったのだし、けさ吉も大人になっているのだと気がついた。あんまり突然にあんな風な云い方をされたのでびっくりして怒ってしまったが、そこまで察していなかったことに申しわけないとさえ思いはじめてきたのである。
　けさ吉はもう膳の所から立ってどこかへ行ってしまった。

そのあした、祭りの日である。子供達は白萩様を腹一杯たべて祭り場へ行ってしまった。村の真中に平坦な所があって、そこが祭り場であった。夜祭りであるが子供達は朝から集っていた。祭り場で盆踊りを踊るのである。踊ると云っても杓子を両手にもってたたきながら輪になってまわり歩くだけであった。踊るより歌を唄って歩きまわるのである。辰平もどこかの家へ遊びに行ってしまったのでおりんが一人で家にいた。
　昼頃、家の前の根っこに、向うをむいて腰をかけている女があった。そばにはふくらんだ信玄袋⁽⁴⁵⁾を置いて誰かを待っているらしい様子である。
　おりんはさっきからあそこにいる女は向う村から来た嫁じゃアないか？とも思ったが、それなら家の中へ入ってきそうなものだと思ったので、まさかそれが嫁だとは気がつかなかった。祭りなので向う村からどこかの家へ来た客だとも思われるように休んでいる風であった。だが、ふくらんだ信玄袋はやっぱり普通の客ではないと気になったのでおりんはたまりかねて出ていった。
　「どこのひとだか知らんがお祭りに来たのけえ？」
　女は慣れなれしい口のきき方で
　「辰平やんのうちはここずら⁽⁴⁶⁾」
　おりんはやっぱり嫁だと思った。
　「あんたは向う村から来たずら、玉やんじゃねえけ？」
　「ええ、そうでよ、うちの方もお祭りだけんど、こっちへきてお祭りをするようにって、みんなが云うもんだけん⁽⁴⁷⁾、今日きやした⁽⁴⁸⁾」
　おりんは玉やんの袖をひっぱりながら
　「そうけえ、さあさあ早く入らんけえ⁽⁴⁹⁾」
　おりんは天にのぼったように走りまわってお膳を持ち出し

て祭りの御馳走を並べた。
「さあ食べておくれ、いま辰平をむかえに行ってくるから」
そう云うと玉やんは
「うちの方のごっそうを食うより、こっちへ来て食った方がいいとみんなが云うもんだから、今朝めし前に来たでよ」
「さあさあ食べねえよ、えんりょなんいらんから」
そんなことを云わなくても昨日来るかと思っていたのだから、朝めしなんぞ食って来たからと云ってもよいものを、こっちの方では食って来たと云ってもすぐめしを出すものをと思った。
玉やんは食べながら話し始めた。
「おばあやんがいい人だから、早く行け、早く行けとみんなが云うもんだから」
うまそうに食べている玉やんを、おりんはうれしそうに眺めていた。
「こないだ来たのがわしの兄貴でねえ、おばあやんはいい人だと云うもんだから、わしも早く来てえと思ってねえ」
おりんは玉やんの方へすり寄った。この嫁は正直だから。おせじじゃねえと思った。
「まっと早く来りゃいいに、昨日来るかと思っていたに」
そう云ってまたのり出したが、あんまりそばに行って達者の歯を見られると気がついたので、手で口を押えてあごをひっこめた。
「なんだから、あんな根っこのとこにいたでえ？早くうちの中にへえってくればよかったに」
玉やんはにっこりした。
「ひとりで来ただもん、何んだか困ったよ、兄やんがつれてきてくれると云ったけん、昨夜(ゆうべ)っからお祭りのどぶろく(50)で

酔っぱらっちゃって、おばあやんがいい人だから早く行けって、ゆうべっから、そんなことばっかり云ってねえ」
　こうほめられるとおりんの身体は浮き上ってゆくようにうれしくなった。そして
　「これは、死んだ嫁よりいい嫁が来たものだ」
　と思った。
　「あれ、それじゃア、わしがつれに行ってやるだったに」
　玉やんは
　「来りゃよかったに、そうすりゃアわしがおぶって⁽⁵¹⁾きてやったに」
　この女じゃ、向う村からわしをおぶって山を越して来ただろうと思った。むかえに行かなかったこと、そこまで気がまわらなかったことをおりんは悔んだぐらいであった。おぶってもらわなくてもまだ山一つぐらい越せると思った、がおぶって山を越すという玉やんのやさしい気持が拝みたいぐらいうれしかった。おりんは玉やんに早く云いたいことがあった。それは来年になったらすぐ楢山まいりに行くことだった。飛脚の兄貴が来たときも一番さきにそのことを話したのである。
　ひょいと見る⁽⁵²⁾と玉やんは手を背なかに廻してさすっていた。食った物が胸につかえたらしいのである。おりんは玉やんのうしろにまわってやった。
　「ゆっくりたべねえよ」
　と云ってよいものか、云ってはけちんぼのように思われはしないかと迷ってしまったが、云わないで辰平を探しにゆけば後でゆっくり一人で食べるだろうと思った。おりんは玉やんの背中をさすりながらうしろから
　「わしも正月になったらすぐ山へ行くからなあ」
　そう云ってさするのを止めた。玉やんは一寸黙っていたが

「あれ、兄やんもそんなことを云ってたけんど、ゆっくり行くように、そう云っていたでよ」
「とんでもねえ、早く行くだけ山の神さんにほめられるさ」
おりんはもう一つ玉やんにすぐ話したいことがあった。お膳の真中にある皿を玉やんのすぐ前においた。やまべ⁽⁵³⁾の煮たのが一杯盛ってある皿である。このやまべのことを話さなければと思った。
「このやまべはなア、みんなわしがとってきただから」
川魚の王であるやまべの乾したものは山の貴重なさかなである。玉やんは信じられないと云う風な顔つきで
「あれ、おばあやんはやまべがとれるのけえ？」
「ああ、辰平なんかも、けさ吉なんかも、まるっきり下手でなあ、村の誰だってわし程とってくるものはいんだから」
おりんは自分の唯一の取り得である、やまべをとる秘伝を山へ行く前に玉やんに教えておこうと思ったのである。
おりんは目を光らせて
「おれはなあ、やまべのいるとこを知っているのだぞ、誰にも云うじゃねえぞ、あとで教えてやるから、夜行ってなあ、そこの穴へ手を突っこめばきっと掴めるのだぞ、誰にも云うじゃアねえぞ」
おりんはやまべの皿を玉やんにつきつけるように出して
「こんなものは、みんな食っていいから、さあ食べてくりょう⁽⁵⁴⁾、まだ乾したのがうんとあるから」
それから立ち上って
「辰平を呼んでくるから、食べていておくれ」
そう云って裏口から出て行った。そして物置の中に入って行った。いい人だと云われてうれしくなってしまったおりんは、ここで一世一代の勇気と力を出したのである。目をつむって石臼

のかどにがーんと歯をぶっつけた。口が飛んでいってしまったと思ったほどしびれた。そうしたら口の中があたたかくなったような甘い味がしてきた。歯が口の中一ぱい転がっているような気がした。おりんは口から血がこぼれるのを手で押えてチョロチョロ川へ行って口を洗った。歯が二本欠けて口の中から出てきた。

「なーんだ二本だけか」

とがっかりしたが、上の前の歯が揃って二本欠けたので口の中が空っぽになったようになったので、うまくいったと思った。その頃けさ吉は白萩様のどぶろくですっかり酔っぱらって、祭り場で鬼の歯の歌を唄っていたのである。おりんは歯も欠けたが口の中のどこかに、けがをしてしまったのであった。甘いような味がして血が口の中で湧いてくるように出てくるのである。

「止まれ、止まれ」

と思いながら手で川の水をすくって口の中を洗った。血はなかなか止まらなかった。それでも前歯が二本欠けたのは、しめたものだとうれしくなった。ふだん火打石で叩いていたから、やっぱりうまく欠けたのだ、火打石で叩いたことは無駄なことじゃなかったと思った。おりんは川に顔を突っこむようにして水を含んだり吐いたりしているうちに血も止まったのである。口の中が少しピリピリと痛むだけであるが、そんなことはなんとも思わなかった。玉やんに歯並びの悪いところを見せたくなったので家の中にまたひきかえしていった。玉やんはまだ食べていた。おりんは玉やんの前に坐って

「ゆっくり、うんと食べねえよ、すぐ辰平を呼んでくるから」

それから

「わしは山へ行く年だから、歯がだめだから」

おりんは下の唇を上側の歯でかんで、上側だけを見てくれとばかりに突き出した。これで何もかも片づいてしまったと踊り上らんばかりだった。辰平を探しに行きながら村の人達にも見せてやろうと家を出て祭り場の方へ歩いて行ったが、実に肩身が広くなった⁽⁵⁵⁾ものだと歩いて行った。

　祭り場ではけさ吉が音頭をとっておりんの鬼の歯の歌を唄っていたのであるが、そこへおりんが口を開いて現れたのである。しかも止まった血がまたこぼれ始めていたのである。おりんは唄など耳に入らなかったのだった。辰平を探すということは欠けた歯並びを見せるには丁度うまい口実だったのである。そのことばかりを考えていたのであるから歌なんか全然耳に入らなかった。

　祭り場に集っていた大人も子供も、おりんの口を見ると、わーっと逃げ出した。おりんはみんなの顔を見ると開いた口をまた閉いで、下の唇を上側の歯でかみしめて上側だけを見せようとしたばかりでなく、見てくれと顎を突き出した上に血が流れているのだから、凄い顔になってしまったのである。おりんは自分を見るとみんなが逃げてゆくので、何のことだかわからないが

　「あははは」

　と愛嬌笑いをしたつもりであった。

　おりんは歯を欠いて逆効果になってしまったのである。祭りがすんでも話題の人であった。

　「根っこの鬼ばばあ」

　と陰で云われているうちに、小さい子などには本当の鬼婆だと思われてしまったのである。

　「食いついたら放さんぞ」

　「食い殺されるぞ」

などとも云われてしまったり、泣いている子に
「おりんやんのうちにつれて行くぞ」
と云えば泣きやんでしまうようにも利用されたりした。夕方おりんに道などで出逢うと
「キャーッ」
と泣き出して逃げ出す子などもあった。おりんはあの歌も知ってしまったし、鬼ばばあと云われていることもよく承知していた。

楢山祭りが過ぎると、すぐ木の葉が風に舞った。寒い時は冬のような日もあった。嫁が来ても辰平のぼんやりは相変らずであった。

玉やんが来て一と月もたたないのに、又、女が一人ふえた。その日、池の前の松やんは根っこに腰をかけていて、昼めしのときにはおりん達の膳の前に坐り込んでめしを食べたのである。松やんがめしを食べている様子は実にたのしそうで、此の世の極楽であるというような顔つきをして、食べることに無上の喜びを持っているのである。そしてよく食べた。けさ吉と並んで坐って黙々として食っていた。夕めしの時も二人は並んで坐った。夕めしの時は松やんはけさ吉の頬っぺを箸でつついたりして二人はふざけていた。おりんも辰平夫婦も別に嫌な気もしなかった。おりんはけさ吉がこれ程に大人ではないと思っていたことが恥ずかしくてたまらなかった。夜になると松やんはけさ吉のふとんの中にもぐり込んでいた。おりんは昼めしの時に松やんの腹のあたりが普通ではないと睨んでいた。五ヵ月以上だと見ぬいたので正月か？それとも早ければ今年中かも知れないと、おりんだけが一人で気をもんでいた。松やんが子を生めばおりんはねずみっ子を見ることになるのであった。

そのあしたも松やんは朝めしを食うと根っこの所に腰をかけていた。昼めしの時だけ家の中には入ってきて、食べ終わ

るとまた根っこに腰をかけているのである。夕方近くになると玉やんが

　「松やん、かまどの火を焚いてくりょ」

と云いつけた。松やんは火を燃すことは下手で忽ち家の中が煙だらけになってしまった。末の女の子など煙たがって泣き出してしまった程である。玉やんもおりんも根っこの所へとび出してしまい、燃していた当人の松やんまでも目をこすりながら出て来てしまった程けむりで一杯になったのである。

　玉やんが

　「あっちの方だけは一人前だが、火もし(56)の方は半人足(57)だなあ」

と云って笑った。おりんは苦しいのを我慢しながらかまどの所へ行って水をかけて消した。それからあらためて燃しなおすとすぐによく燃え始めた。おりんは水をかけた松やんの燃えなかった残りの薪を外にほうり出して云った。

　「こんなものを、こんな欅のもしきを、どうして突っ込んだずら？松やん、こんなものを(58)燃しちゃアだめだぞ、欅をもせば三年も目を病むと云うぐれえだから」

　それから小さい声で

　「おれなんぞ年をとってるから目が悪くなってもかまわんけんど、おまん達は目を病んじゃア困るらに」

とつぶやいた。玉やんが

　「松やんは火もしが出来んから、お子守りでもしてくりょー」

　そう云って末の子を松やんにおぶせた(59)のである。末の子は煙がってまだ泣いていた。松やんは末の子をおぶったが肩を荒くゆすって

　「ろっこん(60)ろっこんろっこんナ」

と唄い出した。おりんも玉やんも呆れ返ってしまったのである。この歌は特別の時しか唄わないのである。楢山まいりのお供の時か、子守りの時に唄うのである。だが子守りの時に「ろっこんろっこん」と唄えば「つんぼゆすり」(61)とか「鬼ゆすり」(62)と云われるのである。

　ろっこん(60)ろっこんろっこんナ
　　お子守りゃ楽のようでらくじゃない
　　　肩は重いし背中じゃ泣くし
　　　　アろっこんろっこんろっこンナ

と松やんは唄い出した。この「ろっこん」と云うたびに肩をゆするのであるが荒くゆすって泣き声を閉じさせるようにするのであるし、泣き声よりも大きい声で囃したてて泣き声を消してしまうのである。ゆすり方も背中の子が口をあけていられないように荒くゆするのであるから、ゆするというよりいじめるようなものである。右の肩から左の肩にどーんとぶっつけるようにゆするのである。このつんぼゆすりをされる人は楢山まいりに行く時に、修養の出来ていない者とか、因果な者は行くことを嫌がって泣く者があるので、その時にお供の者が唄うのである。松やんは知らないので、「ろっこんろっこん」とばかり唄っているが歌のあとの方の囃しは「六根清浄」と二度くりかえすのが本当である。身も心も清めて悪い因果をふるい落すというわけなのである。盆踊り唄とつんぼゆすり歌とは元来は節も違うのであったが同じ節でも唄われた。どちらも楢山の歌である。

　松やんがゆすりながら唄うと背中の子は火のつくように、ますます泣き方がひどくなってしまったのだった。松やんはもっ

と荒くゆすりながら次の歌を唄い出した。

　　ろっこんろっこんろっこんナ
　　　ぼ泣けぼんくら餓鬼にゃいいもんやるぞ
　　　　耳は氷ってるじゃん聞えんぞ
　　　　　アろっこんろっこんろっこんナ

　ぼ泣けというのは泣けと言うことで、さあいくらでも泣け、ぼんくらな(63)この子にはいいものをやるという意味であるが、このつんぼゆすりでいいものをやるということは背中の子をつねる(64)ことをいう意味である。いくら泣いても困らないぞ、このわしの耳は氷っているから聞えないぞという歌である。

　おりんはまだ、この年になるまで子供をおぶってつんぼゆすりを唄ったことは一度もなかった。松やんは昨日からこの家に来たものだが、もう今日はこんな歌を唄う程の情知らず(65)の女であることがわかってしまった。だからおりんも玉やんも呆れ返ってしまったのである。

　背中の子はますます泣き叫んだ。見かねた玉やんが走っていって抱いてやったけれども火のつくような泣きかたは止まないのである。玉やんは、若しや？と思っておりんの前に抱いてきて尻をまくって見た。尻にはつねった跡が青痣(66)のように四ヵ所もあったのである。おりんと玉やんは顔を見合せて舌をまいて(67)しまった。

　松やんが来てからけさ吉はおとなしくなって、おりんに悪たれ口(68)を云わなくなった。云うことが変ったのである。
「おばあやんは、いつ山へ行くでえ？」
とめし時にはよく云った。

「来年になったらすぐ行くさ」
　何度も同じことをきかれるとおりんは苦笑いをするようになった。
　けさ吉は早口で
「早い方がいいよ、早い方が」
　そのたびに玉やんが
「おそい方がいいよ、おそい方が」
とけさ吉と同じような云い方をして笑いころげた。玉やんの云い方が、けさ吉の云うすぐあとを同じような早口で云うのでおかしくて、おりんも一緒になって笑った。
　女が二人ふえたのでおりんは手持ちぶさた[69]になってしまい、気丈夫の働き者のおりんがひまになったことは物足りない、淋しいくらいなものだった。松やんも何かと役にたつ時もあった。おりんは暇で困ると思う時もあった。だがおりんには楢山まいりに行くという目標があったのである。その日のことばかりを胸の中で画いていた。鬼ばばあだなんていわれたけど、山へ行くときのわしは、銭屋の又やんなんぞとは違うぞと思った。わしが山へ行く時は祭りのときと同じぐらいの振舞いが出来るぞ、白萩様も、椎茸も、やまべの乾したのも家中の者が腹一杯たべられるだけ別に用意してあるのだ。村の人に出す白萩様のどぶろくも薄めては作ったが一斗近くもこしらえておいたのを、今は誰も知らないだろう、わしが山へ行ったそのあした、家中のものが、きっと、とびついてうまがって[70]食うことだろう。その時になって「おばあやんがこんなに！」ってびっくりするだろう。その時はわしは山へ行って、新しい筵の上に、きれいな根性で坐っているのだ。
　おりんは楢山まいりのことばかりを考えていた。
　強風が一日中吹いて、夜も夜どおし吹きまくった夜明け、不

意に、あの奇妙な叫び声が起った。
「楢山さんに謝るぞ！」
そう叫びながら村の人達が方々で騒ぎ出した。おりんはその声をきくと蒲団の中からすばやく這い出して、転がるように表に出た。年はとっていても棒を掴んだ。横から玉やんが末の子を背中にしばりつけるようにおぶって出て来た。もう手に太い棒を握っていた。
おりんは
「どこだ？」
と叫んだ。
玉やんは物を云うひまもないというように返事もしないで真っ青になって馳けて行った。もう家中の者がみんな飛び出してしまった後であった。
盗人は雨屋の亭主であった。隣りの焼松の家に忍びこんで豆のかます(71)を盗み出したところを、焼松の家中の者に袋だたきにされた(72)のであった。
食料を盗むことは村では極悪人であった。最も重い制裁である「楢山さんに謝る」ということをされるのである。その家の食料を奪い取って、みんなで分け合ってしまう制裁である。分配を貰う人は必ず喧嘩支度で馳けつけなければ貰うことが出来ないのである。若し賊が抵抗していれば戦わなければならないので一刻も早く馳けつけることになっていた。戦うつもりで早く馳けつけるのであるから必ず跣(はだし)で行くことになっていたのである。履き物をはいて行けばその人もまた袋叩きにされることになっていて、馳けつける方でも死にもの狂いである。これは食料を奪いとられるということが、どれだけ重大なことであるかが誰もの神経にきざみつけられているからである。
雨屋の亭主は足も腰も動けない程弱っていた。焼松の家で捕

えられたのであるが担ぎ出されて祭り場の所へ運ばれた。雨屋の家族もその傍(そば)に坐っていなければならないのである。わあわあと泣いているだけでどうすることも出来ないのである。それから「家探(やさが)し」(73)ということをされるのである。屈強な(74)男達が雨屋の家の中を荒らして食べられるという食べ物を表に投げ出してしまったのである。投げ出された物を見て、みんな目を丸くして驚いてしまった。芋が縁の下からぞくぞくと出て来て一坪ぐらいの山となったのである。こんなに雨屋では芋がとれたわけがないのである。芋を作るには種芋を埋めなければならないのである。種芋は食べられるものであるから冬を越せば、どこの家でも僅かしか残らないのである。冬を越すにはどこの家でも足りなくなるくらいである。また、どこの家ではどれだけ芋を作ったか村の人は皆知っていることで、雨屋ではこの十分の一もとれなかったはずである。この芋の山は、畑にあったときから村中の家の芋を掘り出したのに違いないのであった。

　雨屋では二代つづいて楢山さんに謝ったのであった。先代の時は山の根を掘って食べて冬を越したというが、冬をうまく越せたのはどこかへ、山のどこかへ、食い物を隠しておいたかも知れないと、その当時は云われたのである。

　「雨屋は血統だから、泥棒の血統だから、うち中の奴を根だやし(75)にしなけりゃ、夜もおちおち(76)寝られんぞ」

　と小声で云い合っていた。雨屋の家族は十二人である。

　その日は一日中誰も仕事が手につかないのである。村中の人達は興奮してしまって落ちつくことが出来なかったのである。

　おりんの家でも、みんなポカンとしていた。辰平は足を投げ出して頭をかかえていた。

　「この冬はうちでも越せるかどうか？」

と思っていた。雨屋のことは他人ごとではなく、辰平の家でも切実に迫っていることなのである。雨屋の事件はそれを目の前に見せつけられたのである。食料は足りないし、そうかといって盗むことも出来ないし、雨屋は十二人で辰平の家族は八人であるが、食い盛りの者が多いので困り方は雨屋と同じである。

おりんは辰平の側に坐っていた。やっぱり冬のことが心配であった。冬を越す悩みは毎年のことであるが、今年は人数が多くなった上に子供達が大きくなっているので、いつもの冬をすごすよりえらいことだと思った。それに松やんが特別ひどいのである。おりんは松やんのことを

「けさ吉の嫁に来たのじゃねえ、あのめしの食い方の様子じゃあ、自分の家を追い出されて来たようなものだ」

それに違いないと気がついていた。松やんは女ではあるが食い量が多いのである。その上、食料の心配などと云うことは気にもとめていない風である。いつかも豆を煮ていた時に松やんは

「豆ァ煮るときにゃア食えば食うだけふえるっちゅうぞ」

と云いながら、どんどん食べてしまうのである。その時はおりんも玉やんも、はらはらと気をもんだ[77]けど、あれは水をうんといれて煮ろということで、あの時は辰平も

「松やん、食うだけふえるなら、食わなきゃ無えようになるら」

と嫌みを云ったが松やんは何のことだかわからなくて

「あれ、ほんとけえ」

と真顔になって云った。辰平が

「けさ吉！松やんの横っ面をひっぱたけ」

と云ったら松やんは豆を食うのを止めたのだった。

辰平もおりんも冬のことを考えていたが、玉やんも同じようなことを考えていた。
　「おらんのうちじゃ、めしの食い方が乱暴だ、なんとか割りつけてでも食べるようにしなけりゃ」
　けさ吉は
　「今日は大仕事をしたのだ」
　と得意顔であった。実際今朝の働きは大したもので、騒ぎにも家の者では一番早く飛び出したし、家探しの中の人数の一人だったので分配の芋も多めに貰ってきたのである。
　松やんもそこに坐っていた。大きい腹を前かがみにしているので蛙みたいな恰好だが、今日は顔つきも緊張していた。
　玉やんは思い出したように物置へ行って石臼を抱えてきた。それから豆をひきはじめた。ごろごろと音を立てて黄色い粉になって臼のまわりから落ち始めた。それを見ながらけさ吉は唄い出した。

　　豆を食うなら　　ひやかして
　　　　お父っちゃんは盲で目が見えぬ

　「冷かして」ということは水につけておくことである。豆を食う時は焼いたり、生のままではぼりぼりと音がするので盲の親に食べていることを知られてしまうから、水につけてやわらかくして食べればこっそりと一人だけで食べることが出来るという歌である。盲の親というのは必ずしも盲目の親というのではなく、年寄りは目が悪いから、年寄りには知られぬように若い者は年寄りより腹がへるので、こっそりと余分に食べろという意味である。
　そこへ銭屋の忰が

「えらいもんだ！」
と云いながら入ってきた。えらいもんだということは、えらいひどいことをしたものだということである。雨屋の亭主は大変なひどいことをしたと今更仰天⁽⁷⁸⁾しているのであった。
「見ろ、あの芋は小さいのばかりだぞ」
芋は明らかに土の中から掘り出されたというのである。
「おらんの作ったのが、どうも少ししかとれないと思ったけんど、掘られたんだからなア、わけて貰ったのじゃねえぞ、返してもらったのだぞ、それも掘られたのはまっと⁽⁷⁹⁾だぞ」
辰平もそう思っていた。どこの家でも分配された量は、自分の家では掘られた量の方が多いのだと思っていた。
銭屋の倅は
「この仇は、きっと、とらなきゃー、おい、夜になれば雨屋の奴等は盗みに来ることはたしかだぞ！早いとこ、何んとかしてしまわにゃー⁽⁸⁰⁾枕を高くして寝られんぞ、早いとこ根だやしにしなけりゃー」
辰平が
「根だやしにするにしても十二人じゃ」
というとけさ吉が冗談に云った。
「コバカー、でかい穴を掘って、みんな埋けてしまえば……」
玉やんが石臼をひくのを止めて、やっぱり冗談に
「いやでよう、そんねん⁽⁸¹⁾かたまって、どこへいけるでえ？」
銭屋の倅が
「笑いごとじゃアねえぞ、どこのうちでも仕事もしなんで考えてるだから」
銭屋の倅はいらだったように云い放って外へ出た時、外でカアカアとからすの啼く声がした。
「あれ、そんなことばっか云うもんだから、からす啼きがす

るじゃアねえけ」
　おりんがそう云うと銭屋の伜は振り返って
　「今夜あたり、葬式が出るかも知れんぞ」
　そう云いながら出て行った。裏山には村の墓場があった。こんな食料不足の村でも若い者が死ぬと葬式の時には一膳のめしを供えるのであった。そのめしはからすがすぐ食べてしまうのである。だからからすは葬式があることを喜ぶと云われていた。そして葬式があることをその前に知る神秘な予感を持っていて、喜んで啼くとも云われ、からす啼きと云って葬式の前ぶれのように思われていたのである。銭屋の伜が帰ったあと、みんな黙ってしまった。村の人達が殺気だっている様子では今夜あたりから雨屋の誰かが一人ずつ減ってゆくじゃアないかと思うと、何んとなく身がひきしまってしまった。玉やんのひく石臼の音までが妙にごろごろと鳴っていた。
　寝ころんでいた辰平が突然云った。
　「おばあやん、来年は山へ行くかなあ」
　おりんはそれをきくとほっとした。辰平はやっとその気になってくれたのだと安心したのである。
　おりんはすぐ云った。
　「向う村のわしのおばあやんも山へ行ったのだぞ、このうちのお姑も山へ行ったのだぞ、わしだって行かなきゃア」
　玉やんが石臼をひくのを止めて
　「いいよ、ねずみっ子が生れたら、わしが裏山の谷行って捨ててくるから、おばあやんはかやの木のうちみたように歌にゃならんから、大丈夫だよ」
　そう云うとけさ吉が負けん気で
　「コバカー、俺が捨ちゃってくらア、わきゃアねえ」
　わきゃアねえということは、何んでもないという意味である。

そして松やんに向って
「なあ、俺が捨ちゃる⁽⁸²⁾と云ったなあ」
と云うと松やんが
「ああ、ふんとに⁽⁸³⁾、たのんだぞ」
みんなが同時に松やんの大きい腹のあたりに目をやった。
玉やんの石臼の音がごろごろと鳴って、遠くで雷が鳴ってるように響いていた。みんながまた黙ってしまったのでけさ吉は大声で唄い出したのである。尻をまくって⁽⁸⁴⁾、あぐらをかいて、筒袖を肩までまくり上げて唄うのである。

　　お父っちゃん出て見ろ枯木ゃ茂る
　　　　　行かざなるまい　　しょこしょって

此の頃けさ吉は歌の節まわし⁽⁸⁵⁾が上手になった。おりんはけさ吉の節まわしは実にうまいものだと思った。だが今、けさ吉が唄った歌は、あれはでたらめの歌で昔から唄われてきた歌が、だんだん乱れてしまうが困ったものだと思った。
「けさー、そんな歌はねえぞ、山が焼けるぞ枯木ゃ茂るだぞ」
と教えてやった。
「あれ、銭屋のおっちゃんはそう唄ったぞ！」
「バカー、昔、山火事があってなあ、その時ゃ、みんな山へ行ったそうだ、その唄だぞなあ辰平」
そう云って辰平を見ると、辰平は顔をあお向きにねころんで額に雑巾を当てていた。目のところまで雑巾がさわっているのである。
おりんは辰平の顔を流し目で眺めた。そうすると急に辰平が可哀想に思えてきた。冬を越すことも苦しい事だし、楢山まいりの供もえらいことなのである。「来年は山へ行くかなア」とさっ

き云ってくれたけど、いままでずっと気にしていてくれたのだ、そう思うと可哀想になってきたのだった。
　おりんは辰平のそばにすり寄って、雑巾をそっと、とった。辰平の目が光っているように見えたので、すぐ後ずさり⁽⁸⁶⁾をして又はなれたが
　「目のあたりが光っているけど、涙でも出しているじゃアねえらか？そんな気の弱いことじゃア困ったものだ」
　と思ったが
　「わしの目の黒いうちによく、見ておこう」
　と横目で辰平の目のあたりをじっと睨みつけた。
　石臼の音が止まって、玉やんが飛び出して、前の川へ行って顔を洗っていた。さっきも玉やんはひくのを止めて顔を洗いに行ったのである。
　「あいつも、まさか泣いてでもいるじゃアねえらか？困ったものだ、そんな気の弱いことじゃ、辰平の奴も、まっと、しっかりしてくれなきゃー、気の弱い奴等ばかりで困ったものだ」
　けさ吉はまた唄い出した。

　　山が焼けるぞ　　　枯木ゃ茂る
　　　　行かざなるまい　しょこしょって

　こんどはちゃんとした唄い方である。節まわしが実にうまく、枯木ゃしげるというところは御詠歌⁽⁸⁷⁾のような節で唄うのだが、そこが浪花節⁽⁸⁸⁾のように、泣けるような申し分のない節まわしである。
　「しょこしょって」
　と唄い終るとおりんは
　「ヨイショ！うまいぞ！」
　と大声でかけ声をかけた。

それから三日目の夜おそく大勢の足音が乱れ勝ちにおりんの家の前を裏山の方へ通っていった。雨屋の一家が村から居なくなってしまったのが村中へ知れわたったのは、その翌日のことだった。
　「もう雨屋のことは云うではねえぞ」
　という村中の申し合せがあって、誰も噂をしなくなった。
　十二月になると厳冬である。陰暦なので月のなかばには寒に入った。子供達が
　「雪ばんばアが舞ってきた」
　と騒いだときがあったのでおりんは
　「おれが山へ行くときゃアきっと雪が降るぞ！」
　と力んで云った。雪ばんばアというのは白い小さい虫が舞うことをいうのである。雪の降る前にはこの白い虫が舞いあるくと云われていたのである。
　松やんの腹は臨月になったことは疑いない程で、動作も息切れも目につくようになってきた。
　あと四日で正月になるという日、おりんは朝早く辰平の起きるのを待って外に連れだした。辰平の耳に口をつけて
　「山へ行った人達を今夜呼ぶから、みんなにそう云ってきてくりょ！」
　おりんは明日楢山まいりに行くことにきめたのである。だから今夜山へ行った人達を呼んで振舞酒を出そうとしたのだった。
　「まだ早いらに、来年になってからでなきゃ！」
　辰平は明日行くのだと云われると面食らって[89]しまったのだった。来年になったら行くつもりでいたのである。
　おりんは
　「バカー、ちっとばかし早くたって、早い方がいいぞ、どう

せならねずみっ子の生れんうちに」
　辰平は気が進まなかったので返事をしなかった。おりんは
　「早くみんなに云って来い、みんな山へ行って留守になってしまうぞ」
　その云い方は辰平を絶対服従させる力強さを持っていた。辰平のうしろから追いかぶせるように云った。
　「いいか、云って来なきゃー、明日おれ一人で山へ行くぞ」
　その夜、呼ばれた人達は集ったのである。山へ行く前の夜、振舞酒を出すのであるが、招待される人は山へ行って来た人達だけに限られていた。その人達は酒を御馳走になりながら山へ行くのに必要な事を教示するのである。それは説明するのであるが誓いをさせられるのであった。教示をするにも仁儀のような作法があって、一人が一つずつ教示するのである。集った人は男が七人で女が一人であった。この中の女は去年供で行ったのであるが女で供に行くことはめずらしいことである。よくよく供のない家では他人に頼んで供になってもらって、たいがい男が行くのであった。振舞酒に招待された八人の中でも一番先に山へ行った者が古参といって一番発言権が強いのであり、その人が頭（かしら）のような存在でみんなの世話人であった。酒をのむのも一番先であって、すべてが山へ行った順できまるのである。今夜の一番先輩格は「短気の照やん」と云う人だった。照やんは短気ではなく落ちついた五十年輩の人であるが、何代か前に照やんの家に短気の人があったので今でも短気と呼ばれていて、それは綽名（あだな）ではなく家号のようになっていた。
　おりんと辰平は自分の家ではあるが正面に坐っていて、その前へ客達が下手に並ぶのである。おりんと辰平の前には大きい甕（かめ）が置いてあった。これはおりんが今夜のために用意した白萩様のどぶろくが一斗近くも入っている甕である。

照やんはおりんと辰平に向って先ず改まってお辞儀をすると、つづいて客達も揃って頭を下げた。
　照やんは辰平に向って
　「お山まいりはつろうござんす(90)が御苦労さんでござんす」
　おりんと辰平は此の席では物を云ってはならないことになっていた。
　照やんは云い終わると甕を持って口を当ててがぶがぶと飲めるだけのんだ。そして次の人に甕を廻すと、その人が飲めるだけ飲んで順に廻すのである。終りまでくるとまた照やんの前に持ってくるのである。
　照やんはおりんに向って本を読むような口ぶりで
　「お山へ行く作法は必ず守ってもらいやしょう
　一つ、お山へ行ったら物を云わぬこと」
　云い終るとまた甕に口を当ててがぶがぶと飲んで次の人に廻した。
　おりんも辰平も今夜客達が教示することは皆知っていた。ふだん話に聞いて知っていることではあるが、こうして改まってきくことが慣わしであるし、客達を前にして誓いを立てるようなことになるのであるから一生懸命になって聞いていた。
　甕がまた廻り終ると、照やんの次の人の前に置かれた。その人がこんどは照やんと同じような口ぶりで
　「お山へ行く作法は必ず守ってもらいやしょう
　一つ、家を出るときは誰にも見られないように出ること」
　云い終ると甕に口を当ててがぶがぶと飲んだ、甕が一廻りすると三人目の人の前に置かれた。その人も照やんと同じような口ぶりで
　「お山へ行く作法は必ず守ってもらいやしょう
　一つ、山から帰る時は必ずうしろをふり向かぬこと」

云い終るとまた甕に口を当ててがぶがぶと飲んだ。甕が一廻りすると四人目の前に置かれた。三人目まで終ったのであるが、四人目の人は楢山へ行く道順を教えるのである。
　「お山へ行く道は裏山の裾を廻って次の山の柊（ひいらぎ）の木の下を通って裾を廻り、三つ目の山を登って行けば池がある。池を三度廻って石段から四つ目の山へ登ること。頂上に登れば谷のま向うが楢山さま。谷を右に見て次の山を左に見て進むこと。谷は廻れば二里半。途中七曲りの道があって、そこが七谷（ななたに）というところ。七谷を越せばそこから先は楢山さまの道になる。楢山さまは道はあっても道がなく楢の木の間を上へ上へと登れば神様が待っている」
　云い終ると甕が廻って、これで終ったのである。この教示が終れば誰も物を云ってはならないのである。だから教示を云った四人の以外は誰も物を云うことが出来ないのであった。それから無言のまま甕が廻って酒を飲み終るのであるが飲めるだけ飲むとその人は黙って消えるように去って行くことになっていた。照やんだけは最後に帰るのである。みんな帰ってしまって照やんも席を立ったのであるが、立つ時に辰平を手で招いて戸外に連れ出した。
　小声で
　「おい、嫌ならお山まで行かんでも、七谷の所から帰（けえ）ってもいいのだぞ」
　そう云って、誰もいないのに暗い方を見廻しておどおどしている様子である。
　「変なことを云うな？」
　と辰平は思ったが、おりんはあれ程一心に行こうとしていることだから、そんな馬鹿なことには用はないのだと気にもとめなかった。照やんはすぐ

「まあ、これも、誰にも聞かれないように教えることになっているのだから、云うだけは云っておくぜ」
そう云って帰って行った。
みんなが帰ってしまった後、おりんも辰平も床の中に入った。だが明日の晩は山へ行くのであるからおりんは眠ろうなどとは思っていなかった。
夜も更けて丑三つ刻(91)だろう、おりんは外の方で誰かが泣いている声を聞いたのである。
わあわあと男の声であった。その声はだんだん近づいてきておりんの家の前に来たのであるが、その泣き声を消すように、あのつんぼゆすりの唄も聞えたのである。

六根六根六根ナ
お供ァらくのようでらくじゃない
　　肩の重さに荷のつらさ
　　　　ア六根清浄　　六根清浄

おりんは床の中で頭をもち上げて耳をすませた。あの声は銭屋の又やんの泣き声だと感づいた。そして
「馬鹿な奴だ！」
と今更に思った。
少したって、人の足音がしてきたようだった。そしておりんの家の戸をがりがりと爪でかじる音がした。
「何んだろう？」
と起き上って縁側に出て、かじられている(92)あたりの戸をはずした。外は月の光で明るいが、顔をかくして身体をふるわせながら又やんが蹲っていたのである。
そこへ、ばたばたと飛んで来た男があった。又やんの倅だっ

た。伜は手に荒縄を持って又やんを睨みつけて立っていた。
　おりんは
　「辰平、辰平」
　と呼んだ。辰平も眠れなかったらしくすぐ出てきた。辰平は銭屋の伜と顔を合わせ、手に持っている荒縄を見て
　「どうしたんだ？」
　ときいた。
　「縄ァ食い切って逃げ出しゃアがった」
　伜はまだいまいましそうに又やんを睨んでいた。辰平は
　「馬鹿な奴だ！」
　と銭屋の伜の無謀さに驚いた。おりんは又やんを「馬鹿な奴だ！」
　と呆れて眺めた。昔からの歌に

　つんぼゆすりでゆすられて
　　　　縄も切れるし縁も切れる

　そう云う歌があるけど、このざまは、縄が切れる程ゆすられて、食い切ったなどと云われて、これじゃア歌の文句以上だと思った。おりんは叱るように又やんに云い聞かせた。
　「又やん、つんぼゆすりをされるようじゃア申しわけねえぞ、山の神さんにも、息子にも、生きているうちに縁が切れちゃア困るらに」
　おりんは自分の正しいと思うことを、親切な気持で教えてやったのである。
　「今夜は止めなせえ」
　辰平はそう云って又やんをおぶって銭屋まで送りとどけてやった。

その次の夜、おりんはにぶりがち⁽⁹³⁾の辰平を責めたてるように励まして楢山まいりの途についたのである。宵のうちに明日みんなが食べる白萩様もといでおいたし、椎茸のことも、やまべのことも玉やんによく云っておいた。家の者達が寝静まるのを窺って裏の縁側の戸をそっとはずした。そこで辰平のしょっている背板に乗ったのである。その夜は風はないが特別に寒い晩で、空は曇っているので月のあかりもなく真っ暗の道を辰平は盲人の歩みのように歩いて行った。おりんと辰平が出た後で玉やんは蒲団の中から起き上った。そして戸をあけて外に出た。根っこのところに手をかけて暗闇の中を目をすえて見送ったのである。

　辰平は裏山の裾を廻って柊の木の下に来た。枝が笠のように茂っていてその下を通っていくのは、どこかの家の中へでも入ってゆくように無気味な暗さだった。ここまでは辰平も来たことのある所だが、ここから先は楢山まいりでなければ行ってはならないと云い伝えられている道であった。ふだんは柊の木の下を通らないで右か左に廻る道をゆくのであるが、今は真っすぐに行くのである。二つ目の山も裾を廻り、三つ目の山の裾をまわると池があった。空がかすかに白んできて池をまわり終った時はかなり明るくなってきた。石段が三段あってそこから急な坂である。四つ目の山は上に登って行くのである。かなり高い山で頂上に近づく程、険しくなってきた。

　頂上について辰平は目を見張らせた⁽⁹⁴⁾のである。向うに楢山が待っているかのように見えたのである。この山と楢山の間は地獄へ落ちるかと思われるような谷で隔てられていた。楢山へ行くには頂上から少し降りて尾根づたい⁽⁹⁵⁾のような道を進むのであるが、右は絶壁で左はそそり立つ山の坂である。谷は四つの山に囲まれた奈落の底⁽⁹⁶⁾のような深い谷なので辰平は

しっかりと足許をふみしめて進んだ。谷を廻るには二里半と教えられたが、楢山に近づくにつれて辰平の足はただ一歩ずつ進んでいることを知っているだけだった。楢山が見えた時から、そこに住んでいる神の召使いのようになってしまい、神の命令で歩いているのだと思って歩いていた。そうして七谷の所まで来たのである。見上げれば楢山は目の前に坐っているようである。七谷を通り越すと、ここからは道はあれども道はないと云われたので上へ上へと登って行った。木は楢の木ばかりしかなかった。辰平はいよいよ楢山に来てしまったのだと思ったので、もう口をきくことは出来ないぞと決心した。おりんは家を出てから何も云わなかったのである。歩きながら話しかけても返事をしないのであった。登っても、登っても楢の木ばかり続いていた。そして到頭、頂上らしい所まで来たのである。大きい岩があってそこを通りすぎた途端、岩のかげに誰か人がいたのである。辰平はぎょっとして思わず後ずさりをしてしまった。岩のかげに寄り掛って身を丸くしているその人は死人だった。両手を握って、まるで合掌しているようである。辰平は立止ったまま動けなくなってしまった。おりんが背の方から手を出して前へ振った。前へ進めという手ぶりである。辰平は進んで行った。また岩があってそのかげには白骨があった。足は二本揃っているが首はさかさになってそばに転がっていた。あばら骨だけはさっきの死人のように岩によりかかったままである。手は遠くの方に一本ずつ離れて転がっていて、誰かがこんな風にいたずらをして置いたのではないかと思われるようにバラバラになっていた。おりんは手を出して前へ前へと振った。岩があると必ず死骸があった。進んで行くと木の根元にも死骸があった。まだ生きているように新しい死人である。そこで辰平はまたぎょっとして立止まってしまった。目の前の死人が動

いたである。その顔をよくよく見たがやっぱり生きている人ではなかった。だが「たしかに今、動いたぞ」と思ったので足が堅くなってしまった。すると又、その死人が動いたのである。その死人の胸のあたりが動いたのである。そこにはからすがいたのであった。着物が黒っぽいのでからすがいたのがわからなかったのだった。辰平は足でばたっと地を蹴った。だが、からすは逃げもしないのである。辰平はその横を通って進んだ。するとそのからすが舞い上った。静かに羽を拡げて舞い上って憎らしい程落ちついているからすである。何げなしに死人の方をふり向くと胸のところにはまだ一ぴきからすがいた。「二ひきいたのか」と思ったらその下からもう一ぴきの頭が動いていた。死人は足を投げだしているのだが腹の中をからすが食べて巣を作っていたのだ！と思った。もっと中にいるかも知れないと思うと、憎いような怖ろしいようになってきた。ここは頂上らしいのだが道はまだ上りである。進んで行くとからすはますます多くいた。辰平が歩き出すと、あたりが動くようにからすがのろのろと歩くのである。枯葉の上をがさがさと人間が歩くような音まで立てて歩くのである。

「からすの多い山だなあ」

と、その数の多さに驚いた。からすがとりのようには思えないのである。黒猫のような目つきで、動作がのろいので気味が悪いようである。ここからは死骸もますます多く転がっていた。少し行くと禿げ山のような所があって岩ばかりである。そこには白骨が雪のふったように、あたりが白くなるほど転がっていて、下ばかり見て歩いている辰平は白骨をよけて歩こうとしても目がちらちらして(97)しまい、つまずき(98)転びそうになってしまった。辰平は「この白骨の中には生前、知っていた人もあるはずだ」と思った。ふと木のお椀がころがっているの

が目についた。それを見て呆然と立止まってしまった。
「偉いものだなア！」
とつくづく感心してしまった。ここへ来るにもお椀を持って来た人もあったのだ。前に来た人のうちにはそんな心掛けの人もあったのだと思うと、持って来なかった自分が淋しいような気にもなってしまった。からすは岩の上で、きょろきょろ目を動かしていた。辰平は石を拾ってぽーんと投げつけると、ぱっと舞い上った。あたりのからすも一せいに舞い立った。
「逃げるところを見ると、生きてる人間は突つきゃアしないだろう」
そうわかると一寸安心も出来た。道はまだ上りぎみであった。進んで行くと死骸のない岩かげがあった。そこへ来るとおりんは辰平の肩をたたいて足をバタバタさせたのである。背板から降ろせと催促をしているのだ。辰平は背板を降ろした。おりんは背板から降りて腰にあてていた筵を岩かげに敷いた。それから自分の腰に結びつけてあった包を辰平の背板に結びつけようとした。辰平は目を剥いて(99)怒るような顔をしながらその包を筵の上に置いた。おりんは包の中から白萩様のむすびを一つとり出して筵の上に置いた。それからまた包を背板に結びつけようとするのである。辰平は背板を奪い取るようにして引き寄せて包を筵の上に置いた。

おりんは筵の上にすっくと立った。両手を握って胸にあてて、両手の肘を左右に開いて、じっと下を見つめていた。口を結んで(100)不動の形である。帯の代りに縄をしめていた。辰平は身動きもしないでいるおりんの顔を眺めた。おりんの顔は家にいる時とは違った顔つきになっているのに気がついた。その顔には死人の相が現れていたのである。

おりんは手を延して辰平の手を握った。そして辰平の身体を

今来た方に向かせた。辰平は身体中が熱くなって湯の中に入っているようにあぶら汗でびっしょりだった。頭の上からは湯気が立っていた。
　おりんの手は辰平の手を堅く握りしめた。それから辰平の背をどーんと押した。
　辰平は歩み出したのである。うしろを振り向いてはならない山の誓いに従って歩き出したのである。
　十歩ばかり行って辰平はおりんの乗っていないうしろの背板を天に突き出して大粒の涙をぽろぽろと落した。酔っぱらいのようによろよろと下って行った。少し下って行って辰平は死骸につまずいて転んだ。その横の死人の、もう肉も落ちて灰色の骨がのぞいている顔のところに手をついてしまった。起きようとしてその死人の顔を見ると細い首に縄が巻きつけてあるのを見たのだった。それを見ると辰平は首をうなだれた。「俺にはそんな勇気はない」とつぶやいた。そして又、山を下って行った。楢山の中程まで降りて来た時だった。辰平の目の前に白いものが映ったのである。立止まって目の前を見つめた。楢の木の間に白い粉が舞っているのだ。
　雪だった。辰平は
　「あっ！」
　と声を上げた。そして雪を見つめた。雪は乱れて濃くなって降ってきた。ふだんおりんが、「わしが山へ行く時アきっと雪が降るぞ」と力んでいたその通りになったのである。辰平は猛然と足を返して山を登り出した。山の掟^{おきて}(101)を守らなければならない誓いも吹きとんでしまったのである。雪が降ってきたことをおりんに知らせようとしたのである。知らせようというより雪が降って来た！と話し合いたかったのである。本当に雪が降ったなあ！と、せめて一言だけ云いたかったのである。

辰平はましら(102)のように禁断の山道を登って行った。

　おりんのいる岩のところまで行った時には雪は地面をすっかり白くかくしていた。岩のかげにかくれておりんの様子を窺った。お山まいりの誓いを破って後をふり向いたばかりでなく、こんなところまで引き返してしまい、物を云ってはならない誓いまで破ろうとするのである。罪悪を犯しているのと同じことである。だが「きっと雪が降るぞ」と云った通りに雪が降ってきたのだ。これだけは一言(ひとこと)でいいから云いたかった。

　辰平はそっと岩かげから顔を出した。そこには目の前におりんが坐っていた。背から頭に筵を負うようにして雪を防いでいるが、前髪にも、胸にも、膝にも雪が積っていて、白狐のように一点を見つめながら念仏を称えていた。辰平は大きな声で

　「おっかあ、雪が降ってきたよう」

　おりんは静かに手を出して辰平の方に振った。それは帰れ帰れと云っているようである。

　「おっかあ、寒いだろうなあ」

　おりんは頭を何回も横に振った。その時、辰平はあたりにからすが一ぴきもいなくなっているのに気がついた。雪が降ってきたから里の方へでも飛んで行ったか、巣の中にでも入ってしまったのだろうと思った。雪が降ってきてよかった。それに寒い山の風に吹かれているより雪の中に閉ざされている方が寒くないかも知れない、そしてこのまま、おっかあは眠ってしまうだろうと思った。

　「おっかあ、雪が降って運がいいなあ」

　そのあとから

　「山へ行く日に」

　と歌の文句をつけ加えた。

おりんは頭を上下に動かして頷きながら、辰平の声のする方に手を出して帰れ帰れと振った。辰平は
　「おっかあ、ふんとに雪が降ったなア」
　と叫び終ると脱兎のように駈けて山を降った。山の掟を破ったことを誰かに知られやアしないかと飛び通しで山を降った。誰もいないはずの七谷の上のところまで降って来たとき、銭屋の伜が雪の中で背板を肩から降ろそうとしているのが目に入った。背板には又やんが乗っていた。荒縄で罪人のように縛られている。辰平は
　「やッ！」
　と思わず云って立止まった。銭屋の伜は又やんを七谷から落そうとしたからだった。四つの山に囲まれて、どのくらい深いかわからないような地獄の谷に又やんを落そうとするのを辰平は目の下に見ているのである。
　「ころがして落すのだ」
　と知った時、昨夜照やんが「嫌なら七谷の所から帰ってもいいのだぞ」と云ったのを思い出した。
　「あれは、これのことを教えたのだな」
　と初めて気がついた。又やんは昨夜は逃げたのだが今日は雁字搦み(103)に縛られていた。芋俵のように、生きている者ではないように、ごろっと転がされた。伜はそれを手で押して転げ落そうとしたのである。だが又やんは縄の間から僅に自由になる指で伜の襟を必死に掴んですがりついていた。伜はその指を払いのけようとした。が又やんのもう一方の手の指は伜の肩のところを掴んでしまった。又やんの足の先の方は危く谷に落ちかかっていた。又やんと伜は辰平の方から見ていると無言で戯れているかのように争っていた。そのうちに伜が足をあげて又やんの腹をぽーんと蹴とばすと、又やんの頭は谷に向ってあ

おむきにひっくり返って毬のように二回転するとすぐ横倒しになってごろごろと急な傾斜を転がり落ちていった。

辰平は谷の底の方を覗こうとしたその時、谷底から竜巻のように、むくむくと黒煙りが上ってくるようにからすの大群が舞い上がってきた。湧き上るように舞い上ってきたのである。

「からすだ！」

と辰平は身をちぢめるように気味悪くなった。舞い上って、かあかあと騒ぎながら辰平の頭上高くとび廻っていた。この谷のどこかに巣があって、雪が降ったのでそこに集っていたのだと思った。きっと又やんはそこに落ちたのだと思った。

舞い乱れていたからすはだんだんまた谷底の方へ降り始めたのである。

「からすの餌食か！」

あんな大変のからすじゃアと身ぶるいをしたが、落ちた時は死んでしまっているだろうと思った。伜の方を見ると、やっぱりからすを見て気味が悪くなったのであろう、空の背板をしょって宙を飛ぶ⁽¹⁰⁴⁾ように駈け出していた。辰平は

「あんなことをするのだから振舞酒も出さないわけだ」

と思いながら、狼が走って行くように背を丸めて逃げてゆく伜を眺めていた。

雪は牡丹雪⁽¹⁰⁵⁾のように大きくなってきた。辰平が村に帰り着いた時は日が暮れて暗くなってしまった。

「うちへ帰ったら、末の女の子はおりんがいなくなったので淋しがっているにちがいない」

と思った。

「おばあはいつ帰って来る？」

などときかれたら、なんと答えようかと困ってしまった。家の前まで来たが戸口の外に立って中の様子をみた。

家の中では次男が末の子に歌を唄って遊ばせていた。

お姥捨てるか裏山へ
　　　裏じゃ蟹でも這って来る

留守に子供達はおりんのことを話していたのだ。もう知っているのだと思った。蟹の唄ばかりをくり返して唄っているのである。

這って来たとて戸で入れぬ
　　　蟹は夜泣くとりじゃない

この歌は、村では昔は年寄りを裏山に捨てたものだった。或る時、老婆を捨てたところが這って帰ってきてしまったのである。その家の者だちは「這って来た、這って来た、蟹のようだ」と騒いで戸をぴったりと締めて中へ入れなかったのである。家の中では小さい子が蟹が本当に這って来たのだと思い込んでしまったのである。老婆は一晩中、戸の外で泣いていた。その泣き声を聞いて子供が「蟹が泣いている」と云ったのである。家の者が「蟹じゃないよ。蟹は夜泣いたりしないよ、あれはとりが啼いているのだ」と子供などに話してもわけがわからないので、そう云ってごまかしてしまったのである。蟹の歌はそれを唄ったのである。

辰平は戸口に立って蟹の歌をきいていた。こんな歌ばかりを唄っているのだから、おりんがもう帰って来ないことを承知しているのだと思うと気がらくになった。辰平は肩から背板を降ろして雪を払った。戸を開けようとした時、松やんが納戸の方から出てきた。大きい腹にしめているその帯は、昨日までおり

んがしめていた縞の細帯であった。松やんが開けて出て来た納戸の奥では、昨夜おりんが丁寧に畳んでおいた綿入れを、もうけさ吉はどてら⁽¹⁰⁶⁾のように背中にかけてあぐらをかいて坐っていた。そばには甕が置いてあった。昨夜の残りを飲んで酔っているらしく、うっとりとした目で首をかしげながら

「運がいいや、雪が降って、おばあやんはまあ、運がいいや、ふんとに雪が降ったなあ」

と悦に入っている⁽¹⁰⁷⁾ように感心していた。

辰平は戸口に立ったまま玉やんの姿を探したがどこにも見えなかった。

辰平はふっと大きな息をした。あの岩かげでおりんはまだ生きていたら、雪をかぶって綿入れの歌を、きっと考えてると思った。

　なんぼ寒いとって綿入れを
　　　　山へ行くにゃ着せられぬ

(1956年)

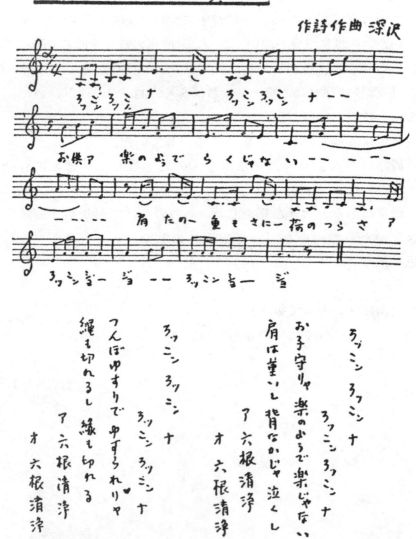

(1956年)

注 释

(1) 切株（きりかぶ）／树墩子，树桩子。

(2) 根（ね）っこ／树桩、残根。

(3) せがれ／谈自己儿子时的谦称，犬子，小儿。

(4) 飛脚／以邮递信件，转运货物为业的人。

(5) 総領／长子。

(6) 手柄話／炫耀自己功劳的话。

(7) おまん／相当于"おまえ"。

(8) 色気／此处指对于异性的兴趣、要求。

(9) おらん／相当于"おれ"。

(10) 身持ち／品行，操行。

(11) まんま／饭，米饭。

(12) 極道者（ごくどうもの）／败家子，坏家伙。

(13) 替歌／（在原谱上）新填的歌。

(14) 振舞酒（ふるまいざけ）／请客酒。招待人时的酒。

(15) 筵（むしろ）／草席，席子。

(16) 見すます／看准。

(17) 退（ひ）けをとらない／不落于人后，不输给别人。

(18) 雪割り豆（ゆきわりまめ）／"ソラマメ"的异称，即蚕豆。

(19) かまいづら／介意的样子。

(20) ばかこけい／意思是"大傻瓜"、"大笨蛋"。

(21) 納戸（なんど）／储藏室，仓库。

(22) 人にとやかく云われた／被人说三道四。

(23) しょう（背負う）背板（せいた）／背在身上的木板、带靠背的板子等。

(24) 振舞支度／请客的准备。

(25) 因果な／遭报应的。

(26) 巽／东南方向。

(27) 榧（かや）／榧树

(28) ひきずり女／打扮得花枝招展，游手好闲的女人。

(29) 口を尖らせる／此处指露出不满意（不服气）的表情。

(30) ねじりはちまき／指拧起来扎在头上的布手巾，可形容拼命的样子。

(31) あんねん／方言。相当于"あんなに"，那样。

(32) でかくする／"でかい"表示很大。此句的意思是"抚养长大"。

(33) てめえ／相当于"手前"，你（轻蔑的称呼）。

(34) 身をかわす／躲开，闪身。

(35) 悪態／骂；恶言恶语。

(36) しおれる／颓唐；沮丧；气馁。

(37) 気が強くなる／变得要强，好胜。

(38) 勢が出る／有了气势，有了劲头。

(39) 後添（のちぞい）を貰う／娶后妻，续弦。

(40) 後釜（あとがま）／后妻。

(41) 喧嘩腰（けんかごし）／要打架的样子；气势汹汹的。

(42) 加勢する／援助，帮忙。

(43) 度胸のよい／胆大，大胆的。

(44) 勢がぬける／泄气。

(45) 信玄袋（しんげんぶくろ）／布制椭圆形底的手提口袋（明治中期以后流行的旅行袋）。

(46) ずら／相当于"だろう"。

(47) けん／方言，相当于"から"。

(48) きやした／"やす"接动词连用形后，表示郑重。相当于"ます"。きました。

(49) 入らんけえ／相当于"入らないか"。

(50) どぶろく／浊酒。没有过滤含渣的日本酒。

(51) おぶう／（口语）背。

(52) ひょいと見る／此处的意思是"无意中看了一眼"。

(53) やまべ／一种淡水鱼。

(54) くりょう／相当于"くれよ"。

(55) 肩身が広くなる／有面子，感到自豪。

(56) 火もし／点柴火

(57) 半人足（はんにんそく）／半拉子，顶不了一个人。

(58) 欅（けやき）のもしき／榉树的柴火

(59) おぶせる／背。

(60) ろっこん／修行者登灵山或是寒天夜间拜佛等时的念词。

(61) つんぼゆすり／"ゆすり"意思为摇晃。聋子摇晃。意思是拼命摇晃孩子，让孩子哭不出来。

(62) 鬼ゆすり／鬼摇晃。意思与"つんぼゆすり"相同。

(63) ぼんくらな／愚笨的，糊涂的。

(64) つねる／拧，掐。

(65) 情（なさけ）知らず／不懂人情，无情。

(66) 青痣（あおあざ）／皮肤里的淤血；青斑。

(67) 舌をまく／表示由于惊讶、惊恐、感叹而说不出话来；咋舌。

(68) 悪（あく）たれ口（ぐち）／说坏话，骂人。

(69) 手持ちぶさた／（手里无活儿）闲得无聊或者不好意思。

(70) うまがる／由"うまい"变化而来，用语言、态度等来表示感觉美味的心情。

(71) かます／（装谷物的）草袋，草包。

(72) 袋だたきにする／很多人一起殴打。

(73) 家探し／此处指"搜查家里"、"找遍家中"。

(74) 屈強な／此处指身强力壮的。

(75) 根だやし／根除。

(76) おちおち／（下接否定）安静、安心。

(77) はらはらと気をもむ／非常担心，焦虑。

(78) 仰天（ぎょうてん）する／非常吃惊。

(79) まっと／相当于"もっと"、"もうちょっと"。

(80) しまわにゃー／相当于"しまわなければ"。

(81) そんねん／方言。相当于"そんなに",那样。

(82) ぶちゃる／相当于"すてる",扔掉。

(83) ふんとに／相当于"ほんとうに",真的。

(84) 尻（けつ）をまくる／表示被逼急豁出来的样子。由流氓把和服的下摆卷起来一屁股坐下的动作引申而来。

(85) 節まわし／（声音的）抑扬顿挫；调子。

(86) 後ずさり／面对前方向后退,退缩。

(87) 御詠歌（ごえいか）／进香歌,拜庙歌。

(88) 浪花節（なにわぶし）／三弦伴奏的民间说唱。

(89) 面食らう／（突然）吃惊,惊慌失措。

(90) つろうござんす／相当于"つろうございます"。"つらい"的郑重表现形式。

(91) 丑（うし）三つ時（とき）／丑时三刻。

(92) かじられる／被啃,被咬。此处意思是被抓、被挠。

(93) にぶりがち／有些迟钝,此处表示磨磨蹭蹭。

(94) 目を見張らせる／瞪目而视。

(95) 尾根づたい／沿着山脊。

(96) 奈落の底／地狱之底,深不可测的地方,无底深渊。

(97) 目がちらちらする／眼睛发花。

(98) つまづく／绊倒。

(99) 目を剝く／由于生气、惊讶而睁大眼睛,瞪目。

(100) 口を結ぶ／紧紧地闭着嘴。

(101) 掟（おきて）／惯例,习惯。

(102) ましら／（文语）猴。

(103) 雁字がらみ／五花大绑。

(104) 宙を飛ぶ／在空中飞行,就像在空中飞行似地快跑。

(105) 牡丹雪／鹅毛大雪。

(106) どてら／棉袍。

(107) 悦（えつ）に入（い）る／如愿以偿，心中感到喜悦。

❰ 作者简介

深泽七郎（1914—1987） 1914年1月29日出生于日本山梨县。1931年毕业于山梨县立日川中学，后到东京，开始了他的漂泊生活。在四处漂泊的生活中，他一直练习吉他演奏。二战后期，他重返故乡，做过很多的行当。1954年开始，深泽七郎在日剧音乐堂演出。在导演丸尾长显的鼓励下，他把自己的作品《楢山小调考》投给了《中央公论》，获得了第一届中央公论新人奖。自此以后，他开始了正式的创作。在进行文学创作的同时，他也没有放弃开办农场等经营活动。

深泽七郎是"一位在现代日本文学中占有特殊位置的作家。42岁时发表的成名作《楢山小调考》给予日本文坛的冲击力巨大。《楢山小调考》之后，他又发表了许多'话题作'，是战后文学史上重要的人物。"他的文学创作与其故乡关系密切。他的故乡流传着许多民间故事和传说，这些故事传说为他的创作带来了浓厚的乡土气息。吉他演奏者的生活与对音乐的热爱，也影响到他的文体的节奏、词语的使用。《楢山小调考》（1956）发表以后，他创作了一系列颇有影响的小说作品中，最具代表性的要属1957年发表的《东北的神武们》和1958年发表的长篇小说《笛吹川》。《东北的神武们》以独特的叙述描写了日本东北地区农户家中的次子、三子的悲惨生活。《笛吹川》则以笛吹川地域为背景，描写了战乱时期六七十年间的六代农民家族的生死悲欢。其笔调冷峻、不动声色，获得了一片好评，同时也引起了关于近代主义的论争。他的作品不仅写乡村，也描写都市。《东京的王子们》（1959）这部作品就是在都市风俗的描写之中，通过小说的人物表达了不肯受束缚的人生态度。1960年，正值日本反安保斗争，在这一年他发表了引起巨大社会轰动的小说《风流梦谈》。这部小说问世后受到右翼分子的攻击，使得他在一段时间内不得不避免在公开场合露面，过着"逃亡"式的生活。直到1962年发表了《流

转记》,他才重新开始正常的写作活动。以后,他又写下了一系列的小说作品,如《庶民列传》(1962—1967)、《千秋乐》(1964)、《甲州摇篮曲》(1964)、《妖术般的过去》(1968)、《无妙记》(1969)、《女形》(1970)等。这些作品中的多数在当时都引起了极大的反响。

☪ 作品简析

《楢山小调考》1956年发表在《中央公论》11月号。这个中篇使作者获得了《中央公论》新人奖，被文学大家正宗白鸟称为自己"毕生要读的书"。正宗白鸟认为深泽七郎作为作家有此作品足矣。这一小说作品的出现使当时担任评委的著名作家伊藤整、武田泰淳、三岛由纪夫感到惊讶不已。它所具有的文学魅力，在当时让许多人感到了一种难以言说的力量。它写的是一个十分古老的故事，但是所表达的却是当代人们无法回避的许多问题。家族到底是什么？村落到底是什么？人的生命究竟具有何种意义？小说的主人公所表达的是什么？看到小说结尾对老人阿林（注：也许应该写成其它的字，此处姑且写作"林"字。）神化的描写，我们似乎看到了虔诚的圣徒，看到了一个忘我的佛门弟子。显然作者是在将阿林与"老又"进行对比。一个是虔诚忘我，另一个则是利己贪生。在最后的描写里，作者通过阿林儿子的视角似乎在告诉我们，阿林这个平庸的老太太实际上具有着世俗难以理解的伟大。而这种所谓的伟大实际上是建立在对于"世间"（注：日本语里的"世间"一词，往往可以翻译为"社会"，但是在此处又不完全等同于社会，与世俗社会近似。）的绝对畏惧之上的。

假如没有"世间"的存在，阿林是否会那样毅然决然地"上山"求死，应该说还是值得怀疑的。关于这一点，作者在小说前一部分的描述里实际上已经交代得十分清楚。阿林在上山之前有两件重要的事情要办，一是要给自己的儿子找到媳妇，把自己家中女主人的位置顺利地传承下去，这样既可以表达母亲对儿子的爱，也可以在家族的延续过程中尽到自己的一份责任。因此，她在为儿子找到一个寡妇为妻的时候，满脸都是喜色，似乎为家族立下了很大的功劳。而另外一件阿林决意要做的事情就与家族本身没有什么关系了，这就是要把自己一口让人羡慕的结实牙齿敲打掉。如果说前者是为了家族，是利他的。那么这后者，就是为了

个人，是利己的，之所以说是利己的，原因就在于这一举动本身完全是阿林为了她自己不在村民邻里面前丢脸。这里就有一个"世间"的问题。在意"世间"的看法，认同"世间"的认识，是阿林几乎所有行为的动力来源。"世间"认为年近七十，仍然有一口结实的牙，是一件十分丑的事情，是贪生、与自己的子孙后代争夺食物的表现。既然"世间"这样看，阿林也就需要把"年近七十仍有一口好牙"这种常人的美与健康看作一种丑态，就需要通过破坏、敲掉它来改变这种所谓的"丑态"，让它变作"世间"所认同的"美"。迎合"世间"、获得个人的自尊应该说是阿林后一行为的本质所在。其实，深入分析的话，在前者的利他里也同样包含着利己的因素。阿林"上山，自觉走向死亡"这一举动，除了来自于母爱和对于家族的责任以外，更多还是由于传宗接代、维系或者说延续家族生命的需要。因为我们在小说里可以反复地看到作者描述的每个家族上代人对于现在一代人的影响。当然，阿林毅然决然地"上山"也不仅仅是满足家庭生存的需要，也同样是为了赢得"世间"好评价的需要。阿林之所以那么急急忙忙地"上山"，最重要的原因就是她未过门的孙媳妇马上就要生产。活着看到自己的重孙子，这将影响到她本人的名誉。而她本人的名誉又会直接影响到她的下一代的生活。所以，她必须尽快上山赴死。在此，"世间"对于个人的左右、影响是显而易见的。当然，也并不是每个人都会因此而像阿林那样毅然走向死亡，冷静面对残酷现实。小说中描写的与阿林同岁的"老又"对于生的贪恋，就是很好的例证。也许正是有了这样强烈的对比，才能显示出阿林面对死亡时的从容，才会使阿林有如此的光彩。

在这部中篇里，家的问题也是作者不断强调的一个侧面。在二战历史变革的过程中，父权已经没有了过去的力量，家庭似乎也缺少了历史上对于个人的影响力。然而，作者却在这部小说里给我们展现出家于个人的巨大作用。在这部小说里，人的行为除

了受到"世间"的影响以外,还与"家"的存续有着密切的联系。显然,作者并没有像明治以来的作家那样,对家给个人带来的巨大束缚进行批判,也没有反映家给个人带来的巨大痛苦。相反,在阿林与家的关系之中,作者所强调的是阿林为了家的延续轻松地走上死亡之途的献身精神,是个人与家之间的密切纽带关系。家与个人,是相互支撑的关系。家有助于个人的生存,个人也需要依赖家的存在,而家的存在又需要个人的支撑,需要家里的每个人都要为家的存续作出贡献。在这种意义上,阿林这个人物形象就是这样一个好的例子。对于"家"的问题,在明治以来的文学作品里,批评占据了主流地位。而深泽七郎的这部小说却在反省、肯定家在人生存之中所发挥的极大作用,肯定个人的牺牲自我、献身家族的利他精神。这对于当时的读者显然具有强大的冲击力。特别是在强调个人、个体的时代里,这种冲击力更是可以想见的。当然,深泽七郎并没有全面地肯定阿林的利他行为,因为他在这种利他行为里发现了利己的因素。阿林的对于名誉的关注,既是为了家族,同时也是为了她自身。可以说,在利他的行为里,同样也有着利己的动机。当然,深泽七郎也并没有因此而否定阿林的行为。相反,他认为这种与己与人都有利的行为之中仍然包含着圣徒一般的伟大。也许阿林这个人物所带来的影响正是在于此。

这部小说对阿林一家三代人的描写也是很有意思的。阿林的儿子辰平对于母亲充满了爱,很不舍得把母亲送上死亡之路,小说结束部分所描写的、辰平看到天上飘下雪花,忘掉了不准回头的山规、返身跑向母亲的情景,让读者深深感受到辰平对于母亲的爱。当然,在此处作者也让我们看到祖辈伸延至今的家族亲情。但是,作者在小说结束前随意写的一笔又使我们看到现实的冷酷和亲情的缺失。那就是阿林遗留下来的和服衣带系在了孙媳妇阿松的身上,而棉衣则穿在了孙子的身上。在第三代人身上,

我们已经看不到辰平的那种亲情，看到的只是对于实利的追求。这里显然有着作者自身对于现实的批判。其实，"阿又"的儿子把"阿又"捆绑起来扔到深谷之中的描写，与阿林的孙子、孙媳的形象塑造之间不也有着同样的意义吗。

人間の羊

大江健三郎

　冬のはじめだった、夜ふけの舗道に立っていると霧粒が硬い粉のように頬や耳たぶにふれた。家庭教師に使ったフランス語の初等文典を外套のポケットに押しいれて、僕は寒さに躯を屈めながら終発の郊外へ走るバスが霧のなかを船のように揺らめいて近づくのを待っていた。
　車掌はたくましい首すじに兎のセクスのような、桃色の優しく女らしい吹出物(1)をもっていた。彼女は僕にバスの後部座席の隅の空席を指した。僕はそこへ歩いて行く途中で、膝の上に小学生の答案の束をひろげている、若い教員風の男のレインコオトの垂れた端を踏みつけてよろめいた。僕は疲れきっていて睡く、躯の安定を保ちにくくなっていた。あいまいに頭をさげて、僕は郊外のキャンプへ帰る酔った外国兵たちの占めている後部座席の狭いすきまへ腰をおろしに行った。僕の腿がよく肥えて固い外国兵の尻にふれた。バスの内部の水っぽく暖かい空気に顔の皮膚がほぐされる(2)と、疲れた弱よわしい安堵(3)がまじりあった。僕は小さい欠伸をして甲虫の体液のように白い涙を流した。
　僕を座席の隅に押しつめている外国兵たちは酒に酔って陽気だった。彼らは殆どみんな牛のようにうるんで大きい眼と短い額とを持って若かった。太く脂肪の赤い頸を黄褐色のシャツでしめつけた兵隊が、背の低い、顔の大きい女を膝にのせていて、他の兵隊たちにはやしたてられながら、女の木ぎれのように艶のない耳へ熱心にささやいていた。

やはり酔っている女は、兵隊の水みずしくふくらんだ唇をうるさがって肩を動かしたり頭をふりたてたりしていた。それを見て兵隊たちは狂気の血にかりたてられるように笑いわめいた。日本人の乗客たちは両側の窓にそった長い座席に坐って兵隊たちの騒ぎから眼をそむけていた。外国兵の膝の上にいる女は暫(しばら)くまえからその外国兵と口争いをしている様子だった。僕は硬いシートの背に躰をもたせかけ、頭が硝子窓にぶつかるのを避けてうなだれた。バスが走りはじめると再び寒さが静かにバスの内部の空気をひたしていった。僕はゆっくり自分の中へ閉じこもった。

　急にけたたましい声で笑うと、女が外国兵の膝から立上り、彼らに罵(ののし)りの言葉をあびせながら、倒れるように僕の肩によりかかってきた。

　あたいはさ、東洋人だからね、なによ、あんた。しつこい(4)わね、と女はそのぶよぶよ(5)する躰を僕におしつけて日本語で叫んだ。甘くみんなよ。

　女を膝の上に乗せていた外国兵は空になった長い膝を猿のように両脇へひらき、むしろ当惑の表情をあらわにして、僕と女とを見まもっていた。

　こんちくしょう、人まえであたいに何をするのさ、と女は黙っている外国兵たちに苛(いら)立って叫び、首をふりたてた。

　あたいの頸(くび)になにをすんのさ、穢(きたな)いよ。

　車掌が頬をこわばらせて顔をそむけた。

　あんたたちの裸は、背中までひげもじゃ(6)でさ、と女はしつこく叫んでいた。あたいは、このぼうやと寝たいわよ。

　車の前部にいる日本人の乗客たち、皮ジャンパア(7)の青年や、中年の土工風(8)の男や、勤人たちが僕と女とを見つめていた。僕は躰をちぢめ、レインコオトの襟(えり)を立てた教員に、彼

害者のほほえみ、弱よわしく軽い微笑をおくろうとしたが、教員は非難にみちた眼で僕を見かえすのだ。僕はまた、外国兵たちも、女よりむしろ僕に注意を集中しはじめているのに気がつき、当惑と羞ずかしさで躰をほてらせた(9)。

ねえ、あたいはこの子と寝たいわよ。

僕は女の躰をさけて立ちあがろうとしたが、女のかさかさに乾いた冷たい腕が僕の肩にからみついて離れなかった。そして女は、柿色の歯茎を剝きだして、僕の顔いちめんに酒の臭いのする唾の小さい沫を吐きちらしながら叫びたてた。

あんたたち、牛のお尻にでも乗っかりなよ、あたいはこのぼうやと、ほら。

僕が腰をあげ、女の腕を振りはらった時、バスが激しく傾き、僕には躰を倒れることからふせぐために窓ガラスの横軸につかまる短い余裕しかなかった。その結果、女は僕の肩に手をかけたままの姿勢で振りまわされ、叫びたてながら床にあおむけに転がって、細く短い両脚をばたばたさせた。靴下どめの上の不自然にふくらんだ腿が寒さに鳥肌だち、青ぐろく変色しているのを僕は見たが、どうすることもできない。それは肉屋のタイル張り(10)の台におかれている、水に濡れた裸の鶏の不意の身悶え(11)に似ていた。

外国兵の一人がすばやく立ちあがり、女をたすけ起した。そしてのその兵隊は、急激に血の気を失い、寒さにこわばる唇を嚙みしめて喘いでいる女の肩を支えたまま、僕を睨みつけた。僕は謝りの言葉をさがしたが、数かずの外国兵の眼に見つめられると、それらは喉にこびりついて(12)うまく出てこない。僕は、頭をふり、腰を座席におちつけようとした。その肩を外国兵のがっしりした腕が摑まえ、ひき上げる。僕は躰をのけぞり、外国兵の栗色の眼が怒りと酔いに小さな花火のようなきらめき

を湧きたたせるのを見た。

　外国兵が何か叫んだ。しかし僕には、その歯音の多い、すさまじい言葉のおそいかかり⑬を理解できなかった。外国兵は一瞬黙り込んで僕をのぞきこみ、それからもっと荒あらしく叫んだ。

　僕は狼狽しきって、外国兵の逞しい首の揺れ動きや、喉の皮膚の突然のふくらみを見まもっていた。僕には彼の言葉の単語一つ理解することができなかった。

　外国兵は僕の胸ぐら⑭を掴んで揺さぶりながら喚き、学生服のカラアが喉の皮膚に食いこんで痛むのを僕は耐えた。外国兵の金色の荒い毛が密生した腕を胸から外させることができないで、あおむいたままぐらぐら⑮している僕の顔いちめんに小さい唾を吐きかけながら外国兵は狂気のように叫び続けるのだ。それから急に僕は突きはなされ、ガラス窓に頭をうちつけて後頭部座席へ倒れこんだ。そのまま僕は小動物のように躰を縮めた。

　高い声で命令するように外国兵が叫びたて、急速にざわめきが静まって、エンジンの回転音だけがあたりをみたした。倒れたまま首をねじって振りむいた僕は若わかしい外国兵が右手に強靭に光るナイフをしっかり握っているのを見た。僕はのろのろ躰を起し、武器を腰のあたりでこきざみに動かしている外国兵とその横で貧弱な顔をこわばらせている女とに向きなおった。日本人の乗客たちも、他の外国兵たちもみんな黙りこんで僕らを見守っていた。

　外国兵がゆっくり音節をくぎって言葉をくりかえしたが、僕は耳へ内側から血がたぎってくる音しか聞くことができない。僕は頭を振ってみせた。外国兵が苛立って硬すぎるほど明確な発音を再びくりかえし、僕は言葉の意味を理解して急激な

恐怖に内臓を揺さぶられた。うしろを向け、うしろを向け。しかしどうすることができよう、僕は外国兵の命令にしたがってうしろを向いた。後部の広いガラス窓の向うを霧が航跡のようにうずまき、あおりたてられて流れていた。外国兵がしっかりした声で叫んだが、僕には言葉の意味がわからない。外国兵がその卑猥な語感のする俗語をくりかえして叫ぶと僕の躰の周りの外国兵たちが発作のように激しく笑いどよめいた。
　僕は首だけ背後にねじって外国兵と女とを見た。女は生きいきして猥らな表情をとり戻しはじめていた。そして外国兵は大げさに威嚇の身ぶりをみせ、自分の思いつきに熱中する子供のように喚いた。僕は恐怖がさめて行くのをあっけにとられて(16)感じていたが、外国兵の思いつきは僕に伝わってこないのだった。僕はゆっくり頭をふって外国兵から顔をそむけた。彼は僕に悪ふざけしているにすぎないのだろう、僕はどうしていいかわからないが、少なくとも危険ではないだろう、と僕は窓ガラスの向うの霧の流れを見つめて考えた。僕はこのまま立っていればいい、そして彼らは僕を解放するだろう。
　しかし外国兵の逞しい腕が僕の肩をしっかり掴むと動物の毛皮を剝ぐように僕の外套をむしりとったのだ。そして僕は数人の外国兵が笑いざわめきながら僕の躰へ腕をかけるのをどうすることもできない。彼らは僕のズボンのベルトをゆるめ荒あらしくズボンと下ばきとをひきはいだ。僕はずり落ちるズボンを支えるために両膝を外側へひろげた姿勢のまま手首を両側からひきつけられ、力強い腕が僕の首筋を押しつけた。僕は四足の獣のように背を折り曲げ、裸の尻を外国兵たちの喚声にさらしてうなだれていた(17)。僕は躰をもがいたが両手首と首筋はがっしり押さえられ、その上、両足にはズボンがまつわりついて動きの自由をうばっていた。

尻が冷たかった。僕は外国兵の眼のまえにつき出されている僕の尻の皮膚が鳥肌だち、灰青色に変化して行くのを感じた。尾骶骨の上に硬い鉄が軽くふれて、バスの震動のたびに痛みのけいれんを背いちめんにひろげた。ナイフの背をそこに押しあてている若い外国兵の表情が僕にはわかった。

　僕は圧しつけられ、捩じまげられた額のすぐ前で、自分のセックスが寒さにかじかむ(18)のを見た。狼狽のあとから、焼けつく羞恥が僕をひたしていった。そして僕は腹を立てていた、子供の時のように、やるせない苛立たしい腹だちがもりあがってきた。しかし僕がもがいて外国兵の腕からのがれようとするたびに、僕の尻はひくひく動くだけなのだ。

　外国兵が突然歌いはじめた。そして急に僕の耳は彼らのざわめきの向うで、日本の乗客がくすくす笑っているのを聞いた。僕はうちのめされ(19)圧しひしがれた(20)。手首と首筋の圧迫がゆるめられたとき、僕は躰を起す気力さえうしなっていた。そして僕の鼻の両脇を、粘りつく涙が少しずつ流れた。

　兵隊たちは童謡のように単純な歌をくりかえし歌っていた。そして拍子をとるためのように、寒さで無感覚になり始めた僕の尻をひたひた叩き、笑いたてるのだ。

　　羊撃ち、羊撃ち、パン　　パン

　と彼らは熱心にくりかえして訛りのある外国語で歌っていた。

　　羊撃ち、羊撃ち、パン　　パン

　ナイフを持った外国兵がバスの前部へ移って行った。そして他の外国兵が数人、彼を応援に行った。そこで日本の乗客たちのおずおず(21)した動揺が起り、外国兵が叫んだ。彼らは行列を整理する警官のように権威をもって長い間叫びつづけた。屈んでいる僕にも彼らのやっている作業は分った。僕が

人間の羊

首筋を掴まえられて正面へ向きなおされた時、バスの中央の通路には、震動に耐えるために足を広げてふんばり(22)、裸の尻を剝きだして背を屈めた《羊たち》が並んでいた。僕は彼らの列の最後に連なる《羊》だった。外国兵たちは熱狂して歌いどよめいた。

　羊撃ち、羊撃ち、パン　　パン

　そしてバスが揺れるたびに僕の額は、すぐ眼の前の、褐色のしみのある痩せた尻、勤人の寒さに硬い尻へごつごつぶつかるのだ。バスが急に左へ廻りこみ停車した。僕は筋肉のこわばりが靴下どめを押しあげている勤人のふくらはぎへ頭をのめらせた。

　ドアを急いで開く音がし、車掌が子供のような透きとおって(23)響く悲鳴をあげながら暗い夜の霧の中へ走り逃れて行った。僕は躰を屈めたまま、その幼く甲高い叫びの遠ざかって行くのを聞いた。誰もそれを追わなかった。

　あんた、もう止しなよ、と僕の背に手をかけて外国兵の女が低い声でいった。

　僕は犬のように首を振って彼女の白けた(24)表情を見あげ、またうつむいて僕の前に列なる《羊たち》と同じ姿勢を続けた。女は破れかぶれ(25)のように声をはりあげて外国兵たちの歌に合唱しはじめた。

　羊撃ち、羊撃ち、パン　　パン

　やがて、運転手が白い軍手(26)を脱ぎ、うんざりした顔でズボンをずり落して、丸まると肥った大きい尻を剝き出した。

　自動車が何台も僕らのバスの横をすりぬけて行った。霧にとざされた窓ガラスを覗きこもうとしながら行く自転車の男たちもいた。それはきわめて日常的な冬の夜ふけにすぎなかった。ただ、僕らはその冷たい空気の中へ裸の尻をさらしていたの

だ。僕らは実に長い間、そのままの姿勢でいた。そして急に、歌いつかれた外国兵たちが、女を連れてバスから降りて行ったのだ。嵐が倒れた裸木(はだかぎ)を残すように、僕ら、尻を剝き出した者たちを置きざりにして。僕らはゆっくり背を伸ばした。それは腰と背の痛みに耐える努力をともなっていた。それほど長く僕らは《羊》だったのだ。

僕は床に泥まみれの小動物のように落ちている僕の古い外套を見つめながらズボンをずりあげベルトをしめた。そしてのろのろ外套をひろい、汚れをはらい落すとうなだれたまま後部座席へ戻った。ズボンの中で僕の痛めつけられた尻は熱かった。僕は外套を着こむことを億劫(おっくう)にさえ感じるほど疲れていた。

《羊》にされた人間たちは、みんなのろのろとズボンをずりあげ、ベルトをしめて座席に戻った。

《羊たち》はうなだれ、血色の悪くなった唇を嚙んで身震いしていた。そして《羊》にされなかった者たちは、逆に上気した頰を指でふれたりしながら《羊たち》を見まもった。みんな黙りこんでいた。

僕の横へ坐った勤人はズボンの裾の汚れをはらっていた。それから彼は神経質に震える指で眼鏡をぬぐった。

《羊たち》は殆ど後部座席にかたまって坐っていた。そして、教員たち、被害を受けなかった者たちはバスの前半分に、興奮した顔をむらがらせて僕らを見ていた。運転手も僕らと並んで後部座席に坐っていた。そのまま暫(しばら)く僕らは黙りこんで待っていた。しかし何もおこりはしない。車掌の少女も帰ってこなかった。僕らには何もすることがなかった。

そして運転手が軍手をはめて、運転台へ帰って行き、バスが発車すると、バスの前半分に活気が戻ってきた。彼ら、前半

分の乗客たちは小声でささやきあい、僕ら被害者を見つめた。僕は特に教員が熱をおびた眼で僕らを見つめ、唇を震わせているのに気がついていた。僕は座席に躰をうずめ、彼らの眼からのがれるためにうなだれて眼をつむった。僕の躰の底で、屈辱が石のようにかたまり、ぶつぶつ毒の芽をあたりかまわずふきだし始めていた。

　教員が立ちあがり、後部座席まで歩いてきた。僕は顔をふせたままでいた。教員はガラス窓の横軸にしっかり躰を支えて屈みこみ勤人に話しかけた。

　あいつらひどいことをやりますねえ、と教員は感情の高ぶりに熱ぼったい声でいった。彼はバスの前部の客たち、被害をうけなかった者たちの意見を代表しているように堂どうとして熱情的だった。

　人間に対してすることじゃない。

　勤人は黙りこんだまま、うつむいて教員のレインコオトの裾を見つめていた。

　僕は黙って見ていたことを、恥ずかしいと思っているんです、と教員は優しくいった。どこか痛みませんか。

　勤人の色の悪い喉がひくひく動いた。それはこういっていた、俺の躰が痛むわけはないよ、尻を裸にされるくらいで、俺をほっておいてくれないか。しかし勤人の唇は硬く嚙みしめられたままだった。

　あいつらは、なぜあんなに熱中していたんだか僕にはわからないんです、と教員はいった。日本人を獣あつかいにして楽しむのは正常だとは思えない。

　バスの前部の席から被害を受けなかった客の一人が立って来て教員の横にならび、僕らをやはり堂どうとして熱情的な眼でのぞきこんだ。それから、前部のあらゆる席から興奮に頬を

あかくした男たちがやって来て教員たちとならび、彼らは躰をおしつけあい、むらがって僕ら《羊たち》を見おろした。

ああいうことは、このバスでたびたび起るんですか、と客の一人がいった。

新聞にも出ないからわからないけれど、と教員が答えた。始めてではないでしょう。慣れているようなやり方だったな。

女の尻をまくるのなら話はわかるが、と道路工夫⁽²⁷⁾のように頑丈な靴をはいた男が真面目に腹を立てた声でいった。男にズボンを脱がせてどうするつもりなんだろう。

厭なやつらだった。

ああいうことを黙って見逃す手はないですよ、と道路工夫らしい男はいった。黙っていたら増長して癖になる。

僕らを、兎狩りで兎を追いつめる犬たちのように囲んで、立った客たちは怒りにみちた声をあげ話し合った。そして僕ら《羊たち》は柔順にうなだれ、坐りこみ、黙って彼の言葉を浴びていた。

警官に事情を話すべきですよ、と教員が僕らに呼びかけるように、ひときわ高い声でいった。あの兵隊のいるキャンプはすぐにわかるでしょう。警察が動かなかったら、被害者が集って世論に働きかけることが出来ると思うんです。きっと今までも、被害者が黙って屈伏したから表面化しなかっただけだと僕は思う。そういう例はほかにもあります。

教員の周りで被害を受けなかった客たちが賛同の力強いざわめきを起した。しかし坐っている僕らは黙ったままうなだれていた。

警察へ届けましょう、僕は証人になります、と教員が勤人の肩に掌をふれると活気のある声でいった。彼は他の客たちの意志を躰じゅうで代表していた。

俺も証言する、と他の一人が言った。
　やりましょう、と教員はいった。ねえ、あんた達、唖みたいに黙りこんでいないで立上って下さい。
　唖、不意の唖に僕ら《羊たち》はなってしまっていたのだ。そして僕らの誰一人、口を開く努力をしようとはしなかった。僕の喉は長く歌ったあとのように乾いて、声は生れる前に融けさってしまう。そして躰の底ふかく、屈辱が鉛のように重くかたまって、僕に身動きすることさえ億劫にしていた。
　黙って耐えていることはいけないと僕は思うんです。と教員はうなだれたままの僕らに苛立っていた。僕らが黙って見ていたことも非常にいけなかった。無気力にうけいれてしまう態度は棄てるべきです。
　あいつらにも思いしらせてやらなきゃ、と教員の言葉にうなずきながら別の客がいった。我われも応援しますよ。
　しかし坐っている《羊》の誰も、彼らの励ましに答えようとはしなかった。彼らの声が透明な壁にさえぎられて聞えないように、みんな黙ってうつむいていた。
　恥をかかされたもの、はずかしめを受けた [28] 者は、団結しなければいけません。
　急激な怒りに躰を震わせて僕は教員を見上げた。《羊たち》が動揺し、それから赤い皮ジャンパアを着こんで隅にうずくまっていた《羊》が立ち上がると、青ざめて硬い顔をまっすぐに保ったまま教員につっかかっていった。彼は教員の胸ぐらを掴み、狭く開いた唇のあいだから唾を吐きとばしながら教員を睨みつけたが、彼も言葉を発することができない。教員は無抵抗に両腕をたれ驚きにみちた表情をしていた。周囲の客たちも驚きに黙りこんで男を制しようとはしなかった。男は罵りの言葉をあきらめるように首を振ると教員の顎を激しく殴りつけ

た。

　しかし勤人と、他の《羊》の一人が、倒れた教員へ跳びかかって行こうとする男の肩をだきとめると、男は急速に躰から力をぬき、ぐったりして⁽²⁹⁾席に戻った。黙ったまま勤人たちが坐ると、再び《羊たち》はみんな疲れきった小動物のようにひっそりうなだれてしまうのだ。立っていた客たちも、あいまいに黙りこんで前部の座席へ戻って行った。彼らの間でも感情の昂揚がたちまち冷却して行き、そのあとにざらざらして⁽³⁰⁾居心地の悪い滓がたまりはじめているようだった。床に倒れた教員は立ちあがると僕らをいくぶん哀しそうな眼でみつめ、それから丁寧にレインコオトをはたいた⁽³¹⁾。彼はもう誰にも話しかけようとはしなかったが、時どぎ紅潮がまだらに⁽³²⁾残っている顔をふりむいて僕らを見た。僕は殴りつけられて倒れた教員を見ることで自分の屈辱をほんの少しまぎらせようとしたことを醜いと考えたが、それが深く僕を苦しめるには、僕の躰があまりに疲れすぎていた。それに寒かった。バスの小刻みになった震動に躰をまかせながら僕は唇を嚙みしめて唾りから耐えた。

　バスは市の入口のガソリンスタンドの前でとまり、そこで勤人と僕とをのぞくすべての《羊たち》と他の乗客とが降りた。運転手が車掌のかわりに切符をうけとろうとはしないので、幾人かは小さく薄い切符を車掌の席に丸めて棄てて、降りて行った。

　バスが再び走りはじめた時、僕は教員の執拗にまといつく⁽³³⁾視線が僕にむけられているのに気がつき小さなおびえにとらえられた。教員はあきらかに僕に話しかけたがっていると感じられるのだ。そして、それをどうはぐらかして⁽³⁴⁾いいか僕にはわからない。僕は教員から顔をそむけ、躰をねじって後部の広

いガラス窓から外を覗こうとしたが、それは霧のこまかい粒でぎっしりおおわれていて、暗い鏡のように車内のすべてをぼんやり写している。そのなかに僕は、やはり熱心に僕を見つめている教員の顔を見てやりきれない苛だちにおそわれた。

次の停留所で、僕は殆ど駈けるようにしてバスを降りた。教員の前を通りぬける時、僕は首を危険な伝染を避けるために振って教員のすがりついて来る視線を振りきらねばならなかった。舗道に霧はよどんで空気は淡い密度の水のようだった。僕は外套の襟を喉にまきつけて寒さを防ぎながら、バスが霧のゆるやかなうずをまきおこして遠ざかるのを見おくり、みじめな安堵の感情を育てた。ガラスを掌でぬぐって、勤人が僕を見ようとしているのが白っぽくバスの後尾にうかんでいた。僕は、肉親と別れるような動揺を感じた、おなじ空気のなかへ裸の尻をさらした仲間。しかし僕はその賤しい親近感を恥じて、ガラス窓から眼をそらした。家の暖かい居間で僕を待っているはずの母親や妹たちの前へ帰って行くために僕は自分をたてなおさなければならなかった。僕は彼女たちから、僕の躰の奥の屈辱をかぎとられてはならない、と考えた。僕は明るい心をもった子供のように意味もなく駈けだすことにきめて外套をかたく躰にまといつけた。

ねえ、君、と僕の背後にひそんだ声がいった。ねえ、待ってくれよ。

その声が、僕から急速に去っていこうとしていた厭わしい《被害》を再び正面まで引き戻した。僕はぐったりして肩をたれた。その声がレインコオトの教員のそれであることは振りかえるまでもなくわかった。

待ってくれよ、と教員は寒さに乾いた唇を湿すために舌を覗かせてから、過度に優しい声でくりかえした。

この男から逃れることはむつかしい、という予感が僕をみたし、無気力に彼の言葉の続きを待たせた。教員は僕をすっぽりくるんでしまう奇妙な威圧感を躰にみなぎらせて微笑していた。

　君はあのことを黙ったまま耐えしのぶつもりじゃないだろう？と教員は注意深くいった。他の連中はみんなだめだけど、君だけは泣寝入りしないで戦うだろう？

　戦う？僕は驚いて、うすい皮膚の下に再び燃えあがろうとしはじめた情念をひそめている教員の顔を見つめた。それは僕をなかば慰撫し、なかば強制していた。

　君の戦いには僕が協力しますよ、と一歩踏み出して教員はいった。僕がどこにでも出て証言する。

　あいまいに頭を振って彼の申出をこばみ、歩き出そうとする僕の右脇へ教員の励ましにみちた腕がさしこまれた。

　警察に行って話そう、遅くならない方がいい。交番はすぐそこなんだ。

　僕のとまどった抵抗をおしきり、しっかりした歩調で僕をひきずる⁽³⁵⁾ように歩きながら、教員は短く笑ってつけくわえた。あすこは暖かくていいよ、僕の下宿には火の気もないんだ。

　僕らは、僕の心のなかの苛だたしい反発にもかかわらず、親し友人同士のように見える腕のくみかたで、舗道を横切り、狭い光の枠を霧の中へうかびあがらせている交番へ入って行った。

　交番には若い警官が太い書体の埋めているノオトに屈みこんでいた。彼の若わかしいうなじを赤熱したストオブがほてらせていた。

　こんばんは、と教員がいった。

警官が頭をあげ、僕を見つめた。僕は当惑して教員を見上げたが、彼はむしろ交番から僕が逃げだすのをふせぐためのように立ちふさがり僕を見つめていた。警官は充血して睡そうな眼を僕から教員にむけて固定した。それから再び僕を見かえした時警官の眼は緊張していた。彼は教員から信号をうけとったようだった。
　え？と警官が僕を見つめたまま、教員にうながした。
　どうかしましたか？
　キャンプの外国兵との問題なんです、と教員が警官の反応をためすためにゆっくりいった。被害者はこの人です。
　キャンプの？と警官は緊張していった。
　この人たちが外国兵に暴行されたんです。
　警官の眼が硬くひきしまり僕の躯じゅうをすばやく見まわした。僕は彼が、打撲傷や切傷を僕の皮膚の上に探そうとしているのがわかったが、それらはむしろ僕の皮膚の下にとどこおっているのだ。そしてそれらを僕は他人の指でかきまわされたくなかった。
　待って下さいよ、僕一人ではわからないから、と急に不安にとりつかれたように若い警官はいって立上った。
　キャンプとの問題は慎重にやりたいんです。
　警官が籐をあんだ仕切の奥へ入って行くと、教員は腕を伸ばして僕の肩にふれた。
　僕らも慎重にやろう。
　僕はうつむいてストオブからのほてりが、寒さでこわばっていた顔の皮膚をむずがゆく融かすのを感じて黙っていた。
　中年の警官は若い警官につづいて入って来る時、眼をこすりつけて眠りから脱け出る努力をしていた。それから彼は疲れた肉がたるんでいる首をふりむけて僕と教員を見つめ、椅子をす

すめた。僕はそれを無視して坐らなかった。教員は一度坐った椅子から、僕を監視するためのように、あわててまた立上った。警官たちが坐ると訊問(じんもん)の空気がかもしだされた。

キャンプの兵隊に殴られたんだって？と中年の警官がいった。

いいえ、殴られはしません、と皮ジャンパァの男に殴りつけられたあとが青黒いしみになっている自分の顎(あご)をひいて教員はいった。もっと悪質の暴行です。

どういうことなんだい、と中年の警官がいった。暴行といったところで。

教員が僕を励(はげ)ます眼で見つめたが、僕は黙っていた。

え？

バスの中で酒に酔った外国兵が、この人たちのズボンを脱がせたんです、と教員が強い調子でいった。そして裸の尻を。

差恥が熱病の発作のように僕を揺り動かした。外套のポケットの中で震えはじめた指を僕は握りしめた。

裸の尻を？と若い警官が当惑(とうわく)をあらわにしていった。

教員は僕を見つめてためらった。

傷でもつけたんですか。

指でぱたぱた叩いたんです、と教員が思いきっていった。

若い警官が笑いを耐えるために頬の筋肉をひりひりさせた。

どういうことなんだろうな、と中年の警官が好奇心にみちた眼で僕をのぞきこみながらいった。ふざけているわけじゃないでしょう？

え？僕らが。

裸の尻をぱたぱた叩いたといっても、と教員をさえぎって中年の警官はいった。死ぬわけでもないだろうし。

死にはしません、と教員が激(はげ)しくいった。しかし混雑してい

るバスの中で裸の尻を剝きだして犬のように屈まされたんだ。
　警官達が教員の語勢にけおされる(36)のが、差恥に躰を熱くしてうつむいている僕にもわかった。
　脅迫されたんですか、と若い警官が教員をなだめるようにいった。
　大きいナイフで、と教員がいった。
　キャンプの外国兵だということは確かなのですね、と熱をおびてきた声で若い警官がいった。詳しく話してみてください。
　そして教員はバスの中での事件を詳細に話した。僕はそれをうなだれて聞いていた。僕は警官たちの好奇心にみちた眼のなかで、僕が再びズボンと下ばきをずりさげられ、鳥のそれのように毛穴のぶつぶつふき出た裸の尻をささげ屈みこまされるのを感じた。
　ひどいことをやられたもんだなあ、と猥らな笑いをすでにおしかくそうとさえしないで、黄色の歯茎を剝いた中年の警官はいった。それを他の連中は黙って見ていたんだろう？
　僕は、と嚙みしめた歯の間から呻くように声を嗄らせて教員がいった。平静な気持でそれを見ていたわけじゃない。
　顎を殴られていますね、若い警官が僕から教員へ眼をうつしていった。
　いいえ、外国兵にじゃありません、と教員は不機嫌にいった。
　被害届を一応出してもらうことにしようか、と中年の警官がいった。それから、こういう事件のあつかいは丁寧に検討しないと厄介で。
　厄介なというような問題じゃないでしょう、と教員がいった。はっきり暴力ではずかしめられたんだ。泣寝入りするわけにはいかないんです。

法律上、どういうことになるか、と中年の警官は教員をさえぎっていった。君の住所と名前を聞きます。
　僕は、と教員がいった。
　あんたよりさきに、被害を受けた当人のを。
　僕は驚いて激しく首を振った。
　え？と若い警官が額に短い皺をよせていった。
　頑強に自分の名前を隠しとおさねばならない、と僕は考えた。なぜ僕は、教員にしたがって交番へ入って来たりしたのだろう。このまま疲れにおしひしがれて無気力に教員の意志のままになっていたら、僕は自分のうけた屈辱をあたりいちめんに広告し宣伝することになるだろう。
　君の住所と名前をいえよ、と教員が僕の肩に腕をまわしていった。そして告訴するんだ。
　僕は教員の腕から躰をさけたが、彼に自分が告訴する意志をもたないことを説明するためにはどうしていいかわからなかった。僕は不意の唖だった。唇を硬く嚙んだまま僕はストオブの臭いに軽い嘔気を感じ、これらすべてが早く終ればいいと苛だたしく願っていた。
　この学生だけが被害者じゃないんだから、と教員が思いなおしたようにいった。僕が証人になってこの事件を報告するという形でもいいでしょう？
　被害をうけた当人が黙っているのに、こんなあいまいな話を取りあげることはできないよ。新聞だって相手にするはずはないね、と中年の警官はいった。殺人とか傷害とかいうのじゃないんだ。裸の尻をぱたぱた叩く、そして歌う。
　若い警官がいそいで僕から顔をそむけ、笑いをかみころした。
　ねえ、君、どうしたんだ、と苛だって教員がいった。

何故君は黙ってるんだ。
　僕は顔をうつむけたまま交番から出て行こうとしたが、教員が僕の通路へまわりこみ、しっかり足をふんばって僕をさえぎった。
　ねえ、君、と彼は訴えかけるように切実な声でいった。誰か一人が、あの事件のために犠牲になる必要があるんだ。君は黙って忘れたいだろうけど、思いきって犠牲的な役割をはたしてくれ。犠牲の羊になってくれ。
　羊になる、僕は教員に腹だたしさをかりたてられたが、彼は熱心に僕の眼をのぞきこもうと努めていた。そして懇願するような、善良な表情をうかべている。僕はますますかたくなに口をつぐんだ。
　君が黙っているんじゃ、僕の立場がないよ。ねえ、どうしたんだ。
　明日にでも、と中年の警官が睨みあって沈黙した僕らを見つめながら立ちあがっていった。あんたたちの間で、はっきり話がついてから来て下さい。そうしたところで、キャンプの兵隊を起訴することになるかどうかはわからないけれどね。
　教員は警官に反発してなにかいいかけたが、警官は僕と教員の肩にぶあつい掌をおき、親しい客を送るように外へ押し出した。
　明日でも遅くないだろう？　その時には、もっと用意をととのえておいてもらう。
　僕は今夜、と教員があわてていった。
　今夜は一通り話しを聞いたじゃないか、と警官はやや感情的な声を出した。それに直接の被害者は訴える気持を持ってないんだろ？
　僕と教員とは交番を出た。交番からの光は濃くなって光沢を

おびた霧に狭く囲われていた。

　君は泣寝入りするつもりなのか？と教員が口惜しそうにいった。

　僕は黙ったまま霧の囲いの外、冷たく暗い夜のなかへ入って行った。僕は疲れきっていたし睡かった。僕は家へ帰り、妹たちと黙りこんで遅い食事をし、自分の屈辱を胸にかかえこむように背をまるめ蒲団をかぶって寝るだろう、そして夜明けには、少しは回復してもいるだろう……

　しかし、教員が僕から離れないでついて来るのだ。僕は足を早めた。教員の力のこもった靴音が僕の背のすぐ後で早くなる。僕はふりかえり、教員と短い時間、顔を見つめあった。教員は熱っぽく苛だたしい眼をしていた。霧粒（きりつぶ）が彼の眉にこびりついて光っていた。

　君はなぜ警察で黙っていたんだ、あの外国兵どもをなぜ告発しなかったんだ、と教員がいった。黙って忘れることができるのか？

　僕は教員から眼をそらし、前屈みに急いで歩きはじめた。僕は背後からついて来る教員を無視する決心をしていた。僕は顔をこわばらせる冷たい霧粒をはらいのけようともしないで歩いた。舗道の両側のあらゆる商店が燈を消し扉をとざしていた。僕と教員の靴音だけが霧にうもれて人通りのない町にひびいた。僕の家のある路地へ入るために舗道を離れる時、僕はすばやく教員を振りかえった。

　黙って誰からも自分の恥をかくしおおすつもりなら、君は卑怯だ、と振りかえる僕を待ちかまえていたように教員はいった。そういう態度は外国兵にすっかり屈伏してしまうことだ。

　僕は教員の言葉を聞く意志を持たないことを誇示（じじ）して路地へ駈けこんだが、教員は急ぎ足に僕の背へついて来るのだ。彼

は僕の家にまで入りこんで僕の名前をつきとめようとするつもりかもしれない。僕は自分の家の門燈の明るみを横眼に見て、その前を通りすぎた。路地のつきあたりを曲って、再び舗道へ出ると教員も歩調をゆるめながら僕に続いた。

君の名前と住所だけでもおしえてくれ、と教員が僕に背後から声をかけた。後から今後の戦いの方針を連絡するから。

僕は苛だちと怒りにおそわれた。しかし僕にどうすることができよう。僕の外套の肩は霧に濡れて重くなり、首すじに冷たくそれはふれた。身震いしながら僕は黙りこんで歩いた、長い間そのまま僕らは歩いた。

市の盛り場近くまで来ると、暗がりから獣のように首を伸ばして街娼が僕らを待ちかまえているのが見えた。僕は街娼をさけるために車道へ踏み出し、そのまま車道を向う側の歩道へ渡った。寒かった、僕は下腹の激しいしこり⁽³⁷⁾をもてあましていた。ためらったあと、僕はコンクリート塀の隅で放尿した。教員は僕と並んで自分も放尿しながら僕によびかけた。

おい、名前だけでもいってくれよ。僕らはあれを闇にほうむる⁽³⁸⁾ことは出来ないんだ。

霧を透して街娼が僕らを見まもっていた。僕は外套のボタンをかけ、黙ったままひきかえしはじめた。教員が僕と肩をならべた時、街娼は僕らに簡潔で卑猥な言葉をなげかけた。霧に刺戟された鼻孔の粘膜が痛み悪感がした。僕は疲れと寒さにうちひしがれていた。腓がこわばり、靴の中でふくれた足が痛んだ。

僕は教員をなじり、あるいは腕力にかけてもその理ふじん⁽³⁹⁾な追跡を拒まねばならなかったのだ。しかし僕は唖のように言葉を失い、疲れきっていた。躰をならべて歩きつづける教員にただ絶望的に腹を立てていた。

僕らは再び、僕の家への路地の前へさしかかった時、夜はすっかり更けていた。僕は蒲団にたおれふして睡りに身をまかせたい、激しい願いにとらえられた。そこを僕は通りすぎたが、それ以上遠くへ歩き離れていくことには耐えられなかった。急に湧きあふれる情念が僕をぐいぐいとらえた。
　僕は唇を噛みしめ、ふいに教員をつきとばす⁽⁴⁰⁾と、暗く細い路地へ駈けこんだ。両側の垣の中で犬が激しく吠えたてた。僕は息をあえがせ、顎をつきだし、悲鳴のような音を喉からもらしながら駈けつづけた。横腹が痛みはじめたが僕はそこを押しつけて走った。
　しかし、街燈が淡く霧を光らせている路地の曲りかどで、僕は背後から逞しい腕に肩を掴まえられたのだ。僕を抱きこむように躰をよせ教員は荒い息を吐いていた。
　そして僕も白く霧にとけこむ息を開いた口と鼻孔から吐き出した。
　今夜ずっと、この男につきまとわれて、冷たい町を歩きつづけねばならないだろう、と僕は疲れきって考えた。躰を重く無力感がみたし、その底から苛だたしい哀しみがひろがってきた。僕は最後の力をふりしぼって、教員の腕をはらいおとした⁽⁴¹⁾。しかし教員はがっしりして大きい躰を僕の前にそびえさせて、僕の逃走の意志をうけつけない。僕は教員と睨みあったまま絶望しきっていた。敗北感と哀しみが表情にあらわれてくるのをふせぐためにどうしていいかわからないのだ。
　お前は、と教員が疲れに嗄れた声を出した。どうしても名前をかくすつもりなんだな。
　僕は黙ったまま教員を睨みつけているだけで躰じゅうのあらゆる意志と力をつかっていた。
　俺はお前の名前をつきとめてやる、と教員は感情の高ぶりに

震える声でいい、急に涙を両方の怒りにみちた眼からあふれさせた。お前の名前も、お前の受けた屈辱もみんな明るみに出してやる。そして兵隊にも、お前たちにも死ぬほど恥をかかせてやる。お前の名前をつきとめるまで、俺は決してお前から離れないぞ。

　　　　　　　　　　　　　　　　　　（1958年）

☞ 注　释

(1) 吹出物（ふきでもの）／小疙瘩、小疮、疹子。

(2) ほぐされる／放松。

(3) 安堵／安心，放心。

(4) しつこい／纠缠不休，没完没了。

(5) ぶよぶよする／柔软、鼓胀的样子。

(6) ひげもじゃで／毛发长得乱蓬蓬的样子。

(7) 皮ジャンパア／皮夹克。

(8) 土工風／建筑工人模样。

(9) 体をほてらせる／感觉身体发烧。

(10) タイル張り／铺有瓷砖的。

(11) 身悶え（みもだえ）／（因痛苦）而扭动身体。

(12) こびりついて／牢牢地粘住。

(13) おそいかかり／攻击。

(14) 胸（むな）ぐら／（衣服的）前襟，前胸。

(15) ぐらぐら／摇晃，晃晃悠悠。

(16) あっけにとられる／呆若木鸡，目瞪口呆。

(17) うなだれる／低下头，垂头。

(18) かじかむ／表示手脚被冻得不能自如地运动，冻僵。

(19) うちのめす／打垮，打击。

(20) 圧しひしぐ／压碎，压得喘不过气来。

(21) おずおずする／战战兢兢，胆怯。

(22) ふんばる／双腿用力地使劲撑着站住。

(23) 透き通る／清脆。

(24) 白（しら）ける／扫兴，败兴。

(25) 破れかぶれ／自暴自弃，破罐破摔。不管不顾。

(26) 軍手（ぐんて）／军用手套。

(27) 道路工夫／道路工人。

(28) はずかしめをうけた／受辱。

(29) ぐったりする／筋疲力尽。

(30) ざらざらする／粗糙。

(31) はたく／掸，拍打。

(32) まだらに／斑驳地。

(33) まといつく／缠绕，缠上。

(34) はぐらかす／甩开，岔开。

(35) ひきずる／拖，曳，强行拉（去）。

(36) けおされる／被（声势）压倒。

(37) しこり／（肌肉）收缩发紧形成的硬块，发板。

(38) 闇にほうむる／埋葬在黑暗之中；暗暗遮掩，暗暗抹杀。

(39) 理ふじん／不讲理，无理。

(40) つきとばす／猛地推开，推倒。

(41) はらいおとす／甩开、甩掉（教员的胳膊）

作者简介

大江健三郎（1935年— ）　1935年1月31日出生于日本爱媛县。9岁时丧父，祖母也于同年去世。中学、高中一直在四国地区学习。少年时期，大江在其长兄的影响下，十分喜欢近代著名歌人正冈子规、斋藤茂吉的作品，上高中时又对法国文学产生了浓厚的兴趣。同时，他一直在阅读陀思妥耶夫斯基的作品。在这段时期里，他的想像力得到强烈的激发，使他无法在一个不允许人有巨大热情和想像的村落之中生存下去。于是他选择了"逃离"，走向东京这座大城市。1954年进入东京大学文科二类，1956年入法文科学习。翌年，发表《奇妙的工作》，受到著名评论家荒正人、平野谦的赞赏，而作为在校学生作家一举登上文坛。在东京的学习期间，他师承著名法国文学研究者、评论家渡边一夫。在这段时期里，他阅读了大量的萨特著作，学到以率真的态度对待人在环境中的选择问题、性的问题等，这些直接影响到他的文学创作。在他的第一个短篇小说集《死者的奢华》的后记里，他总结了自己的早期创作的主题，认为"思考被监禁的状态以及在封闭的大墙里生存的状态，是我一贯的主题"。1958年，他的《饲育》获得芥川奖，使他成为当时文坛的著名新人作家。同时，他还发表了著名的小说《拔苗杀息》，描写了被困在可能发生流行病的村落中的孩子们，"以丰富的意象描写了一个充满爱和友情的牧歌式的世界"。与此相反，小说《看之前跳起来》（1958）可以说是他"走向职业作家的第一步"，同时也是他"走向非牧歌式世界的第一步"。在这一作品中，他有意识地描写了"绝不跳、仅仅在看的、有气无力的青年们"，并且将这种描写作为他以后创作的一个目标。这种"向'非牧歌式现实生活的作家'转变"的努力在他的长篇《我们的时代》（1959）里得到充分的体现。1959年，大江从东京大学毕业，毕业论文的题目是《关于萨特小说中的意象》。1960年，大江参加了"安保批判会""年轻日

本会"，投入到当时的反安保斗争，并且作为第三次日本文学访华代表团的成员访问我国，受到毛泽东主席的接见。他的早期小说作品"以既有的意象与文体描写了战后青年人的虚无心情"，在以后的作品里又"总是与时俱进，极为真切地关心环境与主体，不断尝试变革自己的文体、方法，最终追求对于个人、社会、世界各个层次的灵魂救赎。"他甚至被称为"现代的正岗子规、夏目漱石"。1994年10月13日，大江获得诺贝尔文学奖，成为日本获得诺贝尔文学奖的第二人。在颁奖仪式上他发表了讲演《暧昧的日本与我》。大江是一个多产作家，每年都有新作问世。他写作的《十七岁》(1961)、《政治少年之死》(1961)、自传体长篇《来晚的青年》(1962)、中短篇小说集《性的人们》(1963)、长篇小说《个人的体验》(1964)、随笔文学《广岛笔记》(1964)、长篇小说《万延元年的美式足球》(1967)、《同时代游戏》(1979)、《听'雨树'的女人们》(1981)、《燃烧的绿树》(1993—1995)、《空翻》(1999)等都是他的优秀代表作品。他还写了不少文学批评和文学理论著作，如评论集《语言表现的状况、文学》(1976)、文学理论著作《小说的方法》(1978)、评论集《表现者 状况、文学》(1978)、《生存方式的定义——再论状况》(1985)、《为了新的文学》(1988)等。

☪ 作品简析

羊往往是温顺的、毫不反抗的、任人宰割的形象。在这部小说里，作者把一部分日本人比喻为羊，并非认为他们温顺老实，而只是想强调这些人在强暴者面前不敢反抗、任人宰割的软弱胆怯。公共汽车里那些被外国士兵强迫脱掉裤子的日本人乘客，毫无疑问他们都具有这样的性格，将他们称作"人羊"也许是最为恰当不过的，他们是人，但是却无人的血性，无人的胆量，像羊一样听任那些耀武扬威的外国士兵摆布。可以说，在小说的第一部分作者确实为读者展示了这样一些弱者，一些在强势面前失语的沉默的哑人。同时，作者还强调了一个重要的背景，这就是二战结束美军进驻日本以后，美军作为占领者为许多日本人十分畏惧的现实。那些耀武扬威的外国士兵正是这样一个现实的象征。对这样背景的强调，自然与作者试图对于外来势力长期占领日本的现实批评相关。只要对小说叙述背景有些了解，读者就不难发现这个短篇小说表现的事件的真实与可能，也就不难理解面对外国士兵那种无理的行为，车上几乎所有的日本人都不敢作声、都不敢反抗的原因。显然，大江健三郎是要对这种现状进行批评，对这些毫无血性的日本人进行批评。但是，如果仅仅从这个角度解读这个短篇，显然还是不够的。因为在这个短篇的第二、三部分的描写里还隐含着许多需要我们细细琢磨、品味的东西，还有着对于日本民族精神的反省。

小说在第二部分叙述中重点不再是外国士兵，而是车上所剩下的日本人形象。最为引人注目的是，没有成为"人羊"、没有遭到侮辱的日本人群体和遭到外国士兵侮辱的"人羊"群体的强烈对比。挤坐在车后的"人羊"们垂着头，咬着没有血色的嘴唇，浑身颤抖，默默不语。而没有成为"人羊"的那些坐在车前面的日本人则神情兴奋地注视着"人羊"们，小声低语，最终在"教师"的引导下一个个站起来，"大义凛然"，十分激动地表示他们的愤

慨，要求"人羊"们去报警、控诉外国士兵的暴行。面对这些激奋的同胞日本人，"人羊"们却一直保持沉默，成为了失语的"哑人"。最终，穿红皮夹克的"人羊"把不断鼓动"人羊"报警控诉的"教师"击倒在地，这才平静了未成为"羊"的人们激昂的情绪。其后，遭受到新的一番屈辱后的"人羊"们，又像十分疲倦的小动物一样悄悄地低垂下头，使他们遭受新的屈辱的人正是他们自己的同胞。比较起外国士兵对于自己的侮辱，被同胞目击、议论自己遭受到的屈辱，更让"人羊"们感到难以忍受，更是一种难以消除的"耻"。这也正是穿红夹克的"人羊"为什么要那样对待教师的原因，也正是看到被打倒的教师、主人公"我"为什么觉得自己的屈辱会因此而减轻的原因。在小说第二部分的描写中，外国士兵给予"人羊"的屈辱不再是作者关注的重点，而日本人内部的"耻"却成为了需要表现的重要问题。侥幸未成为"人羊"的那些人的激奋，在"人羊"看来，并不是对于他们的同情和声援，只是增添了他们的羞耻，加重了他们的内心痛苦。

　　如果说小说第二部分还和车上发生的事件多多少少有些关系，那么小说第三部分的叙述则完全脱离了事件本身，彻底转移到"我"和"教师"这两个人的关系上。"我"在小说里自始至终似乎都没有作声，面对卖笑女的骚扰，他没有作声，面对外国士兵对他的侮辱，他没敢作声，对于"教师"的号召，他仍然是没有作声……。可以说，"我"是在默不作声地承受着现实给予他的所有屈辱。这也许就是二战结束后很长一段时间里、普通日本人甚至日本知识分子的真实生存姿态。但在这点上，"教师"似乎与之完全相反，除了外国士兵在车上实施暴行的时候，他一直在用语言不停地表达自己的立场。从小说的叙述事实看，"教师"可以说始终站在现实批判的立场上，他看不惯卖笑女人的放荡和外国士兵的张狂，眼神里流露出责难弱者的目光，在外国士兵下车后号召"人羊"控告外国士兵的暴行，并且最后将"我"拉到

警察署报案,主动要做"我"的证人……。但是,小说结尾部分的"教师"的那段话却发人深思。"我一定要把你的名字、你受到的屈辱全暴露出来。而且还要让士兵、让你们都蒙受巨大耻辱。我决不离开你,直到把你的名字弄清楚。"从这段话可以看出,作者显然并没有把"教师"描写为一个对社会负责任的正义者。到此,"教师"原先对耀武扬威的外国士兵所持有的痛恨,彻底转移到现实生活中的软弱者身上,似乎让软弱者蒙受耻辱成为了他最后的目标。为了公众与正义,也因此变为了挽回个人面子。作者在这种转化过程发现了日本人精神世界的巨大弱点,无论是那些"人羊",还是未成为"人羊"的人们,抑或"教师"这样的富于"正义感"的人,在他们的精神深处都存在为个人的"耻"左右的顽症。

当然,作者在小说里不仅仅批评了日本人身上的弱点,而且还对日本的权力机构进行了讽刺与批评。小说最后部分对于警察的描写应该说是很有意味的,作为权力机构的代表,警察对外国军营的"慎重"处理,难道不是对于强势的恐惧吗?否则,警察为什么要有意无意地将报案人推出警察署呢?连权力机构都在强势面前表现软弱、感到恐惧,那又怎么能保证普通人的安全呢。由此也可以看出作者的现实批评的目光。

時　間

黒井千次

1

　――火をとめておいた方がよくはないか。
　ビールのコップを持った中腰(1)の浅井が彼の横にいた。昔のままの、浅黒い、頰骨の張った小柄な顔だった。卒業してから分厚い肉を身体につけていない数少ない顔の一つだ。このまま背広を学生服かスエター(2)に替え、靴下をとった指の長い足にゴム草履をはかせたならば、浅井の姿は今学生自治会の部屋から出てきても少しもおかしくはない。彼は、浅井の中に流れた時間を思った。長く自治委員や執行委員を歴任した割には、浅井はいつも目立たない存在だった。その頃のまま、浅井は今、ひっそりと彼の横に在った。
　――何している。
　彼は、自分の声も低く柔らかくなっていることに気づく。
　――前と同じ経理だが、今度コンピューターをいれることになってな、そちらの方をやらされておる。
　――君と電子計算機とは、およそイメイジがあわないな。
　――いや、システム作りいうんかねえ、関連部署との業務内容の変更にともなう折衝(3)で、もう苦労しとるよ(4)。誰もいうことをききはせん(5)。
　その関西訛りの柔らかな声を聞いていると、彼には浅井の「システム作り」の活動が眼にみえるように思い浮かべられた。暗い地下食堂やサッカーグラウンドの見降ろせる芝生の上で彼

の方に流れるように寄って来る浅井の言葉には、強い理論構成力とか、粘っこい説得力とかとは別の不思議な温かみがいつでもあった。その声と、その呼びかけをもって、浅井は今、コンピューター導入のためのシステム作りを行っている。それは変質なのか、一つの成長なのか。彼は鍋の中から形のなくなりかけた葱をつまみあげている浅井の横顔にちらと眼を走らせた⁽⁶⁾が、それを口に出して確かめてみようとはしなかった。俺たちはいつの間にか身体をぶつけあうことのない奇妙な思いやりの衣服を身につけてしまったものだ。浅井から離れた彼の眼は、その時座⁽⁷⁾の中央付近で立ち上がらんばかりにして昂揚した声を発している立花の赤らんだ顔に吸い寄せられた。食品メーカーの宣伝課に在籍し、最近課長になったばかりの立花は、学生運動を経て入社して来た彼の部下の考えを嘲笑していた。大学を出たばかりの彼の部下は、現在の宣伝活動を、大衆に、より良質な富を供給するために必要な情報を与える手段として考え、この企業活動を結局は大衆への奉仕として正当化しようとしているというのだ。

——ぼくたちのやっていることを、正当化なんかできやしない。ぼくはその若い奴にいってやったんです。お前は甘チョロ⁽⁸⁾だって。ぼくたちは毎日毎日大衆を騙しているんだ。より大きな利潤を手に入れるために、大衆を騙し、あおり続けているんだ。

立花は、もともとは鼻にかかった⁽⁹⁾声を、酔いのために一段と強く鼻にこもらせながら語っていた。もし現在の仕事が我々にとって意義があるとすれば、それは資本がその利潤追求のためにどれ程真剣になっているか、その中でとぎすまされた⁽¹⁰⁾技術がどのような発達をとげているかを、身をもって学びとることだけだ。

——学び取った技術を、将来、我々自身のために駆使することが出来るように。
　立花は言葉を切って手にしたビールをぐいと飲んだ。
　——本気か。
　彼は思わず立花にむけて叫んでいた。
　——本気ですよ。
　——君はまだそんなことをやる気があるのか。
　別の声があがった。立花は挑むようにその声の方に顔をねじむけた。
　——あんたみたいなのを雇っている会社は大変だね。
　——大変じゃない。会社は彼を最大限に活用して利潤をあげているのだから。
　——将来我われ自身のためにその技術を駆使できなかったとしたら、会社は丸もうけ(11)だぞ。
　——本当に、正気で(12)言っているのか。
　彼は斜め横からもう一度立花に声を投げずに居られなかった。
　——正気だよ。俺は、学生の頃と考えは少しも変わっていないつもりだよ。
　——本気なら、少なくとも課長である君にとってはアナクロ(13)の感じだし、本気でないとしたら、学びとった技術で俺たちを騙したな。
　——こんなところでみんなを騙したりするものか。
　立花の顔に真剣な表情が浮んでいるのを彼は見た。それは、怒っているようにさえ見えた。では、君自身について、君はどのような将来の具体的なコースを思い描いているのだ、とたずねようとして、彼はふと立花の表情の中に淋しげなものが漂っているのに気づいた。その時、彼は感じとったのだ。立花が騙

しているのは、何よりも自分自身なのだ。立花は、日々流れ続ける自分に対して、お前は流れてはいない、流れるようにみえてもお前は流れてはいないぞ、と懸命に声を掛け続けているのだ。おそらくは、自分のどこかでは、自分を騙していることに気づきながら。彼には、もはやそれ以上立花への質問を続けることは出来なかった。その問いが、くるりと自分にむかってはねかえって来ることを彼は恐れた。

　それは、彼が何年ぶりかで出席した寺島ゼミナールのコンパ(14)だった。コンパと言っても、常に同窓会的性格を帯びており、十数年前に卒業した彼等の期を筆頭に、若い方は在学中の現役メンバーまでを縦に集めるいわばゼミナールの年代記的会合だった。その集りは、寺島教授の持つ一貫した鋭い姿勢のためか、彼等の期の多くのものが持つ共通のある体験のためか、あるいは在学生から照射される若々しいがややまぶしすぎる強い発言のせいか、彼にその度に強烈な印象を残さずにはおかぬものだった。というより、その会合が彼に強い印象を与えるのは、そこに常に二種類の時間が存在するせいかもしれなかった。コンパに出席することによって、彼は、彼の過去を、当時と変らぬ寺島教授（変ったのは、助教授が教授になったことだけのようにしか思われなかった）と現在の学生たちという形でそこに現在形で見てとることが出来た。逆に言えば、彼は、彼の現在を、彼の過去の眼でまざまざと見てとることが出来た。だから、その場所に出かけていくことは、年とともに、多少のためらいと、同時にどこか自虐的な期待とを彼の中に抱かせるようになっていたのだ。

　ためらう自分から自らをひきはがすようにして、彼は何年振りかで会合に出席したのであった。同期の多くのものの懐かしい顔がそこにあった。しかし、それらの男たちの顔は、何年か

前の彼の記憶の中の顔よりほとんどが豊かな肉でふくれあがっていた。生きて動いている時間が、ぬめぬめと(15)男たちの顔の上を這いまわっているのを彼は感じた。

誰かが静粛を求めて一同に声をかけていた。たち上った寺島教授の度の強い眼鏡が、子供のように赤らんだ顔の上で光っている。

——ぼくに与えられた時間は十分間。ぼくは歌を歌います。最近、ぼくは一人でこればかり歌っている。

部屋の中に静まりかえった。どこかで、焦げつきそうな鍋をかきまわす音が〈ジュウ〉とした。寺島教授は目を閉じ、短い顎を自分の咽喉にすりつけるようにして歌い出していた。

——ぼくが学校終わるまで
　　何故に宮さん待たなんだ(16)……。

ほうという溜息にも似た声と、明るい笑いと、幾つかのささやきが座のあちこちに生じた。終節の部分を低く繰り返してから、教授の歌は、突然に何節かとんだ。

——ダイヤモンドに目がくれて
　　乗ってはならぬ玉の輿
　　人は身持が第一よ
　　お金はこの世のまわり物(17)

ここですよ。五番か六番かしらないが、ここを歌ってほしいんだ。これは男が女に歌っている歌だけれど、今はそうではなく、男にむかって女に歌い返してもらいたい。ダイヤモンドに目がくれて……。

教授は高くなる声を低く抑えようと努めながらその歌詞を繰り返していた。

——良くも、悪くも、寺島さんは昔と少しも変らんな。

彼の耳元で浅井の声がした。

——良くも悪くもではない。あの年になってもあれだけ変らないのは、寺島さんの一番よい所だろう。
　——ま、環境も我々とは違うけれど。
　——それはある。しかし……。
　——しかし最近はな、ゼミの学生も我々の頃とは違ってずい分減っとるらしい。
　——近代経済学か。
　——多いらしいな、そちらの方が。まあ、寺島さんの経済原論は就職してからは使えんものな。
　浅井は彼の眼をのぞきこんで笑った。恋に破れし貫一[18]は、と寺島教授の歌は進んでいた。すがるお宮をつきはなし、無念の涙はらはらと……そして教授の歌は、またダイヤモンドに目がくれてにもどっていった。
　——それもあって、少し淋しいのと違うか。
　浅井の言葉に彼は寺島教授の顔を見上げた。眼鏡の下から、驚く程大きな涙が一粒、教授の頬を伝わっている。
　——必要以上に酔っているというわけか。
　寺島教授の身体を流れていく時間を彼は思った。それは、彼等の多くが持つ時間とは異質のもののように思われた。すでに地方の税務署長を経た国税庁の課長補佐がおり、大鉄鋼メーカーの係長がおり、食品会社の宣伝課長がおり、銀行の調査役がいる彼等の間に流れた流動的な時間とは異質の固定した時間。教授は、物理的な外圧によって変れないのではない。おそらく、自分の学と結びついた、いわば内圧によって変れないのであろう。それならば、我々は何の原理によって変るのか。物理的な外圧によって変るのだ。しかし、真に外圧のみによってか。自分の内部に、滑らかに流れていく時間の方向に沿って飛び込もうとする衝動はないか。いつの間にか出来あがった生活の外皮

を傷つけまいとする本能的な配慮がうごめいてはいないか。
　教授の歌が終わった時、室内にはすでにすき焼の匂いと煙草の煙とが重苦しく充満していた。その底から、突然誰かが歌い出していた。その歌は、当然のことのように驚く程の速さで室内にひろがっていった。立とうや、やっぱり。少し狭いね。思ったより出席よかったからね。畳の上に立つと、十何年か前と全く同じように、両側から腕が伸びて自分の腕にからみつくのを彼は感じた。歌声は整然とととのっていた。それは遥か昔からの約束事ででもあったかのように、何の不思議もなく男たちの身体から流れ出していた。……寒い自治会室で急造の、字だけの下手糞なプラカードが進み出す。スクラム[19]の間で揺れていた重い鞄。風になびく旗と、リーダーの甲高い指示。身体の中を駆け抜ける微かな緊張感。乾いた咽喉をひりつかせて歌い続けた歌。あるいは、揺れないインターナショナル。下町の公会堂で開かれた政治集会に彼を導いたのは、浅井であったろう。合法集会だったのには違いないが、参会者は入口で厳密に審査されていた。浅井が受付で小さな紙片を提示し、やせた数人の男たちがそれを詳細に点検し、彼らは入場を許可される。集会が開始される時、演壇からの指示によってインターナショナルが歌われる。常と同じように、彼は何の気なしに両側の男の腕に腕をとおそうとする。いずれの腕も反応を示そうとはしない。歌は、身動きもせずに林立する男女の間から、垂直に高い天井にむけてのぼっていくのだ。
　——こういう集会では、インターはスクラムなしで歌うのだ。
　浅井の低い声。スクラムを組もうとし、肩と肩をぶつけあおうとした自分が、ひどく滑稽で幼なく感じられてしまう。学生としてしかそれを歌うことを知らなかった彼に、その歌の別の歌い方を知っている浅井が、急に重々しく見えて来る。雨が降り

続いている。人口十万足らずの地方都市の街路はまだ十分に舗装されておらず、少し横にそれると深い穴にたっぷりと泥水をたたえている。隊列は、組立工場の戸口を出る時から、すでに傘をさすことに気をとられて横のものをふりむこうともしない。片手には、出発前に渡された第何回メーデー万歳と書かれた赤いゴム風船。メーデーへの狩出しをかけた労働組合執行部への不平、適当な口実をもうけてうまくずらかった同僚への羨望、支給された手拭の材質への文句、職場代議員会で否決してしまった日当についての恨みがましい未練……。隊列は、何の緊張もなく、道の水溜りをよけながらのろのろと進んでいくだけだ。先頭の青年部のブラスバンド[20]と合唱班からおこる歌声は、隊列にひきつがれ、ひろがることなく、すぐさま道に落ち、泥靴に踏まれ、消えていく。労働者かい、これが。失うものは鉄鎖以外の何ものもない戦闘的階級の隊列かい。彼は苛立って来る。学生服の肩がぐっしょりと濡れた雨のデモ。青い鉄兜（てつかぶと）の警官隊と何メートルか距てて対峙（たいじ）したまま、冷たいアスファルトの道に痔の再発を恐れながら尻をつけ続けた坐りこみ。旗竿を横にした電車通りでの声も枯れはてた激しい蛇行（だこう）デモ――。靴音一つ揃おうともしない水ぶくれした雨の風船デモ。こんなものではなかったぞ、俺たちは……。

しかし、今、この部屋の中で太った男たちは整然と一つの美しい歌を歌い続けていた。声は迷うこともなく、一度目のリフレイン[21]の最後の〈いざ〉を間違えて二度目の高さにつきぬけるものもなく、敷かれたレールの上を走る遊園地の軌道車のように走り続けた。歌いながら、彼は自分の声が重く湿ってくるのを感じた。彼は自らを励まして声を張り上げようとした。努力すればする程、彼の中で声は空転し、歌は激しい違和感を彼の中にひきおこさずにいなかった。歌うすべての男たちによっ

て、今、歌は欺かれていた。その歌によって、男たちが欺かれていた。自分の腕と脇腹の間に、別の腕があった。それは明らかに他人の腕であった。ワイシャツの袖をとおして、右側の男の肉の生温かさが伝わって来た。激しい嫌悪と羞恥の感情が彼を襲った。腕を離したい、と彼は思った。脇腹から自分の腕をひき剥がすことによって、他人の腕を落そうとした。腕は離れなかった。隣の男の腕が彼の腕を抱いていた。腕はそのまま男から男へとつながって、部屋の男たちを一巡していた。突然、強烈な吐き気がこみあげた来た。それは胃袋からではなく、どこか更に深部から発する全身的な吐き気だった。救いを求めるように、彼は眼の前の男たちから視線を浅井に移した。固い小さな顔を天井にむけたまま、声を出しているのかいないのか、浅井は何かに耐えるようにただ唇だけを微かに動かし続けている。

　その時、一人の男が、ふっと部屋を出て行くのを彼は見た。古びた浅黄色のレインコートをつけた痩せた後姿が廊下の明りの中に鋭く浮かび、すぐ襖の陰に見えなくなった。髪から足の先まで、全体に脂気の切れたその男の後姿は、なぜか、一瞬、赤く焼けた鉄を肌に押しつける激しさで彼の中に跡を残していた。彼は浅井をふりむいた。浅井は出ていった男には気づかぬらしく、虚ろな眼を天井にむけてただ身体をゆすり続けている。

2

　その時、彼は入社年次からいえば一年先輩の下木内と、昼休みのコーヒーを飲んで会社へもどるところだった。喫茶店で、下木内は彼にしつこくゴルフを始めることをさそっていた。営業マンとしてはまさに遅まきながら[22]、どうしても不得手[23]

なスポーツにまで手をのばさざるを得ない、という下木内の決意に、半ば滑稽さを感じつつも彼は同情したが、しかし自分がそのまきぞえを食う⁽²⁴⁾ことは認めがたかった。
　——あと三日か。
　下木内は、自分たちが今はいっていくビルの高みを見上げながら、最初のコンペ⁽²⁵⁾までの日数をかぞえて呟いた。
　——勝つ心配はないだろうが、あまり下手で相手の心証を害して⁽²⁶⁾もまずいしな。
　——腰をいためないようにな。
　下木内をからかいながらビルの入口への低い階段に足をかけようとした彼の脇を、昔風の長いレインコートの襟をたてた一人の男が追い抜いていった。
　——おや。
　彼はその男の身振りにどこか見覚えがあるのに気づいた。見覚えがある、というより、むしろ積極的に自分の中にその後姿に反応するものがある。忘れていた不安を呼びさますようなものが。
　——知った人か。
　階段の上から下木内が声をかけた。その時、男はすでにビルの角を曲って消えていた。吸い寄せられるように、彼はかすかにレインコートの匂いのただよう男の跡を追い始めていた。ビルの入口を過ぎて曲ったところ、外装改修工事用の腰板⁽²⁷⁾をはられたむかいのビルの前にも、日陰になったこちらのビルの暗い壁にも、すでに長いレインコートを着た男の後姿はなかった。彼の中にぽっかりあいた一種の空虚感の中に、突然、先日の寺島ゼミの会合から立ち去った男の記憶が音たててなだれ込んで来た。
　いわば、あの会合以来潜在していた男の後姿のイメイジが、

昼休みの出会いによって一挙に意識の中に噴出して来たようだった。といっても、彼が実際には見ることの出来なかったその男の顔だちや、後姿の細部などが眼に見える形をとり始めたということではない。むしろそれは、時間がたつに従って、ますます茫漠としたものになって来ている。しかしそれとは逆に、遠ざかっていった男の後姿の形が、影絵(28)のように彼の内部にくっきりと切り抜かれて見えるのだ。不思議な空間がその男の後姿の形で静まりかえり、その静けさが彼を呼び始めるのだ。耳からきこえてくるのではないその呼びかけは、彼の中の暗く柔らかな部分にむけて静かに迫って来る。呼んでいない、俺は呼んではいないよ、と答えて身をかわそう(29)とする彼にむけて、その男の後姿からの呼びかけは正解に執拗に迫り続けた。

　子供が早く寝てしまった夜、彼は狭い居間のソファーにもたれて石油ストーブの方に足を投げ出している。網をかけたストーブに尻を押しつけるようにして美枝が毛のぬけた絨緞に夕刊をひろげてうずくまっている。

　――お茶飲む？

　新聞から顔をあげずに美枝がたずねる。いらない、とか、ほしいとかいう短い答え。電車の走る遠い音、犬の鳴く声。前のうちで牛乳瓶を外の箱にいれる音……。一つ一つの音はもっこりとふくらみかえり、危険な泡のように彼を埋めこもうとする。

　――寝ようか。

　近づいて来る形のない不安のようなもの。それから逃れようとするかのように、美枝に声をかける。曖昧な声で妻が答える。

　――寝ようよ。

寝れば、確実に朝が来る。又否応なしの時間のリズムの中に捲きこまれていくことが出来る。
　けれど、身体を動かして寝に行くのが億劫(30)だ。ソファーの背から身体を離すのが面倒だ。足の先から落ちかかっているスリッパを爪先をあげて足にはきなおすことさえしたくない――。そんな時、ふと誰かがすれ違っていくのだ。静まりかえっただるい空気を彼に押しつけるようにして。テレビの画面いっぱいの黒い背中が急激に一つの後姿へと収斂していく時のように、彼の内部にあの男の後姿がくっきりと浮かび上がる。お前は一体、誰なのだ。駆け寄って、そいつの顔をぐいとこちらにねじむけたい衝動が彼を襲う。
　――一緒に英語の本を読んだことがあったわね。
　新聞の書評にでも触発されたのか、美枝が柔らかな声をたてる。結婚してすぐの頃、一間きりのアパートで、二人で読書計画をたてたことがあった。英語を忘れてしまわないように――彼はエッセイ風なものをと思って探したが、適当なテキストがみつからず、結局美枝の主張に従ってペーパーバックス(31)のアメリカの小説を選んだ。テキストは遅々として進まなかった。俗語が多すぎて読みにくいのよ。本をかえてみようか。二人は笑いながらまた新しいペーパーバックスを二冊買った。活字が小さくて読みにくいわ。本が安っぽすぎると真剣に読まないな。本綴じ(32)のずっしり重い本を、本屋から大事に抱えて帰ったのを彼はおぼえている。いつの間にか、美枝の身体に小さな異変が起こっていた。根をつめる(33)のはよくないのではないか。今度医者にきいて来いよ。平気よ。子供が出来ても、全然おかみさんみたいになったら困るもの。階段の上での早過ぎる出血。つき添っていった病院の長いベンチ。医者の着ていた青い縦縞のワイシャツ。二度目の出血。入院。流産は

喰い止められたけれど、テキストはもう開かれなくなった。婦人雑誌を綺麗に並べた美枝の本箱の中に、今でも二冊ずつ揃って並べられている幾組かのテキスト……。

——寝るよ、もう。

彼は立ちあがる。あの学習は、結局何を彼等にもたらしたのか。ボーナスの度に購入する小ぢんまりした家具の一つと、ほとんど変らないのではなかったか。懐かしい思い出の素材を作るための小さな先行投資。今、美枝は、その資金を着実に回収しているのだ。あの本は、恐らく美枝の本箱から消えることはないだろう。俺もそれに反対なのではない。あの本を、いま再び開けというのではない。しかし、あの時あの本を開いたようにして、今ここで新しい何かを始めることは不可能なのだろうか——。

彼は充の寝ている部屋の戸をあけた。そこから流れこんだ冷たい空気が彼の身体に当った。居間から射し込む光の中で、充のふとんが小さく動くのが見えた。

3

机の上に、ずっしりと重い報告書の草稿があった。いつでも課長に提出することが出来る状態に、それはあった。大きな書類ばさみではさんだ右上の隅をもちあげれば、その指先に感じられるのは、何週間かにわたる彼の作業そのものの重さである筈だ。与えられたテーマについて、資料を集め、加工を加え、一つの構造物としてのレポートを作りあげることは、それ自身、時間さえあればそう困難な仕事ではない。事実、現在の職務についてから、彼は数多くそのようなレポートを作成しては提出してきた。それなりの役割をそれらのレポートは果して来てい

るように思われる。

　しかし、今回のレポートは、今までとどこかが少し違っていた。何故違ったのかは、自分でもはっきりわからない。最初の作業計画をたてる時期に、特に発奮したというわけでもないし、テーマが特別気にいっていたというわけでもない。作業を進めているうちに、偶然、そうなってしまったのだ。ふと思いついた一つの仮説が、彼の興味を捕えた。すると、それから離れられなくなってしまったのだ。仮説は仮説を生んで発展した。その度に、それを裏づけるための新らしい資料や、新らしい加工作業が加わった。幾度か、彼は途中で立ち止っては不安を感じた。通常ならば、作業の進め方についてその段階で課長に相談するのが順当な手順だ。しかし、彼はそれをしたくなかった。はねかえってくる指示の方向をおそれて、というより、彼は、彼の思いついた仮説を、いわば一切のノイズを排して純粋培養してみたい、という思いにとりつかれたのだ。そこから出て来るものがどのようなものであるにせよ、一度はそれをやってみたい。その結果、彼の作業は、与えられたテーマの範囲をはみ出していた。それが、レポートとして出来の良いものであるのか、悪いものであるのか、彼自身にも明確ではなかった。しかし、良かれ悪しかれ[34]、そのレポートには、彼の匂いがついてしまっていた。少なくとも、今までの自分のレポートとは違っている。彼の課から部長に提出される同僚たちの多くのレポートとも違っている。そうではない何かが、その中にあった。それが、長いレポートを書き終えた今、彼の気分を昂揚させ、彼を満足させていた。

　煙草の先端を灰皿に押しつける。ぽきりと折れるように火の部分が灰皿の底にころがる。その煙草の固さが快かった。行くぞ。彼は重いレポートをさげて課長の机に近づいた。

——出来ましたか。
　彼の気配を察して横地課長は机から顔をあげた。
　——やっと。
　彼は短く答えた。
　——見るのも相当骨が折れ⁽³⁵⁾そうだね。
　横地課長は目次の部分をざっと眺めてからぱらぱらとレポートのページをめくった。いつになく、彼はその場にいたたまれぬ⁽³⁶⁾気がした。課員のレポートを読みなれた課長の眼で、今、そのレポートを読まれたくなかった。出来ることならば、うちに持ち帰って、自分の机の、自分のスタンドの灯で読んでほしかった。
　——これはなんですか。
　課長が赤鉛筆の尖端で、あるグラフの上の一つの線を叩いていた。あ、と彼は思わず声をあげかけた。数多いグラフのなかのあまり目立たないその一枚が、その一枚の中の何げなく引かれたかにみえるその一本の鎖線が、彼の仮説の出発点となっているのだ。いかにレポートを読みつけているとはいえ、その課長の眼の素早さに彼は驚いた。その一本の線は、しかし簡単に説明出来る性質の線ではなかった。何故、そんなところに、そんな一本の線が引かれねばならなかったか。その線を引くために、彼がどれだけの時間をかけねばならなかったか。そのすべてを説明しなければ、青いセクションペーパー⁽³⁷⁾の上に鋭く光っているその一本の線を説明しつくしたことにはならない。少なくとも、そのレポートの全貌を大まかにでも掴んだ上ででなければ、その線を説明しても無駄なのだ。彼は黙っていた。横地課長の右手が、いきなり消しゴムにのびた。
　——いらないね、これは。
　消しゴムの角を立てるようにして課長はそれを持ちなおし

た。
　——待って下さい。
　彼はやっと声をたてた。
　——無駄なものは、なるべく省いた方がまとまりが良くなる(38)。
　——無駄かどうかは、考えてみないことにはわからないのです。
　——少なくとも、このグラフの中では無駄ですよ。
　——それが、わからんのです。一度、全部を読んでからにして下さい。
　横地課長は机の上に消しゴムを投げた。
　——そうしましょう。しかし、別の言い方をすれば、この線は、まずいね。
　——まずい？
　——もしこのままレポートが部外に出された時、営業部がどういう反応を示すと思います。
　横地課長のいう通りだった。彼の仮説であり、いわば独断であるその一本の線は、日夜、激しい販売競争の中で闘っている営業部門にとっては、あまりに客観的であり、批判的であり、悲観的であり、腹に据えかねる(39)ものであるに違いない。
　——それはわかります。しかし、それが無駄かどうかは別問題でしょう。
　——無駄でないとしたら、危険です。
　——危険でないレポートなど、本当は、あまり意味がないのではないですか。
　課長は初めてレポートから顔をあげた。
　——良いことを言うね。
　それから、眼鏡の奥の眼を、一層奥にひっこませた。

——あんた、この前、営業部長がうちの部長の所へ怒鳴り込んできた時のことを知っているだろう。

彼はその時のことをはっきり覚えていた。それは彼が直接まとめた資料ではなかったが、販売実績について小さな数字のミスが一つあったのだ。営業部門に必ずしも有利ではない情報を提出したその資料の販売実績上の数字ミスは、営業部長を激怒させた。

——あれとこれとは、明らかに性格が違います。

——性格は違うが、刺戟は同じですよ。

彼は眼をつぶり、大きく息を吐いた。

——一度、とおして読んで下さい。

つとめて低い声で、彼は言った。

——そうしましょう。

課長は赤鉛筆の尖端で、トレース用[40]のセクションペーパーの右肩に強いチェックの印をつけた。

——赤で書かれると、資料を青焼きする時に、そのまま出てしまうのです。

彼は抗議の声を上げた。課長がそれを知らぬ筈はない。レポートの中に、このグラフを使う気のないことは明らかだった。

——失敬。

課長は、初めて気がついたように言った。

——とにかく、部長までは是非そのままお見せ願えませんか。

彼はわざと部長席を見やりながら、課長の身体の上にのしかかって言った。

——そうしよう。

課長はレポートをとじると、それを未決書類の箱にほうりこんだ。

一つのレポートを仕上げた後の快さに包まれたまま、彼はた

まっていた小さな雑務を片付けることで日を過した。その間、時々ふと気づいては横地課長の書類箱をのぞいてみるのだが、その後まわってくる数多くの書類の中に埋没してしまったのか、彼のレポートの姿はみえないようであった。未決にも、既決にもはいっていなければ、彼の希望通りに課長はレポートを自宅へ持ち帰って読んでいるのかもしれなかった。あるいは、すでに部長のところへまわったかもしれない。しかし、そのいずれでもなく、レポートは手もつけられぬまま未決書類の堆積の中に眠っているということも十分にあり得る。一度、課長が席をはずしている際に、あの未決箱の中を洗ってみる必要がありそうだ。そう思ってみていると、課長はなかなか席をたたなかった。来客をつげる電話に呼び出されてやっと課長が席を離れた時、まるでそれを待っていたかのように部長から彼は呼ばれた。全役員の中で最も年若い取締役である原島部長の手の中に、彼のレポートは持たれていた。彼は身構えた。

——横地君と大分やったようだね。

原島部長の言葉の中に、肯定の響きがあることを彼はすばやく嗅ぎつけた。

——いや、レポート成立の背景をもっと説明しなければいけなかったのですが……。

課長をはずして部長と仕事の話をする時の快さが彼の内部にひろがり始める。

いきなれレポートを開いた部長からやつぎばやに質問がとんで来た。一つの問いは他の問いによって補強され、補足的な問いは本質的な問いへとすぐはねかえった。すると、作業過程で自分でも微かに感じていた疑問が、鋭い光に照し出されて彼の前に浮彫りにされ、それに対する一つの答えが、又他の危険な疑問へとつながっていく。ここで敗れてはならない。冷静に、

客観的に、と努力しつつも、彼は自分の仮説に基づいて垣間見た⁽⁴¹⁾一商品の需要構造の未来像にしがみつき⁽⁴²⁾、資料から帰納(きのう)的にではなく、仮説から演繹(えんえき)的に答えようとする自分をおさえることがほとんど出来なかった。部長の質問は終っていた。気がつくと、彼の未来像は、彼自身にとってレポート完成時に彼の頭にあったものよりも、その弱点も含めてはるかに輪郭の明確なものとなっていた。自らの作業についての補強すべき点について自分から発言しようとした時、それをさえぎるかのように部長はレポートから顔をあげた。

——大分この線に御執心⁽⁴³⁾のようだね。

——それが崩れれば、このレポートは一気に崩壊します。

——その言い方自身がそうですよ。

——科学的でないですか。

彼は破れかぶれで部長の顔に自分の顔を押しつけていった。部長の浅黒い顔に開かれた口が大きく横にひろがった。

——面白かった。

部長の顔はまだなかば冷やかすような笑いを浮かべながらも、その声は笑ってはいなかった。

——今までの貴方のレポートと少し違っている。自分の頭の中をさらけ出すこういう仕事を、ぼくは貴方にはしてもらいたいのです。資料の扱い方や、結論の導き方以前の問題ですよ。若い人たちのレポートは、単に技術的に、科学的すぎます。

部長の言葉に、今、彼は反対ではなかった。しかし、その言葉は、彼のこれまでの全レポートについてあてはまった。彼は部長の言葉が、今回の彼のレポートを評価すればするほど、今までのレポートに対して鋭く批判的になっていくことから逃れたかった。

——課長は、しかし、これの営業部の反応を心配して……。

——外部に出る時は、部のレポートとして出るのです。その心配は、ぼく一人がすれば良い。
　部長は横地課長の机の方をちらりと見た。つられて彼もふりむいた。課長はまだ席にもどっていない。
　——課長のいる時に渡そうと思っていたがついでだから——。
　部長は机のひき出しからハトロン紙の封筒を出し、黙ってそれを彼に渡した。商品企画部長宛に人事部長から発せられた封筒だった。彼は部長の顔を見た。部長は口を開かずに顎をしゃくって開封を求めた。封筒の中からは、今回の資格試験に、彼を課長資格候補者として受験せしめる旨が記入された書類があらわれた。タイプ印刷された文面の中に、そこだけボールペンで書かれた自分の名前がまばゆかった。
　——順からいえば、貴方は早いですよ。チャンスですからね、こういうものは。今度のようなレポートを書いてもらった時期で良かった。
　彼は黙って部長に頭をさげ、自分の机にもどった。彼には、部屋の天井がいつもより少し高く、壁が白く光を放っているように思われた。いつかはそうなるかもしれぬと思っていたものが、ようやくやって来ようとしている。まだ、合格率三分の一といわれる課長資格を獲得したわけではない。しかし部単位で来る割当人数の厳しさもあって、その受験資格を獲得すること自身が大変な競争なのだ。少なくとも、資格を獲得しただけでも一定の能力が認められたことを意味する。彼は同期に入社したメンバーの顔を思い浮かべた。一年、二年先輩の顔が身体の脇を通っていった。負けられるものではない。誇らしさとか、晴れがましさとかいうよりも、どこかスポーティな爽やかさが彼を満した。快い緊張感と闘志が、彼から日常的な落着きを奪った。ひき出しの中や机の上をひたすらに彼は整理してい

た。まだ早い午後だというのに、彼はすっかり帰り仕度を終っていた。

　——お出かけですか。

　机から顔をあげた柳瀬がきいてきた。そうではないよ、とあわてて答えながら、彼は机の前に立ちあがってしまっていた。もう一度坐りなおしても、身体がふくれあがってしまったようですぐに仕事が手につきそうにはない。彼はあてもなく部屋を出た。

　午後の廊下はひっそりとしていた。時々ドアが開いて書類ファイルや帳簿を持った人間があらわれたが、すぐこそこそと別のドアにはいって消えた。顔見知りの女事務員が軽く頭をさげて彼の横を通りぬけた。いつもより少し重々しく、彼はそれに答えていた。一つの角を曲った。見通しのきく(44)長い廊下を、三人の人影が歩いていた。喫茶店のブルーのユニフォームを着た女の子。黒い背広に黒い鞄をさげた太った男。もう一人、一番遠くに、コートらしいものを着た長身の男が遠ざかっていくように見えた。それを見た時、彼の中で何かが厭な音をたてて弾けたようだった。彼の足は無意識のうちに滑るように速度を加えていた。しかし次の角を曲った時、エレベーターホールに人影はなかった。一台のエレベーターのランプが、次々と光を手渡すようにして一階にむけて降りて行くのが見てとられた。彼は階段口に進んで耳をすませた。消火栓の赤いランプがひっそりと光っているだけだ。気のせいだったのかも知れぬ。気のせいであったとしたら、そうだったということを彼は確かめたかった。階段を一段おきに跳び降りかけて、しかし彼の足は止っていた。それが、確かめることの可能性への疑問のためか、彼の中に突然に開けたある空虚感によるものか、彼自身にもはっきりわからなかった。彼は重い足で階段をもどり始めて

いた。身体から力がぬけていた。部屋を出た時彼を支配していたあの緊張と昂揚は、今、彼の中から失われてしまったようだった。ほんの二、三分前の出来事が、彼には遥かなる以前の出来事のようにしか思われなかった。この廊下で何が起こったというのか、彼は先刻まで身体の中にあった熱い塊をよびさまそうとあせった。

4

　日曜日の澄んだ青空がカラス戸の外にひろがっていた。子供たちの声の中でも一際(ひときわ)甲高い充の声が、裏の空地の方からきこえて来る。ソファーに背をもたせかけて遅い朝食の後の休息をとりながら、彼は課長資格試験の候補にあげられたことを美枝に話すべきか否か、迷っていた。当然、彼は誰よりも先にそれを美枝に語るべきであったろう。しかし昂揚に包まれてあの部屋をとび出した直後の廊下での記憶が（正確に言えば、幻覚であったかも知れぬあの男の後姿が彼にもたらした一種の空虚感についての記憶が）、彼にそうすることをためらわせていた。一度美枝に語ってしまったならば、そして美枝の喜ぶ顔を見たならば、それですべてが決ってしまうのではないかという恐れが彼をためらわせていた。美枝は、いそいで彼がつけ加えるであろう彼の疑問と躊躇(ちゅうちょ)を、理解はするであろう。そして彼の重い気分の中に、自らの身を浸してくるであろう。しかし、この場合、彼が求めるのは、所詮、彼が抱く悩みについての一応の理解と、そのようなことを悩まねばならぬ彼への同情とにすぎぬのではないか。あの男の後姿を見る時の、内部の重い沈澱物(ちんでん)を底の方からかきひろげられていく不安までを、美枝に理解させることは不可能だった。

彼はまだ、迷う自由を失いたくなかった。美枝に語る、ということは、おそらく迷いに結着をつけることになるだろう。
　──あつくないですか。
　ダイニングキッチンから洗濯物を洗面器に山盛りにして出て来た美枝が、彼の前を通りすぎながら声をかけた。身体を動かし続けているせいか、化粧もしていないのにその顔はいきいきと赤くみえた。知りあった学生の頃、一緒に英語のテキストを読もうとした結婚直後の頃にくらべて、美枝の身体は明らかにいま肉がついていた。突然に理由もなく憂鬱になってみたり、バーゲンセールで買って来たハンドバッグを有頂天になってふりまわして見せたり、値段が安いからと遠くのスーパーマーケットから重い大根をぶらさげて来たりしながら、美枝はいつかどっしりと生活の中に根をはっていた(45)。それは、いわば彼の迷いなどとは別ものの、物質的な存在だった。しかし美枝がそうなったのは、彼と結婚し、彼と生活をともにして来た過程をとおしてであった筈だ。彼等の生活が、物質的には彼の給料で支えられてきているのだとしたら、当然それだけの重さをもって彼自身も物質的な存在でなければならぬ筈だ。俺の物質的な側面とは何か。それは、一つの企業の従業員である俺の生活であり、俺のビジネスであるに違いない。そのビジネスの真只中から生れてきたものが、今回の課長資格試験に他ならなかった。言ってみれば、この問題を美枝に告げたとしても、それは物質と物質による、一つの観念のキャッチボールに過ぎないのではなかろうか。俺も、雫のたれる洗濯物を持って、ガラス戸をしめきった部屋を大股に通りすぎる美枝のようにして試験を受けにいけばいいのではないか。晴れた空にひるがえる純白の下着のような爽やかさで、その試験を闘えばいいのではないか。

――浅井さんからよ。

　ガラス戸をあけて、美枝が一通の手紙を彼の膝に投げた。中からやや女性的ともみえる字で書かれた浅井の手紙と、一枚のガリ版ずりのチラシとがあらわれた。浅井の手紙は、彼等の同級生の一人であった三浦の最終陳述がおこなわれる裁判が来週開かれること、出来ることならば、一人の友人として裁判の傍聴に来てほしい旨が、やや遠慮がちな文章でしたためられていた。ゼミナールの中では、彼は三浦とは浅井程のつきあいはなかったが、大学のはじめの二年間の教養課程では彼と三浦とは同じクラスだった。始めにクラスの自治委員になった三浦と、彼はいつとはなしに親しくなっていた。二年目に三浦は執行委員に出て、かわりに彼が自治委員をひきついだ。自治会の前後、彼はもうほとんどクラスには顔をみせなくなっていた三浦を、寮の部屋に訪れた。ひんやりと(46)した薄暗い寮のベッドにひっくりかえり、三浦はよく赤いジャムをはさんだコッペパン(47)を囓っていた。パンを掴んだ細い指の爪にはいつも黒い垢がたまり、妙に長く見えるどこか弱々しい首筋にも、べたつきそうな汚れがこびりついていた。並んでベッドに仰向きながら、三浦と彼はよく語りあった。三浦の語り方は、子供の話し方のようにたどたどしいところがあった。痩せた身体は、すぐ折れそうにひ弱なところがあった。高い笑い声は、しゃくりあげるようにぎごちなかった。高校時代から大学まで一緒に進んだ友人たちのようにはうちとけることは出来なかったが、そして心の底では、どこか完全には信頼しきれぬものを感じながらも、しかし彼は三浦から離れることが出来なかった。経済学部に進み、寺島ゼミで一緒になってからは、ほとんど集会やデモの時以外に三浦に会うことはなくなっていた。浅井を通じて三浦の消息をきくことはあったが、彼の接触は、直接三浦には

及ばなかった。しかし、あのメーデーの前日、彼は自治会室前の暗い廊下でばったり三浦に会った。

——行くかい、明日。

昨日まで会っていたかのような口調で三浦は彼に声をかけた。その時、彼はまだ翌日のことについて決しかねていた。

——行くだろうね。

答えてから、彼は、やはり俺は行くのだな、と思った。宮城前広場の実力奪回[48]が予想されていた。そして翌日の白い午後の強烈な印象。三浦は捕えられ、率先助勢[49]と公務執行妨害で起訴された。保釈後の三浦に、彼は一、二回偶然に街で会った。どこかの団体で働いている三浦は、同じように痩せ、首筋に垢をため、同じようにどこか弱々しかった。身につかぬ[50]感じのネクタイがよじれ、くたびれたサラリーマンの印象が彼に残った。寺島ゼミのコンパにも、三浦は殆んど出席したことがなかった。時々誰かから三浦の消息に関する質問が出たが、答えはいつも同じだった。

——元気なようですよ。ええ、裁判はまだです。

そのまま、彼らの記憶の中にも、三浦は埋没してしまっていた。

チラシには、裁判所の地図と、公判の日どり、場所が記載されていた。被告人の名前の中には、彼に大学の掲示板で見覚えのあるものが幾つか見られた。三浦の名前の横に、おそらく浅井がひいたのであろうインクの線が青くのびている。彼はタイプ印刷のそのチラシをみつめた。十何年の過去が、小さな名前となってその紙面をうごめいている。彼は浅井の手紙に眼をうつした。——平日の午後だから時間の都合がつきにくいかもしれないが、もし君が行かれるのなら、むこうで会って、また話をしよう。

ガラス戸が外側から荒々しく開かれた。
　——しっかりしなさい。泣く馬鹿がいるか。やられたら、負けたっていいからぶったたいてきなさい。
　美枝に腕を摑まれた充が泣きじゃくりながら助けを求めるように彼を見上げていた。
　——ママなんて、女だけれど喧嘩の時にはもう死んだっていいと思ってかぶりついていったわよ。
　充よりも美枝の方が昂（たかぶ）っていた。充の背を風呂場の方につきとばしてから、美枝はソファーの彼をふりかえった。
　——弱くてだめね。貴方に似たのよ。
　——馬鹿言うな。
　彼は手紙を摑んだままソファーの前に立ちあがった。俺は、闘う時はいつだって闘ってきたぞ。浅井の手紙によって開かれた過去の中から、彼は声を高めて叫ぼうとした。今はどうだ——妙に重味のある問いかけの声が彼を包んだ。その包囲を突き破り誇らかに答える充実した声が、今身体の中にないことに彼は気づいた。激しい水音のはじけている風呂場の方を見やったまま、彼は再びソファーに身を沈めていた。自分の身体が、スプリング(51)のへたりかけたソファーのくぼみに次第に深くはまりこんでいくのを彼は感じた。このまま坐っていてはもはや立ちあがることが出来なくなるかもしれぬ——その時、ふっと一塊の風を押しつけるようにして何かが身体の横を通りすぎていくのを彼は感じとった。三浦の裁判の開かれる法廷であの男に会えるかもしれぬ、という思いが、彼の中をかすめた。俺はあの男に会わねばならぬ。そう考えた時、何をするという目的もなしに、彼の身体はソファーの中から起きあがっていた。

5

　東京地方裁判所七〇一号法廷前の廊下で、彼は浅井に会った。
　──よう来られたな。抜け出せた⁽⁵²⁾のか。
　浅井は色の黒い顔から白い歯をむき出すようにして笑いながら彼の方に近づいて来た。
　──急用で、半日休暇だ。
　──俺と一緒や。
　浅井は人の良さそうな顔を仰向けたまま固定させ、それから愉快そうな表情をゆっくりと顔いっぱいにひろげて見せた。
　──誰か来てるか。
　彼は法廷の入口前のベンチに集っている人々の方をうかがった。
　──寺島さんは、講義と重なってどうしても行かれんいう電話があった。後は、と、まだ俺たちだけやね。みんな忙がしいから。
　浅井は答えながら彼を一群の人々の方に導いた。浅井の声に、ひょいと三浦が気軽に振返った。
　──やあ、よく来てくれたな。
　三浦は、何年か前に冬の街で会った時と少しも変っていなかった。珍しく散髪をした直後らしかったが、その長い首筋は、やはり垢をためているように思われた。眼尻の下った人なつこい表情で笑うと、昔と全く同じどこか不器用な人形といった感じで片手をあげ、一人の女性を呼びよせた。
　──これ、女房です。
　眼の細い一人の女性が、彼にむかって静かに頭をさげていた。初めまして、と応じながら、彼は挨拶の言葉に窮していた。それは、結婚式のように華やかな場ではないし、葬式のように

悲しみの場でもない。強いていえば、あのチラシにあったような「被告と弁護人が最後の怒りと抗議をたたきつける」闘いの場であるに違いなかったが、軽い緊張に包まれながらも、そこにあるのは、はるかに落着いた雰囲気だった。

　——いつ結婚した。

　三浦の妻が頭をさげて、少し離れた時、彼は小声で三浦にきいた。

　——四年くらい前になるかね。

　三浦は眼尻の下った眼をまぶしそうにしばたたいた。

　——寺島教授が仲人をやって、俺が司会。君がまだ地方の工場におった時だな。

　浅井が横から言葉をはさんだ。結婚式の時も、きっと三浦は不器用な人形のようにぎごちなくふるまったに違いない。それは、拘置所の中でも、もし行ったとすれば新婚旅行の旅館でも、全くいつもと同じようであったのに違いない。

　しかし、開廷が告げられ、被告席から離れた彼が細い両手の指でまだ新らしい証人台の両端を摑んで立った時、何かが変化するのを彼は感じた。

　——事件の容疑で逮捕された時、私は十九歳でした。それから十五年間、私は被告です——。

　彼の坐っている場所からは、三浦の細い首筋と、乾いた頭髪と、狭くて薄い肩幅といったものしか見えない。しかし裁判長の方にむけられたその表情が、おそらくいつもとそう変ってはいないに違いないことを三浦の声から彼は感じることが出来た。違ってはいない表情のまま、しかし、三浦は、今身体ごと(53)、いつも彼の印象の中にあるどこか弱々しいところのある親しみやすい三浦とは全く異なっていた。三浦が異なったのではなかったのかもしれぬ。日常的な鈍い光の中でだけしか見

ることをしていなかった彼の中の三浦像の方が、トータルな三浦像から遠く離れてしまっていたのだ。

　——十五年の間、検察一体の名のもとに、私を調べた検察官は次々と転任して変っていった。裁判官は、この裁判を通して、何ほどかの真理を見出す喜びを感じることが出来るのかもしれぬ。しかし、被告、私には、何が残るか。たとえ裁判を通じて真理が現れ、私の無罪が明らかになったとしても、私から奪われてしまった時間はもはやもどらぬではないか。

　——十五年の間、私は変らなかった。被告には、変ることは許されなかったのです。

　検察官席にむかって、特に声をはりあげた(54)わけではなく、やや首を傾けるようにして三浦がそう述べた時、彼はそこに凝決(ぎょうけつ)している三浦の時間をまざまざと見た。十五年間、変らぬ男がそこに立っている。破滅することなしには変ることを許されなかった男、そして破滅することを拒否した男の正当な時間が、細い首筋で、しかし硬くそこに立っている。寺島教授の存在は、一つの変らぬものとしての基準であったが、いわばそれは近づく者に対してのみ、問いかけるものに対してのみ答える静かな基準であった。三浦のもつ凝結した時間は、そのように静的なものではない。彼等と同じ量、同じ速さを持つべき時間が、過去の一点から射す光の道だけにそって流れているために、見方によっては全く静止しているようにみえるという種類の時間なのだ。そして、彼等の大部分が過去において三浦と同じその光源に身体を浸していただけに、三浦の時間は、それ自体が彼等に対して攻撃的であった。三浦の時間は、常に、彼等にむかって、お前はお前の過去をどう処理するのか、お前はお前の現在をどう過去につなげ、どう未来にむけて伸ばしていくのか、と問いかけ続けるのだ。彼は眼をつぶって今の時間を

思った。彼の過去の仲間の大半は、今丸の内のビジネス街の巨大なビルの中で、霞ヶ関の官庁街のオフィスの中で働き続けているに違いない。それは、浅井からの呼びかけでたまたま傍聴席に坐っている彼の日常の姿でもあるのだ。十五年の時間を、彼を含めて、彼等は有益に過した。機構の中で、数々の経験と技術を身につけた。たとえば、このまだ新しい裁判所の建造物、建築中の高層ビル群、街路を走り続ける自動車、豊かな消費物資、景気調整、国際収支の改善、低開発国への数々の援助——それらの中のいずれかに、彼等の営みはささやかながら参画しているに違いない。そして、今ここに、それらのいずれにも断乎として参画しなかった一人の痩せた男が、十五年間の一貫した過去を彼の前につきつけている。三浦よ、お前の持つ時間は、あまりに倫理的に過ぎるのではないか。彼は自分の中で呟いてみる。閉じた視界の中では、彼はいくらでも問い返すことが出来た。お前は、服を着ているではないか。お前は、街に出れば車に乗るではないか。お前は、ビルの喫茶店に坐ってコーヒーを飲むではないか。それらの富は、俺たちの営みなしに、どうして生み出されたのだ。倫理に物を生み出すことが出来るのか。お前のその鋭くはあっても細い時間は、あまりに倫理的に過ぎるのではないか——。

しかし、眼を開けば、そこは東京地裁七〇一号法廷であった。そして、三浦は、まぎれもなく、今、被告席に立ちメーデー事件被告の最終陳述として、三浦の十五年について語っているのであった。その時間は、今、ビジネス街、官庁街で仕事を続ける彼の友人たちの十五年の時間が物質的であるのと全く同じ重さで、否、むしろ選択の自由を許されなかっただけ、それだけより確実に、物質的な時間であった。三浦自身が、被告という形の時間そのものであった。

三浦の陳述は、彼の起訴事実がどれ程証拠能力の乏しいものであるかを次々と述べたてて進んでいたが、彼はもはやそれを十分には聞いていなかった。出来ることならば、秘かに席をはずして法廷から出たかった。では何をしに、俺はここに出かけて来たのか。おそらく自分自身のために。自分自身の何かを確かめるためにこそ、彼は半日の休暇をとってここに出かけて来たのではなかったか。そうだとするならば、彼の目的はすでに達せられていた。傍聴人に背を向けて被告席に立った三浦の後姿を見た時、そして「十五年の間、私は変らなかった」という最初の言葉をきいた時、彼の目的は十分に達せられていたのだ。それは、変らないものがある、という確認ではなく、それを原点とした、変ったものの変り方についての確認だった。より変ろうとしているものの、変り方の客観化を手に入れたい、という願望であった。願いは達せられた。変貌は、醜さとして彼の中にうつし出されていた。次にあるのは、その醜さに俺は耐え得るか、という自らに対する問いであった。傍聴席に身を置いたまま、彼はその問いの重さに耐え続けねばならなかった。

　三浦の陳述が終り、法廷が休憩にはいって外に出た時、彼は激しい疲労を覚えた。すぐ後からついてきた浅井が、せかせかと煙草に火をつけてから彼に身体を近づけて来た。(55)

　――しんどいなあ。

　浅井の言葉の響きは、そのまま真っすぐに彼の身体にはいって来た。しかし、その受けとめ方で良いのか、と彼は浅井の顔を見た。

　――もし、三浦でなく俺があの時パクられていたら(56)、俺は今の三浦まで来れたろうか。彼には、〈しんどさ〉をのりこえる何かに、今具体的な形を与えることが必要だった。

——君なら、警察の方でパクりはせんだったろう。

　浅井の静かな声が、彼の顔の中心にむけて打ちこまれていた。そうだったろう。俺はあの時にいち早く逃げたのだったから。白い砂埃（すなぼこり）と催涙（さいるい）ガスの中に、〈さがるな。さがるな〉と絶叫する三浦の姿が、ポスターの絵柄のように今も彼の中にあった。そして彼自身の姿は、野牛の群れのように潰走（かいそう）する群衆の中にあったのだ。あの時からつながっているのだ。つながっているからこそ、今、俺は自分の姿を目の前に据えなおす必要があるのだ。

　——君ならどうだ。

　彼は挑むように浅井をふりむいた。浅井は眼をつぶって首を横に振った。浅井の煙草を持つ二本の指が、電子計算機のフローチャート(57)を引く指に変り、眼を細めた顔が、会議の席上でデータのコード化を説得する表情に変ってみえた。それはしかし、本当に間違っているのだろうか。彼の中を、先日完成したレポートのずっしりとした記憶が、重い光のように駆けぬけた。光の後を、彼は追おうとした。

　——しんどいよ。

　浅井はしかし、同じ調子でもう一度呟くだけだった。

　まだ法廷から出て来ない三浦の替りに、先程紹介された女性に挨拶して彼と浅井はエレベーターの方に歩き出した。病院のそれに似たあまり明るくはない廊下の果てに、向うをむいて遠ざかっていく幾つかの人影が認められたが、彼は今、それらに対して注意をむけようとはしなかった。

6

　課長資格試験の大部分の過程を、彼は夢中で過してしまった、

といってよい。その朝、出がけに彼ははじめて美枝に試験のことを告げた。試験があるの、と美枝は初め驚きの声をあげ、ついで受験資格を獲得するまでが大変な競争であるという説明をきくと、あなた課長さんとあまりうまくいかないのでしょうと表情を曇らせた(58)。資格を獲得してしまった以上は人事部の試験であり、もはや所属課長は関係ないのだ、という点を細かく説明する時間はまだあったが、彼にはそれが面倒だった。

　その試験が、自ら求めたものではなかっただけに、むこうから来たものとしてそれを受けとめることが彼には可能なようにも思われていた。むこうから訪れるものは、重い足音を持っていた。それは、日常業務のもつ騒々しくはあっても軽やかな足音ではなく、いわば企業体が前進する時にたてる足音の内部への反響のように重々しく幅広かった。法廷における三浦の最終陳述の姿が、何かをおびやかすように彼の中で鈍く揺れた。しかし、彼が生活し続ける場は、法廷ではなく、産業の場であった。被告席の三浦を見た時に受けた彼の衝撃が、傍聴人の衝撃であるとすれば、試験をむかえうつ彼は、いわば産業の場における原告であるに他ならなかった。被告三浦の持つ鋭い時間の矢は、原告である彼にむけて放たれていた。彼には、身をよけることは出来なかった。しかし、同時に、この原告と被告との間には、交差する対応関係があるのであろうかという強い疑問も彼の中にあった。その矢に当たって血を流すことは、ある意味では、彼にとって容易であった。しかし、その血そのものが、またあまりに倫理的な血なのではないかという疑問が彼の中にはあった。結論は出なかった。というより、自分でも気づかぬうちに、彼は時間切れ(59)になることを待ち続けたのかも知れなかった。

　事実、それらの逡巡(しゅんじゅん)は、全く試験が始まるまでの暇つぶし

のようなものに過ぎなかった。実際に答案用紙が配られ試験問題が提示された時、彼はそれらのためらいの一切を忘れ去っていた。管理者として要求される会社就業規則についての百を数える質問、一般的、社会的常識問題、会社製品についての商品知識、部下の管理についてのケーススタディ(60)、それらの課題を、彼はほとんど流れるように捌(さば)き続けた。ペンを握る手が湿っては次第に汗を分泌したが、それを拭うのも忘れ去っていた。現在の職務上の問題点とそれの発展的解決に関する論文試験を、与えられた時間の限度ぎりぎりまで使って彼は一気に書きあげた。それをまとめていく過程で、彼の内部に幾度も幾度も彼が先日完成したレポートのイメイジが現われては消えていった。あれは俺の仕事だ——そのイメイジを追い続けつつ、彼は熱した頭で論文を書いた。

時間切れを告げる人事課長の声が、試験場にあてられた会議室に響いた。火照(ほて)った顔をあげて彼は室内を見回した。そこには、彼と同期にはいったものの顔はまだ一つも見られなかった。営業の下木内を含む一年先輩組が、彼を除けば最も若年層だった。年功によって辛うじて受験資格を獲得したと思われる四十を過ぎた顔も幾つか認められた。なげやり(61)な顔、たかぶった顔、自嘲を浮かべた顔、力を失った顔たちが、一斉に長い緊張から解き放たれて声をあげ、煙草に火をつけた。

——お疲れ様でした。あと重役面接は、三組にわかれて第一、第二、第三の役員応接室で行います。

〈面接〉という言葉の持つ重い響きが、陽気に飛び交(か)い始めた受験者たちの声の上に鎖で編まれた網のように拡がって落ちた。

落着きの悪い時間が過ぎた。自分の名が呼ばれた時、彼はゆっくりと椅子から身体を離した。顔見知りの人事課の若い係

員が、会議室を出る彼にむかって、しっかりやってく下さいよ、と半ば冷やかすように声をかけた。笑って何か答えようとしたが、顔がこわばって気のきいた⁽⁶²⁾言葉がうまく口から出なかった。階段をのぼり、役員室があるためにいつでも人気の少ないホールを抜け、彼は役員応接室への廊下を曲った。そこで彼の足は動かなくなった。

　突き当りのガラス窓の方をむいて、逆光にくっきりと一人の男が立っていた。空気調整された新らしいビルの廊下にはいかにもそぐわぬ古びたレインコートの背を見せ、脂気のきれた髪が、窓からの光に透かされてほとんど灰色に光っている。その後姿を、彼は知っていた。しかし、その後姿は、今までのものとどこか違った姿勢を持っていた。ゼミナールのコンパの夜、下木内と一緒だった昼休みの帰途、そして幻覚であったのかもしれないある午後の長い廊下――そのいずれの時にも、その男の後姿は彼を苛立たしく誘い込むものを持っていた。いわば、それは空間に穿たれた人影の穴であり、穴の奥からの呼びかけであった。穴の彼方の不気味に黒々とした空間にひかれて彼は常に男を追った。今は違っていた。男は穴ではなく、男は突起だった。追えば逃げる穴ではなく、寄れば迫って来る突起であった。彼は動けなかった。レインコートに包まれた男の背が、脊椎を峰とする硬い物質であることを彼は感じた。その背から滲み出して来る見えない光のようなものが、廊下に立ちつくす自分の身体を包み、次第に自己の深部へと達していくのを彼は感じた。息を詰め、全筋肉に力をこめて彼は男の後姿を凝視した。男はかすかに身じろぎした。レインコートの肩が落ち、襟のむこうで首筋が軽く曲げられ、その背が突然柔らかな表情を浮かべていた。ひどく懐かしい何ものかが、いきなり音たてて彼の身体の中に流れこんできた。それが何であるか、彼には

わからなかった。わからぬままに、熱い太い流れが身体を貫いていくことだけを彼は感じた。彼の身体は、熱い流れにのって動いていた。
　——おい。
　自分の掌が、しっとり優しいレインコートの肩にむけてのびていくのを彼は見た。肩はびくりとふるえた。全く見知らぬ、まぶたのふくれた男の顔がふりむいていた。
　——高田常務を、ここで待たせて頂いてはいけませんでしょうか。
　初老の男はおどおどと彼の顔を見上げた。
　——人違いです。失礼しました。
　彼はあたふたと男から離れていた。
　四面をローズウッドの木目張りの壁[63]で囲まれた役員応接室の椅子に坐っても、彼の動揺はまだおさまらなかった。眼の前の低いソファーに、専務と人事担当常務が少し疲れた表情で仰向くように腰をおろしていた。左側の端に一人離れて、労務の担当課長が身体を固くして[64]坐っていた。質問は、人事担当常務による業務内容の質問から、きわめて柔らかな調子で始められていた。彼はつとめて大きく息を吸って、ゆっくり答えようとした。走って来たわけでもないのに、彼の息はあえぐように荒くなっていた。あの「後姿」の出現によって突如として断ち切られた筆記試験場における彼の熱中と、あの「後姿」によって彼の中に一瞬よみがえったひどく懐かしい熱い太い流れとが、ぶつかりあい、まざりあい、反撥しあい、渦の方向さえ定かではない混乱が彼の内部に溢れたようであった。日常業務についての、いわば事務的な応答の間に、彼はどうしてもその混乱を収拾してしまわねばならなかった。ほとんど彼がそれに成功しかけた時、何げない口調で人事担当常務が彼の勤続

年限を質問していた。十数年になる年限を、月数までいれて彼はすぐに答えた。

　——その間に、君は変ったかね。

　奇妙な質問だった。何のことをたずねているのかを、彼はまず確かめねばならなかったのであろう。この問いは、他の誰に対しても同じようになされた問いであったのか、彼だけにむけて狙い打ち⁽⁶⁵⁾に放たれたものであるのか、または、〈年をとりました〉というような回答で笑って逃げられる種類のものであるのか。しかし、彼はそれをしなかった。そうしようとする前に、その問いは、突然、彼自らの自らに対する問いかけとして、ようやくおさまりかけた彼の混乱の中心点で爆発したかのようだった。人事担当常務の背後の黒ずんだ木目張りの壁の中に、彼は逆光の窓辺に立ったあの「後姿」をはっきりと見た。

　——変っていないと、まずいでしょうか。

　半ば自分にむけて彼は反問していた。人事担当常務の顔色がかすかに動いた。

　——どういう意味ですか。

　ソファーの奥から常務は身体を起して来た。その動きにひきずられるようにして、あの「後姿」が彼の内部で熱く動き始めるのを感じた。

　——変らないですむものなら、変らずにすませたいと思います。

　ぎりぎりの境界線上を爪先立って⁽⁶⁶⁾歩き続ける自分を彼は感じた。

　——変らずにすまないとすれば。

　執拗に常務は彼を追ってきた。

　——おそらく、かわらずには、すまないでしょう。

　——で、君は変るわけだね。

常務の質問は、いつか過去形から現在形に変り、今や、事実をではなく、彼の意志を確かめていた。彼は眼をつぶってうつむいた。ゆっくり細く息を吐いていくと、彼の中に、突然その場の緊張感とはおよそかけ離れた、のどかな空虚感が嘘のようにぽかりと(67)口を開いた。その穴の中から、充の少し鼻にかかった高い声がきこえて来る。声は歌っていた。
　あーずき　　あずき
　にえたかどうだか
　たべてみろ
　声はふくらんで何人かの子供たちの歌にひろがっている。歌声はぐるぐるまわっている。
　ムシャ　ムシャ　ムシャ(68)
　もうにえた
　とだなにしまって　おきましょう
　歌いながら、輪になった子供たちは、真ん中にしゃがみこんでいる鬼を見えない戸棚の方に運んでいく。俺は今、何を考えているのだろう。この細い息を吐き終るまでに、俺は答えなければならないのに。しかし、声は休むことをせずにきこえ続けるのだ。
　ごはんをたべて
　ムシャ　ムシャ　ムシャ
　他の子供たちにあわせて、充は小さな左の掌を上に向け、右手の揃えた指先でその上のものをいそいで口にかきこむ真似をする。ドッコイショ、もう寝ましょ。煮られたあずきは戸棚の中にひっそり身をひそめている。俺にはまだ吐く息がある。夜の時間がたっていく。ジュージ(69)、ジューイチジ、ジューニジ、トントン、なんのおと、かぜのおと、なーんだ、トントン、なんのおと、子供たちは鬼のまわりを手をつないでまわり

ながら、少しずつ緊張しはじめる。もう少しだ。もう少しで俺の吐く息は終わりをつげる。イチージ、ニージ、サンジ。
　トントン
　なんのおと
　ねずみのおと
　なーんだ
　トントン
　なんのおと
　オバケェー！
　突然変質して立ちあがった鬼は、悲鳴と喚声をあげて逃げ散らばっていく子供たちを一目散に(70)追いかける——。あずきだ。俺は戸棚の中に息を潜めている夜のあずきだ。息がなくなっている。胸が裏がえしになり、鼻の奥の肉が盛り上がってくる。
　——オバケェー！
　彼は突然立ちあがって叫んでいた。目をまんまるく見開き、口を三角形にあけ、両手を指いっぱいにひろげて顔の両側にあげ。——彼はそうはしなかった。椅子の上に坐り続けたまま、子供たちの声は消えていた。しかし、身体中の息を一度すべて吐くことによって、彼の中には予期せぬ静けさが生れていた。
　——変りたくはないようです。
　彼は自分の声が低く静かに流れていくのをきいた。
　——なぜ。
　——そういう奴が多すぎます。
　——多数は正義ではない、というわけだ。
　常務は彼の方に顎をしゃくり、初めて重々しい笑いをみせた。
　——君は、今の仕事は、面白いのかね。

常務とのやりとりをソファーに身を沈めて⁽⁷¹⁾きいていた専務が、手にした書類から眼だけをあげてたずねた。
　——仕事は、面白いと思います。
　彼は少し考えてから答えた。先日完成したレポートの重みが、彼の中にはずっしりとあった。部屋の中に沈黙が生れた。誰もたずねず、誰も答えなかった。
　人事担当常務は、まだかすかに笑いの残っている顔に眼鏡をかけ、脇の専務をうかがってから、労務担当課長に、いいよ、と告げた。
　帰りの廊下で、彼は緊張しきった次の面接者とすれちがった。廊下の角を曲る時、彼は先刻の窓辺をふりかえらずにはいられなかった。そこには、しかし、厚いガラスをはめこまれた夕暮の窓があるだけだった。彼は、何かをなし終えた後の静かな身体でゆっくりとその窓まで歩いていった。窓の外には、光を放ち始めた重々しいビル群が夕暮の中にひろがっていた。

7

　ドアが開いて、一つの新らしい机が運びこまれて来た。その机は肱付⁽⁷²⁾のゆったりした椅子を持っていた。横地課長の指示のもとに、机の配置は一つのパズル⁽⁷³⁾のように移動され、新らしい机は課長机の脇にぴたりと並べて据えられた。
　数日前、課長立会い⁽⁷⁴⁾で原島部長から一通の辞令を手渡された時、彼は激しい衝撃を受け、ついで身体の機能が外部の要因によって突然中断された時に似た、生理的な不快と嫌悪感に満ちた困惑におちた。それが漸くしずまった時、彼の内部には〈やられた〉という実感のみが苦く残った。
　辞令は彼に、彼が課長資格試験に合格したこと、彼を課長心

得待遇(75)とすること、したがって、六ヵ月後に彼をいずれかのセクションの課長に任ずることを告げていた。彼の予測の限りでは起こり得ぬことがそこに起っていた。おそらく人事部は、あの重役面接にも関わらず、彼が〈変る〉に違いないことを確信したのだ。あるいは、確信ではなく、それは一つの賭け(76)であるのかもしれない。しかし、少なくとも分の悪い賭けではない、という判断を下したのだ。この魚は、遠からず餌につくに違いない、と。俺は捕われてしまったのだろうか。彼は身体のどこかを駆け抜けていく不安を感じた。〈甘くみるな〉という苛立たしい怒りがその不安の影を追っていった。しかし、そのような彼の内部の動揺には関係なく、彼の外側には既成事実の石が刻々と積みあげられていた。

　——お別れだわね。

　机を並べていた彼のアシスタントであった千野が、彼の机のあった場所に筋をなして残っている埃を手早く掃き集めながら彼に言った。その声には、千野がいつも叩く(77)軽口(78)とはやや異った硬い響きがあるのを彼は感じた。

　——仕方がないだろう。

　彼はとがった声で答えていた。腰をかがめてほうきを使う千野の後ろに立って、彼は課長机の脇に置かれた同じ大きさの新らしい机をみつめた。

　——おめでとうございます。

　おきなおった千野が、塵取りを持ったまましなを作って(79)頭をさげてみせた。俺のせいではない。そいつはむこうから来たのだ。まるで交通事故のように——。その苛立たしく赤黒い自己弁明を思わず口から出そうとした時、十年近くも前の一つの言葉が突然おどり出して彼を打った。——汝もか、ブルータス(80)！それは流行歌のうまい現場出身の労組執行委員の言葉

だった。本社への彼の転勤を送る送別会の席上、いつも頭をポマード⁽⁸¹⁾で光らせているその執行委員は、両手を拡げ、酒に酔った顔をそば屋の二階の低い天井にむけて、そう叫んだのだ。その頃、彼は労働組合で組織した賃金学習会のチューター⁽⁸²⁾として、大学時代のノートをひき出してはテキストを作り、なぜ生産設備は価値を生まないのかと質問する若いプレス工と論戦し、生理休暇を労働価値説からどう説明するかに頭をひねっていた⁽⁸³⁾。本社への転勤は、彼が激しく求めたものではなかったが、しかしそれは彼にとって甘美な人事異動であった。その異動には、これ以上彼を工場に置かぬように、との会社側の配慮があったのかもしれないが、それを問うことなく、彼は本社勤務という快い呼び声に無条件に応じていた。

　——汝もか、ブルータス！

　酒に酔っているとはいえ、その若い執行委員の大げさな叫びを、著しくきざな⁽⁸⁴⁾ものとして彼は感じとらずには居られなかった。それは、言いようもなく不快な印象を彼に与えた。しかしその不快さの中には、きざであったとはいえ、正確に彼のその時の姿勢を言い当てられたことへの反撥が多く含まれていたことも、彼は認めねばならなかった。その夜のそば屋のすすけた天井と、あまり明るくはない赤茶けた電球の光とが、今彼の中に重く揺れていた。

　机の移動は終って、部屋の中はどこか落着かない部分を残しながらも日常の空気にもどり始めていた。

　新しい机は、横地課長の机の横に静まりかえっている。それは、机というより、ひどく無機質の、一つの位置そのもののように彼にはみえた。新らしい机から逃れるように彼は部屋を出た。どこにも彼の行き先はなかった。長い廊下を、しかし彼は歩き続けた。幻覚でもよかった。人違いでもよかった。彼は

今、あの男の後姿を求めていた。それに呼びかけ、それに問いかけることによって、彼は現在の自分を確かめたかった。花を活けられた受付の机があった。その前にきっちりと姿勢を正している女の子の姿があった。光る窓があり、開くドアがあり、出入りする人影があったが、そのどこにもあの男の後姿は見えなかった。一巡してしまえば、もはや彼の帰るところは自分の部屋しかなかった。重い足で、彼は自分の部屋への角をまがった。

　——よかったな。お互いに。

　そこに待ち構えていたかのように下木内の顔があった。その顔は、内側から何かがほころびて来るような光を持っている。

　——まあ、な。

　彼は曖昧な声を立てた。下木内は彼を強引に地下の喫茶店に誘った。下木内は饒舌だった。課長心得になることによって給料が幾ら上るか、ボーナスの配分がどうなるか、課長に正式に任命される場合の配属の先例がどうか、などについての情報をたて続け[85]にしゃべった。下木内の身体の中を今吹きぬけている風の単純な爽やかさが、彼にはうらやましかった。その風が、彼の中に全く吹いていないとはいい難かった。たとえば、下木内が告げた給料の上げ幅等は、彼にとってもやはり甘美な匂いを放つ風であることに違いなかった。しかし、その風が甘美であればあるだけ、彼の中には躊躇があった。

　——ゴルフはどうした。

　自分の中の、どこか曖昧な躊躇から逃れ出るために彼は話題をかえようとした。

　——あんた、大変なものを書いたな。

　下木内は、突然何かを思い出したように彼の質問を無視して

高い声をあげた。

——レポートだよ。今度の。

下木内の声は、今までの話題が持っていた一種の陽気さをまだそのままひきずっている。

——レポートがどうした。

彼は自分の声が思わず強くなるのを感じた。

——営業では大分問題になっている。

下木内は、彼のレポートの考え方を全面的に認めると結局現在の営業方針は間違っているという結論に到達せざるを得ないこと、営業としては、それを認めることは到底出来ないと考えていることを彼に告げた。

彼は自分のうちこんだ弾(たま)がずしんと響く(86)手応えで標的にぶつかるのを感じた。

——営業にとっては、明日から早速ひびく(87)問題だからな。

下木内の声にはかすかなかげりがあらわれていた。

——風当たりが強くなりそうだぞ。あのレポートには個人名がはいっているし……。

下木内の言葉をききながら、彼はレポートが完成した時の横地課長の警告を思い浮かべていた。原島部長の評価も思い出された。彼は、自分のレポートが、今、ようやく一つの生命を得てうごめき始めるのを感じた。下木内の心配そうな視線を黙殺して彼はクッションの良い椅子から立ちあがっていた。

階段を一段おきに跳び上って部屋にもどった彼を、新らしい机が置かれたために壁際に少しずれた課長席から横地課長が呼んでいた。

——ま、坐って、どうぞ。

机の脇に立つ彼に、課長は自分で椅子をひき出してすすめた。

——来週の三日間、新任課長資格者の泊まり込み講習会ですよ。

管理者の心構え⁽⁸⁸⁾と労務管理教育みたいなもので、きつい奴だがね。

　課長は新しい机の上に講習日程の書類をひろげてみせた。

　——それから、部長とも相談して、近く貴方の昇格祝いの会をこの部の課長たちでやるからね、いつ頃がいいですか。

　課長は手帳を出してそれをめくり始めた。千野が受話器をふりあげて、もとの机の位置から彼の名を呼んでいた。彼は逃げ出すように課長を離れて受話器を摑んだ。電話の中からは、思いがけずに柔らかくこもった感じの浅井の声がのぼって来た。

　——どうしとる。

　——どうもこうもないよ。

　彼は湿った声をたてながら、ほっとして思わず苦笑した。浅井は、寺島教授が来月から交換教授の形で二年程イギリスに行くこと、そのため、今年のゼミナールのコンパは急に繰りあげて今月の末に送別会の形でやることになったのだが、日の都合がつくだろうか、とたずねていた。

　——都合もくそもない⁽⁸⁹⁾。必ず出席する。

　彼は思わず意気こんだ強い声で答えていた。

　——えらい、はっとる⁽⁹⁰⁾なあ。

　浅井の声が電話の中で柔らかく笑った。そこにいけば、俺はあの男に会うことが出来るだろう。人違いでも、幻覚でもない、俺と生身でぶつかりあうことの出来るあの男とむかいあうことが出来るに違いない。そこで、俺は、この混乱してしまった俺をかきわけて、本当の俺にめぐりあうことになるだろう。この押しつけられた事実と、それに対する防衛的姿勢である現在の中途はんぱな「猶予(ゆうよ)」の状態から俺はぬけ出ることになるだろう。彼は両手でゆっくりと受話器をかけると、新らしい自分の机にむかってもどっていった。

8

　課長机の上で電話が鳴っていた。彼は不在の横地課長のかわりに手をのばしてその電話をとった。受話器の中で響いているのは、甲高い営業部長の声だった。
　──原島部長は出張のようだが、横地君いるかね。
　その声は明らかに苛立っていた。課長が席をはずしている旨を答える彼に、営業部長は、横地課長をすぐにさがして次のものと一緒にただちに営業部長のもとに来るように、と彼の名をあげて電話をきった。要件はわかっていた。課長をさがしに行かせてから、彼は今回のレポートの説明のために必要な書類のファイルを一かかえ机の上に積みあげた。
　──何の件だろう。
　あわてて帰ってきた横地課長は、彼がかかえあげた書類の束をみてたずねた。
　──多分、今度のレポートの件と思います。
　課長はにわかに表情をくもらせた。
　──こういう時に部長が出張というのは……。
　横地課長は自分の机の前でぐずぐずとひき出しをあけたりしめたりした。
　──行きますよ。
　彼は横地課長にかまわず何冊かのファイルを脇にかかえて大股に歩き出した。
　営業部長室には、地区担当別の何人かの営業課長が集められ、会議の最中らしかった。
　──うるさい人だから、言葉づかいに注意しろよ。
　部屋にはいる時、横地課長が小声で彼に注意した。黒板には、彼がレポートの中で作成したグラフが、乱暴な白黒の字で写さ

れていた。しかし、その写し方が、数値の上で微妙に変動していることに、彼はすぐ気づいた。
　——このレポートは、君が書いたものですね。
　営業部長は、自分の前に広げられている報告書をいらだたしげにはずした眼鏡で叩きながら彼の顔を見た。
　——はい、私どもの……。
　横地課長が何か言いかけようとした時、再び営業部長の甲高い声が響いた。
　——これはどういうつもりで書いたものなの。
　彼は営業部長の質問の意味がわからなかった。ためらう彼に、たてつづけに質問がとんできた。そのすべてがピントはずれであるということは決してなかったが、しかしレポートの受けとめ方が著しく営業部的な視野(しや)に限られていることも間違いないことだった。彼は冷静になろうとつとめながら、かなり感情的になっている営業部長の甲高い声に次第にまきこまれ始めていた。
　——部長、当社の営業部があって、それから市場があるのではなく、マーケットがあるから我々の営業も成立しているのだと思いますが。
　何度目かの全く同じ説明をくりかえさせられた時、彼は声をたかめて言っていた。
　——需要は我々がつくり出すものだということを、君は知らんか。
　——需要はつくり出すものではあるでしょうが、それはトータルマッケティング(91)にもとづく商品計画から出発しなければならぬ筋合いのものでしょう。私には、うちの営業部門が需要をつくり出すことが出来るとは、とても考えられません。
　部長の顔色が変っていた。横地課長が机の下で激しく彼をつ

いた。
　——原島さんが甘やかすから、君たちのセクションはみなそういう口のきき方をするようになる。課長にもならんうちに(92)、大そうな口を叩く(93)な。
　——課長になればいいのですか。
　買い言葉(94)のようにして彼はききかえしていた。
　——課長程度の苦労もしらんで、という意味だ。君はうちの営業課長の諸君が、毎日どれ程苦労して営業活動を展開しているか、考えてみたことがあるか。
　取締役営業部長は、音たてて彼の報告書プリントを閉じていた。
　——原島さんにはぼくから話しておくが、こういうレポートを営業部門への何の相談もなしに出されることは大変迷惑だ。原島さんの意見をきいてからにするが、レポートの回収か、一部修正をしてもらうことになるかもしれんからね。
　——それは必要ないと思います。私たちのセクションが、いちいち関連部署の顔色をうかがってレポートを出していたのでは仕事になりません。手続きを経てオーソライズ(95)されて出されたレポートは、それが検討材料とされることに意味があるのではないですか。原島部長の御意見も同じだ思います。
　——それを原島君に聞く、とぼくは言っているのだ。一担当の君の意見を聞いているのではない。
　横地課長の身体が、彼をおしのけるようにしてのり出して来た。
　——部長が出張中で、申し訳ありません。どうも、担当が御迷惑おかけして、本当に失礼いたしました。原島部長がもどりましたら、早速……。
　横地課長はひたすらに頭をさげ、彼をうながして部屋を出よ

うとした。立ちあがった彼の眼に、黒板のグラフがうつった。営業部長とのやりとりを経た後の眼でそのグラフを見ると、先刻は気づかなかった彼の作ったグラフとの数値上の微妙な変動の狙いが彼には明瞭に読みとることが出来た。それは営業部門用のソフト化がなされたグラフだった。しかし、その加工を加えられることによって、彼のレポートの狙いの大半が殺されてしまうことも明らかだった。

　——最後につけ加えさせて下さい。黒板のグラフは間違っています。その程度の数値の変化で、場合によっては逆の結論が出てくる事もあり得ます。私があのグラフの中で……。

　——レポートの議論はもうすんだ。

　営業部長は黒板をふりむきもせずに答えた。彼の身体は、横地課長に押し出されるようにして営業部長室から外に出ていた。出がけに、彼は営業課長が並んでいる会議机の一番隅に、身体を小さくして下木内が列席していることに初めて気づいた。

　廊下を部屋にむけてもどりながら、横地課長はうつむいたまま何も言わなかった。

　——原島部長は、対外的には俺が責任を持つと言われたのですから。

　彼は横地課長を慰めるように声をかけた。

　——あの時、私が思ったとおりだよ。

　たしかにその通りだった。だからその時に原島部長が、と言いかけた彼に、横地課長は急に強く低い声で言った。

　——うちの部長と、営業部長と、どちらが順位が上かは、君も知ってるだろう。

　その関係は、言われてみれば彼にも理解は出来ないわけではなかった。しかし、そのような配慮とは無関係に、彼は、自分

の作りあげたレポートが、今もなお営業部長の机の上にのせられていることを思った。その数十ページのガリ版刷りのレポートが、あの一枚のグラフを中心にして内側から次第に熱く光り始めるのを彼は感じた。あれは俺のレポートだ。あの光を弱めることも、消すことも俺には出来ない。彼は横地課長の先に立って自分の部屋に荒々しくはいっていった。

9

　コンパの前日になると、やはり彼は落着かなかった。あの後姿の男と会えるだろうという予想が、彼の中にかすかな不安と緊張感とをもたらしていた。しかし、あの男を求め、あの男と会いに行くという彼の姿勢の中に、微かな変化が生れていることにも彼は気づいていた。その姿勢は、いわば、悲鳴をあげながらも自虐的に自らをその男の前に突き出していくというものから、次第に対決といえるものへ変りつつあるようであった。
　彼がそれに気づいたのは、甲高い声をもつ営業部長とぶつかりあったその後からであった。
　——あんた、むちゃだな。驚いたよ。
　それ以来初めて会った時、下木内は彼を非難するようにそういった。
　——あんなやり方は、うまくないぜ。
　言われてみれば、そうかもしれなかった。自分でも、営業部長に呼びつけられた席上で、なぜ自分があのような口のきき方をしてしまったのかについては、彼自身もよくわからなかった。しかし、やりとりの内容について言えば、これは明確なことだった。本社組織内部の、営業というラインの機能と、彼の属するスタッフの機能とが別のものである以上、そこに意見の対立が

あるのは当然のことだった。そして、自らの立場から自説を主張するのは、相手が誰であれ、また当然のことであった。それ以外に、彼の仕事はない、とも言えた。そして何よりも、彼の作りあげたあのレポートが、その彼の考え方を彼の背後から強く支え、彼が後退することを許さなかったのだ。

　——理屈はそうなる。しかし、今は大事な時だよ。

　——なにが。

　彼は下木内の言葉の意味がわからなかった。声をおとして、下木内は、課長心得というのはまだ課長ではないこと、それはいわば身分不定の試傭員のようなものであり、原則として六ヵ月以内に課長に任命されることになっているが、その間にどこかから強硬な反対意見が出されれば、いつまでも課長心得のままの宙ぶらりんな(96)状態が続くこともありうること、事実、二年程前にそういうケースが発生し、その男は遂に万年課長心得に耐え切れずに会社をやめてしまったことを彼に告げた。

　——おとなしくして、先ず課長になるのが先だと思うね。

　そういう下木内の顔を見ていると、彼の中に先日の会議の末席に身体を小さくして連っていた下木内の姿が浮かんで来た。

　——その理屈はわかる。しかし、そうすることによって、自分の為した仕事が歪められたり、否定されたりする場合はどうなるんだ。

　彼は下木内の顔を力をこめて見返した。

　——そういうことも、たまにはあるかもしれん。耐えるのさ。目的と手段はわけて考えるべきだろう。

　——待ってくれ。目的というのは、課長になることか。

　——当面はな。そうしなければ、より良い仕事も出来ないだろうが。

——逆ではないかね。良い仕事の結果が課長という形で返ってくる。
　——そういえば循環していることになる。
　——ごまかしてはいかん。目的というのは、常に仕事の中身、仕事そのものだろう。
　彼は、あのレポートを完成した時の重い充実感が、今も身体の中に熱く動いているのを感じとることが出来た。
　——そんなに俺たちは勤勉かね。
　下木内は営業マンらしく大げさな身振りで答えた。彼は下木内に身をかわされたのを感じたが、それ以上彼を追いつめようとはしなかった。
　しかし、下木内の現実論が、実際には企業の中で通用する言語なのかもしれなかった。彼がひそかに頼りにしていた原島部長は、出張から帰って横地課長の報告をきいたが、そのまま彼の方には何の連絡もしなかった。しびれをきらして(97)彼は原島部長の答えを直接確かめにいった。予想されたことだ、私にまかしておいて下さい、という強い部長の言葉を彼は期待していた。原島部長は、営業部長との折衝のことについては全くふれず、ただ、会社も今、ちょっとむずかしい所にさしかかってきたからね、と短く答えただけだった。だから本質的なことを今こそ徹底して……と言いかけた彼に、かぶせるようにして、そのうち貴方に連絡しますよ、と言ったまま席をたった。少なくとも、それは最初に彼のレポートをとりあげた時の部長の態度とは異っていた。横地課長は、この件に関しては明らかに逃げていた。彼は孤立無援だった。そうなればなる程、彼は自力であのレポートを守りとおさねばならぬ、と強く思った。
　その企業の中での姿勢が、寺島ゼミのコンパを明日に控えた彼の中に、微妙に反映していた。それは、あの男の後姿を考え

る彼の姿勢にも、かすかな変化をもたらし、それが彼の緊張感を一層強めていた。こわばった身体で、彼は自分の家へむかう最後の路地を折れた。大きく深呼吸してから、彼はチャイムの白いボタンを押した。椅子のずれる音と、板の間をかけて来る充のトントン弾む足音とがきこえた。鍵がまわされ、彼がドアを開けた時、はだしのまま土間から上にとび上る充の丸い背中が見えた。意外に早く帰って来た父親を見て、充ははしゃぎまわりながら台所の方に走っていった。

――早かったわね。

まだエプロンをつけたままの美枝が火照った顔をのぞかせた。疲れたよ、と言って彼は上衣だけとるとバネのゆるくなったソファーにぐったりと腰をおろした。家の中にはいると、疲れが急にしみ出してくるようであった。

――ちょうど始まるとこだから、早く着換えて、一緒にお食事しましょうよ。

美枝の声にひきずられて、彼はやっと立ち上った。ビニイル製の白い刀をやたらに振りまわす充を押しのけながら、彼は小さな洋服箪笥のある次の部屋に踏みこんだ。洋服箪笥の前に、ちょうど両開きの戸をおさえるような形で一つの茶箱が置かれていた。茶箱の上に、浅黄色の衣類が崩れた形でのせられていた。彼の手は、無意識にそれを摑んで目の高さにぶらさげていた。古びたレインコートだった。

――これはなんだい。

彼の声は思わず高くなっていた。

――ごめんなさい。服の入れ替えが終らなかったものだから。

部屋にはいって来た美枝が、気軽に彼の手からレインコートを受け取ろうとした。

――いや、これはなんだ、ときいているのだ。

彼はすばやく手をひいて、変色しかかっている一着の古いレインコートをもう一度自分の脇に吊りさげてみせた。
　——むかし、貴方がずうっと着ていたレインコートよ。
　——学生の頃からだな。
　——たしかそうよ。
　彼はそのレインコートを両手で握りしめてみた。長い間しっとり濡(ぬ)れて眠りこんでいたかのようにコートはひんやり冷たい。襟(えり)の折り目には黒ずんだ脂がにじみ、裏地の格子縞(こうしじま)は柄さえぼけている。何度もクリーニングに出し、防水しなおし、それでも布地が弱ってしまったためか雨に当ると半透明のしみを浮かべてすぐ水分を吸収してしまうあのコートだ。植込みにつつじが咲き誇っていた四月の雨の日、銀杏の重い緑に降った雨の大学祭、傘で顔をかくすようにしてひそかな会合に出かけていった雨の夜、そして、たしか地方工場の雨にたたられたメーデーにも着ていったあのコートだ。彼はそのコートに袖をとおした。重いコートだった。ゆっくり、大きなボタンをかけていく。襟をたて、両手をポケットにさしこむ。
　——むかしのコートは長かったわね。
　美枝が目を細めるようにして呟いた。そういえば、このコートの襟をたて、何度も美枝に会ったことがある筈だ。会う度に、美枝はその前別れてから後でおこったことを、一気にしゃべらずには気がすまなかった。その細い少女が、今エプロンをつけた妻としてそこに立っている。下から充が何かをうるさく問いかけてくる。ガス台の方で鍋がふきこぼれる激しい音がした。あわてて台所に走っていく美枝の柔らかな背を見ながら、彼はレインコートのボタンをはずした。
　——記念にとっておく？
　ガス台の前から、美枝のやや華やいだ声が響いて来た。

——何の記念だ。

彼は身体からひきはがすようにコートをぬいだ。

——いらない。充の遊び着にでも作りなおしてくれ。

美枝の声が返って来る前に、彼は美枝にむけて叫んでいた。

——そんなに弱っていては、遊び着にもならないわ。

——では捨てるんだな。

美枝のいない部屋で、彼はもう一度レインコートを自分の脇につりあげてみた。

——明日はゼミのコンパだから、晩飯はいらないよ。

レインコートをもとあった茶箱の上にそっともどすと、彼は服をぬぎ始めた。

10

課長の代理で出席した会議が長びいたために、雨の中を彼が大学の近くにきめられたコンパの会場についた時は、すでに一時間近く遅れていた。

部屋の入口に立った彼は、まずその人数の夥しさに驚かされた。それは、今までのコンパにないことだった。部屋が華やかなのは、その中に若い女性の姿が何人か見られるためだった。ゼミナールの名簿の上で後輩の期に女性の名前を見ることはあったが、彼には顔を見るのは初めてのことだった。寺島教授に挨拶に近づくこと自体が大変な作業だった。部屋の隅で手をあげて呼んでいる浅井のところまで行くのにも、何人もの足を踏みそうになったり、広い背中に手をついたりしなければならなかった。

——すごく集ったな。

騒音の下をかいくぐるようにして声をかけ、彼はやっと浅井の

横に腰をおろした。
　——今日のは、義理人情いう奴だ。
　こういう会合の中ではいつも周囲に埋没してしまう浅井が彼に静にビールをついだ。
　——自分に対して、出て来る口実があるわけか。
　浅井に答えながら、彼はもう一度室内を見まわした。彼の全く見知らぬ顔が少なくなかった。女性のまわりには、おそらく同期と思われる若い男たちが集って特別にぎやかな一群を作っている。彼は戸惑いながら浅井にビールをつぎかえした。それは、今までの寺島ゼミナールのコンパのイメイジとはかけ離れすぎていた。しかし、考えてみれば、卒業後のゼミナールのコンパというのは、トータル像としてはこういう形であるのがむしろ当り前であるのかも知れない。今までが、むしろ苦行僧的にすぎ、奇形であったのだろう。まだ馘首やレッドパージが珍しくなく、不況の中で新規卒業生を採用しない企業が多く、自分が就職試験に合格するために共に受験した学友の学生運動の経歴を会社に内報して問題になったりした彼等の暗い卒業年次と、青田刈り[98]が常識となり、ひやかし半分[99]に受験要領を受け取りにいった会社に懇請されて断わり切れずに入社してしまったという卒業年次との間には、明らかに十年を越す月日が流れているのだ。ここにあるのは、寺島ゼミナールにおける日本経済の高度成長の投影図なのだ。事実、彼等の期の最も秀れた学生であった何人かを中心として出来た一群は、最近の国際収支の問題について、酒席には似つかぬ静かな口調で論じあっていた。
　——あれは現役[100]かい。
　彼は部屋の反対側の隅に固まっている一群の若者たちをみつめながら浅井にたずねた。浅井は小さく頷いた。ジャンパー

を着て眼鏡をかけた学生は、明らかに興奮した顔付きで、どこか羨望(せんぼう)の表情を浮かべながら周囲の話にききいっている。その横の学生服の男は、不快げに首をそびやかしてひたすらにビールのコップを傾けている。学生たちの頬に揺れる不定形の緑葉のような影をとらえたいと彼は眼をこらしたが、彼の位置のせいか、それは困難なようだった。

――年とったな、俺達も。

浅井が現役の学生の方を見やりながら、ぼそりと呟いた。

――俺達のことを「老いやすい世代」と言った奴がいたが……。

浅井に答えながら、その先の言葉を彼は呑んだ[101]。どちらが本当に老いやすいのか、おそらく寺島教授なら言い当てることができるに違いない。しかし、いずれにしても、彼は浅井のあまりに抒情的な言葉に素直についていくことは出来なかった。

――失礼ですが、何年の御卒業ですか。

一人の男が、浅井と彼の間に突然割り込んできた。髪を短く刈りこんだまるまるとしたその顔に、彼は見覚えがなかった。男は自分の卒業年次を告げ、手に分厚く持った名刺を、カードを配るように上から一枚とると彼に差し出していた。大手繊維メーカーの名が刷(す)り込まれたその名刺から見ると、彼より七、八年は若いその男は、彼と同種の職種についていることが察せられた。

――お名刺、頂けませんか。

男は強引な口調で言った。彼はその男の顔を見直さずには居られなかった。黒縁の角ばった眼鏡をかけた球体のようなその顔は、名刺の記載事項からはみ出すものは何も持ちあわせていないようにみえた。単純な〈現在〉のみがのっぺりとそこにひろがっている。これが寺島ゼミのメンバーの顔か。内ポケットの名刺入れをさぐりながら、彼は、いや、これも寺島ゼミの一つ

の顔なのだ、と思いかえそうとした。名刺入れから重い指で抜き取った自分の名刺が、横地課長に命ぜられて作った〈課長心得〉という肩書入りであることにその時彼は気づいた。彼は戸惑った。その名刺を、彼はこの場では使いたくなかった。
　——頂いていいですか。
　男は彼の手の中をのぞきこんだ。ひるむ彼の手からもぎとるようにして名刺を受け取ると男は大げさに喜びの表情を浮かべた。自分の仕事では、先輩後輩のコネクション[102]を通じて各種の情報や知識を入手することが是非必要であること、特に同種の企画部門の人間との接触が大変に有益であること、これを機会に会社の方に寄せて頂き、色々お話をうかがいたい、と一方的にまくしたてた。男は彼の名刺を大事そうに胸のポケットにしまいこんだと思うと、もう次の浅井に自分の名刺を差し出していた。浅井は億劫そうに名刺を出した。男はそれを受け取って頭を下げると、中腰になって肩と肩の間を次の席へと移って行った。
　——なんだ、あれは。
　男が立ち去った後の隙間を埋めもどすように浅井が彼に身体を寄せた。彼は、その男のこんもりふくらんだ背中をみつめていた。君のやっていることは、俺にはわからなくはない、と彼は思った。新しい商品企画を一つの企画レポートにまとめていく段階で、どれ程私的なルートや個人的な情報網が有効であるかということは、俺もよく知っている。しかし、ここは、ビジネスの為の網を打つ場所ではないだろう。ここは、〈現在〉のマーケットではないだろう。そうではなく、ここは〈過去〉が批判の花束を持って訪れる〈現在〉の墓場ではないのか。そこから次の新しい生をさぐり出すための、厳粛な〈現在〉の葬儀の場ではないのか。君の〈過去〉はいったいどうなっているのだ。

その時、この男の中にはもともと〈過去〉などというものは存在しないのではないかという疑問が彼を捕えた。もしそうならば、しかし、男は数あるゼミナールの中から何故この寺島ゼミを選んだのか。寺島ゼミそのものが、現在ではすでに彼らのもったあの質量感溢れる〈過去〉を持ち得なくなっているのか。それがわが高度経済成長の実態なのか。〈現在〉の亡霊となることによってしか、俺たちの労働は充たされることが不可能なのか。
　——ゲゼルシャフト(103)やな。
　浅井が昔から色の良くない唇をひきつらせるようにして呟いた。
　——もともとここを、ゲマインシャフトと思っていたわけではないが……。
　彼は石を跳ぶように男たちの間を遠ざかっていく球体の頭を持つ男を見送りながら、次第に苛立ち始める自分をおさえようと焦った。しかし、彼の耳には、大学院のドクターコースに在学中らしい女子学生が先輩の国立大学助教授に自分が何年に卒業するかということを繰り返し繰り返し告げる高い声がきこえてくる。反対側の隅からは、自社の製品が同業他社の製品よりも物としていかに優れているかを主張し続ける鼻にかかった声がきこえる。それはお前の愛社精神のあらわれ以外の何ものでもない、と揶揄する声がそれに応ずる。ぼくは没価値的に事実をのべているのだ、お前にはすでに事実は述べられないのだ、科学的知識の問題だ、それなら証拠をみせろ、言い争う声の中心に、肉の厚い顔を酔いに光らせている立花の顔があった。
　——俺たちは、時代遅れのようやな。
　浅井が低い声で呟くのがきこえた。
　——過去の尻尾が重すぎるという意味か。

問い返しながら、彼は浅井の声の中に、自嘲と、どこか歪んだ一種の優越感の匂いを嗅いだ。それは、俺の匂いでもあるのではないか、という鋭い疑いが彼を貫いた。
　——未来がよう見えん。
　——見ようとしているのか。
　彼の強い声に、浅井は驚いたように顔をあげた。
　——見たいと思っとる。
　浅井の声は、酔いのために声量のあがっている他の声にかき消されそうだった。それは、彼自身の声かもしれなかった。しかし、その声のもつ一種の切実な願望の響きは、願望の中に自らを浸して自足してしまう怠惰な響きをもうちに含んでいるのではないか。浅井が迷い、おそらく誠実に悩んでいることは間違いなかった。しかし、その悩み方の中から、果して何かが生み出されるのだろうか。名刺を求めた男が〈現在〉の亡霊だとするならば、浅井はあるいは、〈過去〉の亡霊なのではなかろうか、俺もまた。
　——思っても見えはしない。
　突き放すように彼は言った。
　——見えはせん。
　浅井は湿った声を落とした。
　——手さぐりしかない。しかし手さぐりでもしなければ俺たちは——。
　彼は浅井の顔を正面から見据えようとした。
　——せんより[104]は、ましか……。
　顔をあげずに、浅井はひとりごとのように呟いただけだった。
　彼は救いを求めるようにあたりを見まわした。騒音と煙草の煙にあふれた部屋の中心部に、紅潮した寺島教授の顔が揺れて

いた。
　——頼みますよ。頼みますよ。
　寺島教授の声は、かすれながらもますますたかまってくる。
　——日本列島を、諸君に頼みますよ。
　彼も何かを叫びたかった。彼に必要なのはただ一言、〈俺は帰るぞ〉という叫びだけだったろう。そこがすでに居るべき場所ではなくなっていることを彼は激しく感じとっていた。多くの頭ごしに、彼は先刻名刺を求めた男が立ち上り、部屋中に大声で呼びかけているのをきいた。賛同の拍手がおこり、両手をひろげた男たちがそのまわりに三人、四人と立ち上るのが見えた時、彼は浅井にも声をかけずに部屋を出た。後手に閉めた戸のむこうで、獣のように不気味な歌声が動き始めるのを彼はきいた。
　朝から降り続いている雨が、膨大な水の層となって彼の上にあった。鎧戸（よろいど）をしめられた商店の前で、街灯の遠い明りに舗道が重く光っている。路上の厚い水膜を踏みしだくタイヤの音が近づいてくる。ライトが遠くの雨の中からとび出し、近くの雨滴を激しく照しあげ、一瞬、赤いテールランプの光を残しては消えていく。どこへという方角も意識せぬまま、彼は重い傘を身体の前に支えて歩いた。
　足早に近づいて来た傘もささぬ男が、彼の顔をのぞきこむようにして声をかけていた。
　——やはりそうだった。もう終ったのか。
　雨の中に、レインコートの襟をたてた三浦が立っていた。それを認めた時、彼は思わず声をあげていた。
　——遅くなってしまってなあ。寺島さん、まだいるか。
　たてた襟の中で、三浦の首筋はやはり細かった。
　——日本列島を頼まれてきたよ。

彼は三浦の全身を包みこむようにみつめて言った。
——そいつは重いな。
　三浦はしゃくりあげるような声で雨の中に高く笑った。もどらないか、もう一度、という三浦の誘いを、彼は首を振って断った。三浦は先日の公判傍聴の礼をのべたあと残念そうに、ではまた会おうとぎごちない仕種で手をあげた。彼のさしかける傘の下から離れると、三浦は雨の中を歩き出していた。三浦がやや遠ざかるのを待って、彼はふりむいた。古びた長めのレインコートの襟をたて、脂気のきれた髪を街灯に白く光らせながら三浦は歩いていく。あの後姿だ、と彼は思った。今まで彼がめぐりあった後姿が、現実にすべて三浦のものであったかどうかは、もはや今の彼にとってはどうでも良いことであった。彼が持ち続けたあの後姿が、今雨の中を遠ざかっていく三浦によって静かに熱く充たされていくことだけを彼は感じた。一瞬、その後を追って走り出そうとする自分の身体を、かろうじて彼はとどめた。後ろから追うのではない。前からめぐり会うのだ。いつか——。過去と現在とのつながりに悩むこと自体によって重い問いかけからの免罪符を得ようとするのではなく、現在そのものを充たす自らの労働の中を突き抜けて、俺が何かを確かめることの出来たその日に。俺は、俺のレポートを守り抜くだろう。俺のレポートを守り抜く俺自身を、俺は守り通すだろう。そのために、俺は課長にもなるだろう。あの後姿に照していえば、その変化は、卑しく、醜いものであるのかも知れぬ。無駄な、愚かな、更には誤った努力であるのかも知れぬ。しかし、その危険な道を歩むことの他に、俺にとってどのような道があるというのか。思い出にみたされた〈過去〉の葬儀は終った。空疎な〈現在〉の祝宴を俺は辞してきた。曲りくねったこの俺の道を、俺の歩み方で俺が歩き抜いた時、思いもよらぬどこ

かの角で、俺はひょっこり三浦と出会うことが出来るのではないか。その時、腕を触れあって、寺島教授に託された日本列島を三浦とともに担うことが出来るのではないか。いや、今背を向けて歩み出してしまえば、俺はもう三浦に会うことは出来ないのかも知れぬ——。

　遠ざかる後姿にもう一度眼をとどめてから、彼はしかし歩き始めていた。歩き始めた身体の底で、あの後姿が、光を縮める点のように遠のいていくことだけを彼は感じ続けた。

　車もほとんど通らぬ暗い道に折れてからどれ程歩いただろう。雨の中から、黒々とした二本の門柱がゆっくり彼の方に近づいて来る。大学病院にはいる車のために終夜開かれている唯一つのその門を、彼は静かに歩み抜けた。ゆるやかな傾斜をもつ広い道の片側に、丈高い水銀灯が雨の中に浮かぶように立ち、その下の樹木だけが闇から切り取られて人工的な緑に光っている。夜の大学構内はただ広く、人影がなかった。前方の闇に眼を据えたまま、彼は雨の構内の奥へ奥へと進んでいった。

　　　　　　　　　　　（1969. 2月号. 文芸）

注　释

(1) 中腰（ちゅうごし）／身体要站起来的姿势；半起半坐。

(2) スエター／→セーター，毛衣。

(3) 折衝（せっしょう）／交涉，谈判。

(4) 苦労しとるよ／正操心呢，正辛苦着呢。和"苦労しておるよ"相同。

(5) ききはせん／不听，听都不听。和"聞きはしません"相同。

(6) ちらと目を走らせた／瞟了一眼。

(7) 座／此处指酒宴上的坐席。

(8) 甘チョロ／想得太天真，看得太简单。

(9) 鼻にかかった声／瓮声瓮气。

(10) とぎすまされた／原意是变得十分敏锐，此处指更加先进的（技术）。

(11) 丸もうけ（まるもうけ）／全部赚下，（无本）满赚。

(12) 正気で（しょうきで）／清醒地，理智地。

(13) アナクロ／→アナクロニズム，将不同的时代弄混了，逆时代而行。

(14) コンパ／茶话会，联谊会。

(15) ぬめぬめと／滑溜溜地，咻溜咻溜地。

(16) 待たなんだ／相当与"待たないのだ"。

(17) まわり物／此处可以理解为与命运相关的东西。

(18) 恋に破れし貫一（こいにやぶれしかんいち）／歌词，为恋情而心碎的贯一。尾崎红叶的小说《金色夜叉》里的男主人公。上面歌词里出现的"宫さん"是这部小说里的女主人公。

(19) スクラム／挽臂组成的横队。

(20) ブラスバンド／管乐团；吹奏乐队。

(21) リフレイン／此处指歌曲结尾部分的重复句。

(22) 遅まきながら／虽然为时已晚。

(23) 不得手（ふえて）／不擅长，不喜好。

(24) まきぞえを食う／受牵连。

(25) コンペ／高尔夫球赛。

(26) 心証（しんしょう）を害する／（给人的）印象不好，留下坏印象。

(27) 腰板（こしいた）／围板。

(28) 影絵（かげえ）／通过灯光影射在墙壁等上面的人物、鸟兽的影子；游戏。

(29) 身をかわす／闪身，躲开。

(30) 億劫（おっくう）だ／嫌麻烦，懒得做。

(31) ペーパーバックス／平装本的廉价图书。

(32) 本綴じ（ほんとじ）／图书装订样式之一。

(33) 根をつめる／在此处指作流产手术。

(34) 良（よ）かれ悪（あ）しかれ／好歹，无论如何，不论好坏。

(35) 骨がおれる／花费力气，辛苦，麻烦。

(36) いたたまれぬ／呆不下去，难以自容。和"いたたまれない"相同。

(37) セクションペーパー／方格纸。

(38) まとまりがよくなる／更加连贯、紧凑。

(39) 腹に据えかねる／忍不住要发火，忍无可忍。

(40) トレース用／绘图用。

(41) 垣間見た（かいまみた）／窥视，从缝儿里偷偷看。

(42) しがみつく／（固执地）抓住不放，紧紧抓住。

(43) 執心（しゅうしん）／表示为某一事物吸引，离不开它。多以"御執心（ごしゅうしん）"的形式表示对于异性的迷恋，贪恋，痴迷，热心追求。含有调侃的意味。

(44) 見通しのきく／可以一眼望尽的。

(45) 根をはっていた／扎根，坚守。

(46) ひんやりと／冷飕飕的。

(47) コッペパン／劣质面包。

(48) 実力奪回（じつりょくだっかい）／依靠实力夺回。

(49) 率先助勢（そっせんじょせい）／带头支援。

(50) 身につかぬ／不合身的，不合体的。和"身につかない"相同。

(51) スプリング／弹簧。

(52) 抜け出せた／得以溜出来。

(53) 身体ごと／包括身体在内，整个身体。

(54) 声を張り上げる（はりあげる）／扯着嗓子大喊。

(55) せかせかと／急急忙忙，慌慌张张。

(56) パクられていたら／如果被逮捕的话。

(57) フローチャート／流程图，程序方框图。

(58) 表情を曇らせた（くもらせた）／脸上露出了愁容。

(59) 時間切れ（じかんぎれ）／到时间，结束。

(60) ケーススタディ／事例研究。

(61) なげやり／（把事情）抛开不管，不负责任的。

(62) 気のきいた／机灵的，好听的。

(63) ローズウッドの木目張りの壁／紫檀木纹理的墙壁。

(64) 身体を固くして／此处指挺直身板地坐着。

(65) 狙い打ち（ねらいうち）／瞄准。

(66) 爪先立って（つまさきだって）／踮着脚。

(67) ぽかりと／此处指张大嘴的样子。

(68) ムシャ　ムシャ　ムシャ／大口大口吃东西的样子，狼吞虎咽。

(69) ジュージ／十点钟。

(70) 一目散（いちもくさん）に／一溜烟地（跑）。

(71) 身を沈めて／此处指深深地坐在沙发上，陷在沙发里。

(72) 肱付（ひじつき）／椅子的扶手。

(73) パズル／难题，谜。

(74) 立会い（たちあい）／在场证明。

(75) 課長心得待遇（かちょうこころえたいぐう）／代理课长待遇

(76) 分（ぶ）の悪い賭け／几乎没有胜算的赌博。

(77) 叩く／此处指说、讲。

(78) 軽口（かるくち）／诙谐话。

(79) しなを作って／作出娇态，作态。

(80) 汝（なんじ）もか、ブルータス／这是恺撒大帝在被暗杀的时候，发现自己一直信赖的 Brutus（古罗马政治家）也在企图杀害他的人当中，而说的一句话。原文是：「ブルータスよ、お前もか」，因莎士比亚的悲剧《Julius Caesar》而闻名。

(81) ポマード／润发油，发蜡。

(82) チューター／导师，讲师。

(83) 頭をひねっていた／此处指左思右想（而不解）。

(84) きざな／装模作样，令人讨厌，使人看着不顺眼。

(85) 立て続け／接连不断，连续。

(86) ずしんと響く手ごたえ／"ずしんと"指重东西落地声，扑通，咕嘟；也表示有很强反应的样子。"響く"在此处指回响。"手ごたえ"指反应。即：（自己打出的子弹）咚的一声，有了很强的反应。

(87) ひびく／此处指"影响"。

(88) 心構え（こころがまえ）／精神准备，思想准备。此处指任职准备。

(89) 都合もくそもない／"～もくそもない"表示"根本没有"的意思。此句的意思是"没什么合适不合适的"。

(90) はっとる／很有精神。和"はっておる"相同。

(91) トータルマーケッテリング／包括销售途径、战略筹划等在内的综合性销售活动。

(92) 課長にもならんうちに／相当于"課長にもならないうちに"。还没有当上科长的时候。

(93) 大そうな口を叩くな／不要口气太大了。

(94) 買い言葉（かいことば）／（对讥诮等）还口应战。

(95) オーソライズ／授权，认可，批准。

(96) 宙ぶらりんな／不上不下，悬而未决。

(97) しびれをきらして／等得不耐烦，等腻了。

(98) 青刈り（あおがり）／指用人单位在毕业时间之前就提前到学校决定招聘人选。

(99) ひやかし半分（はんぶん）／半开玩笑。

(100) 現役（げんえき）／有现职或正在从事某种社会活动的人。

(101) 言葉を呑む／由于强烈的感动、惊讶地说不出话来，或是考虑到所处状况，闭口暂时不说。此处指后者。

(102) コネクション／联系，关系；门路，人脉。

(103) ゲゼルシャフト／利益社会。

(104) せんより／相当于"しないより"。

◎ 作者简介

黑井千次（1932—　）　1932年5月出生于日本东京。原名为长部舜二郎。他的父亲是日本最高检察院次长检察官、最高法院法官。他出生之后一直在东京生活。1955年毕业于东京大学经济学部后，进入富士重工业公司工作。他认为"要写小说就要把自己置放在现实社会之中，置放在多少距离生产场所近的地方"。这也是他大学毕业选择在富士重工业公司工作的内在原因。后来，他从富士重工调到伊势崎制作所工作，1970年退职。由此开始了他的旺盛的文学创作活动。他的文学写作开始于中学时期，第一次正式发表的作品在学生杂志《萤雪时代》获奖，1958年以后的三年左右可以说是他的习作时期。在这一阶段里，他作为"新日本文学会"的成员，在《新日本文学》发表了一系列"以工厂为背景的小说"，"大都是非现实色彩浓厚的作品"，对现代企业的非人性的机制给予了极为图解式的描写。在小说写作过程，他逐渐发现"自我的缺位"，由此开始对于这种"缺位"的分析，"从外部进行自我探求"。《两个夜晚》(1963)、《圣产业周》(1968)、《穴与空》(1968)都是这类作品。《圣产业周》使他为文坛所瞩目，《穴与空》获得了芥川文学奖提名，而真正使这种分析与探求获得最终收获的还是1969年发表的《时间》。在这类作品里，黑井千次"描写了企业内劳动不再给予人们生的实在感时、人们试图通过'无偿的劳动'来谋求自我的恢复"。

黑井千次小说创作的另一个主题就是"家族"。他寻找到一种表现方法，将不安的日常连接在企业和家庭之间，以此来描写这种日常的不安。他的《奔跑的家族》(1970)在通过"像一匹野兽似"地疾驶的车中的家族成员描写了寻找自我探求道路。《动摇的家》(1971)则将稳固的家与企业的机制进行了分析比较。这种方法在其它的作品中如《夜与果实》(1970)、《应该丧失的日子》(1971)里发生了变奏。

黑井千次的小说作品屡屡获奖,显示了他在文坛上的重要地位。他的作品集《时间》(1969)获文部省艺术选奖的文学新人奖,他的童话式小说《红色的树木》(1970)、《黑暗中的船》(1970)连续获得芥川文学奖提名,他的《群栖》(1984)获得谷崎润一郎文学奖。他不仅在小说创作上成果丰硕,而且在剧作、随笔的写作上也有很多的收获。

☪ 作品简析

《时间》是黑井千次的代表作，同时也是日本二战之后第六个文学派别"内向的一代"的代表作品。由"内向的一代"这一命名，也可以看出这部中篇的特点。那就是作者十分重视对于小说人物内心世界的描写与刻画。写内心，其实并不是二战之后作家的专利。自日本近代文学开始，写人的内心就是日本作家们所追求的目标。内向的一代之所以被称为"内向的"一代，只是因为他们开始脱离了二战之后在很长一段时间内注重意识形态、社会政治的文学创作，在小说写作中逐渐深入到人物个体的内心世界。同时，他们在叙述方法上所进行的革命性变化也使当时的评论家们感到了惊奇。从文学史的角度看，《时间》这个中篇就是在以上这一背景之中产生的。仔细阅读这部作品，我们又不难发现，实际上黑井千次并没有彻底放弃战后作家对于人存在的思考。只不过他是将战争的背景换为了二战之后的经济建设，将战后作家对自我与组织、文学与政治等问题的探究抽象为了"现在"与"过去"、"变化"与"不变"的人生问题，将从军的士兵、复员的战士、苦恼的学生变为了生活在庸常之中的工薪阶层。当然，黑井千次对于不甘于庸常现实的主人公的内心逼问，以此所进行的艺术探讨也同样是我们不能忽略的。

《时间》的后记里曾经这样说，"当人们认为一个体系、环境错误的时候，就试图改变它。试图改变就是一种'断续'的行为。但是，要想把过去的一切都破坏掉又是不可能的。惟有在发展它时，破坏才是允许的。这就是继续的内容。'断续'与'继续'的接点正是'劳动'这种行为。"这段话对于我们解读这个中篇是很有启发意义的。因为这也是作者创作《时间》的一个重要出发点。

在小说中，读者可以注意到有这样几个词汇在反复使用："寺岛研讨班""过去""现在"、"国际歌""报告""升职""黄雨衣的

背影"。从这一个个的词汇,我们可以发现作者在这篇作品之中试图要对读者转达的想法。首先来看一看"寺岛研讨班"。这个研讨班每年举行的聚会聚集了寺岛先生十几年来所教过的学生。日本有句话,"十年一昔",说的就是十年的变化不可低估。这十几年的时间为"寺岛研讨班"的聚会划分出两个时间,一个是"与当时比较、毫无变化的寺岛教授"的时间,一个是"现在学生们的"时间。这个聚会为主人公提供了一个视角,一个观察、思考自己现在时间的视角。这就是"以他过去的眼睛清楚地看到他的现在"的视角。可以说,这也正是这个中篇试图表达的认识之一。那么所谓的"过去"是什么?他看到的"现在"又是什么呢?简单地说,"过去"是理想的追求、自我的肯定、人生价值的实现,是精神的充实。而"现在"则是对于现实的屈从、对于理想的放弃,是对于自我的背弃,是物质的绝对统治。但是,这并不意味着小说主人公要恋恋不舍地依存"过去",也不意味着主人公试图附着于"现在"、充分享受物质的收获。正像小说结尾处写得那样:"'过去'的追掉会已经结束。有名无实的'现在'的盛宴,我已经辞去。我要以自己的方式走完我自己曲折蜿蜒的道路。也许到那时,我还会在意想不到的某个拐角处,突然再碰到三浦。到那时,也许我还会和三浦一同承担起寺岛教授托付给我们的日本列岛的重任。不,如果我现在转身走开的话,也许我会永远遇不到三浦"。"三浦"是什么?"三浦"就是我们上面提到的"过去",是"十五年一贯不变"的时间。主人公期待着将来能与"过去"相遇,但是又不能不承认与"过去"的相遇只不过是一相情愿而已。

为了与"过去"相遇,主人公才那么重视那份引起争执、甚至可能妨碍他自己仕途的"报告"。他要以这份"报告"来体现自己的价值,体现自己的意义,而不是像下木内那样忍耐、屈从,追求现实的利益。他宁可"孤立无援",也要贯彻自己的意志。这

就是"过去"留给主人公的财富。主人公之所以不断地看到那个"穿黄色雨衣的背影",也正是因为他在内心深处不断地找寻"过去",不断地借"过去"拷问自己。这部小说原名叫《一个人的背影》,这个"背影"毫无疑问就是指的"穿黄色雨衣的背影"。这个背影就好似"来自过去的光源",可以"凸显现在的'他'"。尽管在小说里并没有将"没有转向的三浦与'他'作为完全不同的人进行塑造",但是作者也没有让主人公"他"对于三浦的"过去"给予全面的肯定。在"他"的眼里,三浦"十五年不变的时间"在某种程度上就是对于生命的浪费。在这十五年之中,人们改变着日本,建设着日本。而"审判"则让三浦永久地停留在过去,尽管"过去"是有意义的,但是在他人创造价值的时候,只有他一个人仍然固守在"过去"之中,那无疑是对于宝贵生命的浪费。所以,主人公要与"过去"告别,要在现实之中寻找自己应该走的道路。但是,他又无法认同多数人所依赖的现实,无法认同现实存在的规则,他对现实持有批判,对现实要进行改造。他承认他的道路会十分曲折,但是他的"过去"要求他不能害怕曲折,不能因此而陷入庸常的现实之中。而这种庸常在他的妻子身上则显得十分突出。

可以说,小说里所涉及的"过去"既是寺岛的时间,也是三浦的时间,同时也包含着主人公的时间。但是寺岛与三浦的时间都是"固定的、异质的",与主人公的时间并不相同。而所谓的"现在",既是成为了国家经济建设骨干的昔日寺岛研讨班的同窗们"流动的时间",也是重视实际的年轻一代的不同与以往同窗的时间。但是,对于主人公而言,"过去"和"现在"是无法分离的,他对于"过去"和"现在"在给予肯定的同时,又给予了批评。这种肯定与批评使他既不能像三浦那样坚持"十五年不变的时间",同时也不会像那些重视实际的年轻人、认同现实的昔日同窗一样生存。

草　木

中上健次

　山中で男に会った。あと小一時間も歩けば、大台ヶ原(1)に行きつく、山の中腹あたりだった。杉の根方(2)に背をあててしゃがみ込み、肩で荒い息をしていた(3)。左脚のふともも、ふくらはぎ(4)に、折れた矢がくい込み、血を流していた。男は、彼をみた。ずっと以前から、彼が歩いてくるのを知っていたらしかった。身を隠すにも、もう身動きがとれない(5)様子だった。最初、その男を、この熊野(6)山中に棲む神か、と思った。ここには一本足の、つまり片方の足の機能を損じたイッポンダタラ(7)と称せられる大きな神がいた。男は神ではなかった。ただ片方の眼が、血膿で固っていた。「どうしたのですか？」彼は男の前に立って訊いた。男は黙って首を振った。彼は、幻だろうと思った。山中で、よく人は、死んだ近親のもの、縁あってなお遠く離れているものの姿をみた。彼もみた。じいんじいんと蟬の声がするだけになった自分の体のすぐかたわらを、近親の者は、通り過ぎた。それこそ魂の幻なのだろうと彼は思った。

　「どうしたのですか(8)？」彼はまた訊いた。

　「故あって傷つき申した」男は唸る(9)ように言った。彼をにらみつけた。下手なことをする(10)と、喉元を嚙みちぎる(11)という構えだった。彼は、男の前に屈み、腰につるした水瓶を差し出した。男は彼の顔をみつめながら、それをひったくった(12)。キルク(13)の蓋を歯で開けて飲んだ。唇からあふれこぼれた水は男のあごを濡らし、首筋を伝い、破れて土埃でよご

れた衣服に流れおちた。短かい毛の生えた胸に、水がゆっくり流れ落ちるのが、破れ目からみえた。いや、破れ目ではなかった。厚い生地の服を柔道着のように前をあわせて着ていた。なにやら奇妙な生き物に思えた。人ともけものとも判別がつかない。男は空になるまで飲みつくし、そしてやっと水瓶を返した。男は深く息を吐いた。立ちあがろうとした。よろけた。思わず踏みしめた左脚から血が流れ出した。男は杉の木に背をかけて、立った。上背が彼をしのいだ。蟬の声が、遠くで聞こえた。杉木立の湿ったにおいがした。

「敗れてしもうた」(14) 男は杉の木に手をかけて、傷ついた自分の体をふがいない(15) というように、言った。水瓶を差し出す前と言葉遣いは変っていた。左眼が潰れているのが、納得できないと首を振り、手で押えた。「ものの見事(16)に、やられた。敗れたら、しまいじゃ。やられた、やられた」男は言った。わらった。

「どこへ行くのですか？」彼は訊いた。「伊勢の方へ行くのですか、熊野の村の方へおりるのですか？」

「わしに行くところがどこにあろかよ(17)。どこにもありやせん(18)。いや、いや」と男はまた首を振った。「どこであろと、のう、落ちてゆくわい。どこへでも行くわい」男は一歩踏み出し、次の一歩が出ず、よろけてしまった。彼は、男を支えようと思って、手を差し出した。男は、激しく振り払った。男は尻餅をついた(19)。杉の木に頭を打ちつけた。それでも彼は男にむかって手を出し、男の腰をかかえあげた。今度は、拒まなかった。腕を、彼の肩にあげてそれで男の体重を支えた。けもののにおいがした。それは人間本来のにおいなのだろう、彼が仕事場で貨物に足をやられてしばらく入院していた時、洗わない頭、洗わない腹、股間からけもののにおいが立った。男

を支えて、杉木立の中を歩いた。すぐ、崖っぷちに出た。白く明るい日が、崖の草木の緑を照らしていた。男の口から息がもれるたびにシュッシュッ[20]と音がした。男を岩においた。男は彼の顔をみつめ、それから、「ここに置いて先を行って下され」と言った。一羽、崖の下から、鴉がとびあがった。「それとも、いっそ、のう、ここから下へ放り込んでくれんか？」男は、唇を閉じた。そうやって自力で歩くことも動くこともできない自分が、よほどふがいないのか、と彼は思った。そこから山々のつらなりがみえた。果しがなかった。鴉が五羽、また下方から舞いあがってきた。湯の出る所まで二つほど山を越えなければならないはずだった。思案をする時間を与えると、男は、山中で行き会った見知らぬ人間に救けられる心苦しさがわきあがるのだろうと、彼は、「さあ、行きますか」と声を掛けた。男を抱えた。二人で、よろぼい[21]ながら、崖のふちに残った道を降りた。またすぐに丈高い杉木立に入った。道は、崖をはずれた。耳に、蟬の声と、それにあわせてたてる男と彼の、息の音がした。男はしきりに右手で左眼をこすっていた。ふっと、彼は、東京に残してきた小鳥のことを想った。あれこそ、幻かもしれない。

兄の法事[22]で熊野に来る直前に、気づいたのだった。この春に巣立ち[23]した十姉妹[24]の一羽が盲いていた。原因は何によるのかわからなかった。巣立ちの頃に栄養が欠けたためか、それとも遺伝子の悪戯で、たまたま劣性と劣性がかけ合うことになったためか。純白の羽毛だった。親の種鳥は、並の、つまり白黒のまだら[25]だった。檀特[26]からいま十姉妹に変異したというような健康なやつだった。近親交配のせいか、と思った。デパートの小鳥屋で買ったものだった。一つの店で雌

雄を買うと、よく兄妹をつかまされる。いやな気がした。どうしようか、と思った。相手は人間ではなく、小鳥だ。盲いて生れた小鳥など、飼っていても、苦しくなるだけだ。元々、十姉妹など姿形を楽しむものでもないし、声を賞でる(27)ものでもない。健康にピッピッと鳴きとびはね、少々の乱暴も気にかけず、巣があれば卵を産み、雛(ひな)を育て、巣立ちをすれば三ヵ月ほどでもう一人前になる、という雑草のたくましさが身上(28)だ。いっそ殺してしまおうか？彼は、金網にとまったままの十姉妹を、つついた。指が、嘴(くちばし)に触ると、すぐ逃げた。合計十姉妹だけで何羽いるのだろうか、一メートル四方の十姉妹専用の雑居籠の留り木は、うずめつくされていた。盲目の十姉妹は、その中に割り込めず、すとんと下に落ち、うまい具合に餌台(えさだい)に立つ。瞳孔(どうこう)のあたりが白く濁っている。

　きれいな十姉妹だった。また金網にとまる。なにをみているのか、ぼんやりとしている。そのうち、体のむきを変え、とびおりる。餌台におりて、餌をついばむ(29)。水を飲む。また金網にとまる。そのくり返しだった。殺してやろうと思いつづけたのだった。いっそこの世に生命を受けたことなど、なかったことにしろ。手を籠のなかに差し入れる。十姉妹どもは騒いでまわった。金網に体をぶつけた。籠の三方をおおった板に体当りして下に落ちた。巣の後に隠れるものもあった。盲いた十姉妹は、籠の隅で、首を伸ばして立ち、いつでもとびあがれる態勢を取っていた。彼の大きな手が、つかんだ。それではじめて、自分がわけの分らないとてつもなく(30)大きなものにつかまえられたと気づいたふうに、翼をふる。もがく(31)。逃げ出そうとする。日が当っていた。彼は、力を入れた。純白の羽毛の十姉妹はもがいた。そのまま力を入れれば、柔らかい骨の小鳥は潰れて死ぬはずだった。いつかも、そんなふうにして殺

した。それはセキセイインコ(32)だった。買ってきても買ってきても、小鳥は死んだ。朝、仕事に出かける時、あんなにも元気だった小鳥が、夕、仕事から帰ると羽毛をふくらませ、留り木にもとまれず、よろぼうていた。籠を暖め、口を開けて、薬を飲ませた。夜、枕元に置いた籠の底で、立つことも出来ず、ただパタパタ翼を底板に打ちつけていた。いつの間にか眠り、不意にめざめると、死んでいた。そんなことをみるに耐えず、嘔吐をくり返し、苦しみもだえる小鳥を、手で握って窒息死させた。安楽死ではなかった。ただみたくなかった。苦しむことなど智恵の備わった人間だけで充分だった。彼の手の中の十姉妹は、あまりに小さすぎた。盲いていることに、無頓着(33)すぎた。彼は、籠の中に、もう一度十姉妹をもどした。

彼は大きな体の男だった。他人には、小鳥の飼育に熱中するようなタイプに見えなかった。人は、彼がその大きな武骨な手で小さな華奢な小鳥の世話をしている図は、童話の"わがままな巨人"のようだと言った。確かに巣引き(34)をしている小鳥と、それを見守っている彼の姿は、おかしくもたのしくもある。ほのぼの(35)ともしよう。それが、死穢や奇形、変異にみまわれることがないならばだ。籠の中で、餌箱のへりに立ち、餌を食べることもなく、いつでもどこかへとびあがれるように首をのばし、翼をぴったり背にくっつけている。なにものかを念じ、呼んででもいるように、白く濁った瞳孔をこちらにむけ、盲いて生れた十姉妹とまっている。留り木にひしめき、金網にとまった健康なやつが、その十姉妹を中心にして餌をついばみ、水を飲み、とびまわっているようにみえる。磁力をその純白の羽毛から発しているようにみえる。

錦華鳥を種鳥の籠と雑居籠の二つに分けていた時のことだった。雌一羽、雄四羽の雑居籠の中の巣に、卵が産まれているの

を知っていたが、どうせ⁽³⁶⁾、と思い、ほうっておいた。臆病な鳥だった。物音ひとつしても、籠の中を大騒ぎしてとびまわった。人影をさえぎる⁽³⁷⁾ために金網に紙を貼りつけても、せっかく長いことかかって抱いて自分でかえした雛を、物音を聞いてあわてふためき、巣から蹴りおとしたり、巣草の中に隠す。雛は死ぬ。そんなふうにして、何羽雛が死んだかわからない。まさに毛虫同然⁽³⁸⁾の姿だった。落ちて頭にうっすら血をにじませて死んでいるのもいた。その雑居籠を掃除したついでに、卵をとりのぞいた。割ってみもしないでそのまま二個、ゴミ箱にほうり込んだ。もののついでと、一つを割った。中で、赤い肉が、ひくひくと動いていた。思わず息を呑んだ⁽³⁹⁾。手のひらの中で、外気(がいき)⁽⁴⁰⁾にさらされてもまだ小さいものの心臓の鼓動(こどう)そのままに、ひく、ひく、と動いていた。殺すつもりなど毛頭⁽⁴¹⁾なかった。これは過(あやま)ちだ。過ちだ。許してくれ。彼は言った。仏か、神か、それとももった別のものかもしらんが、赤むけのむきだし⁽⁴²⁾の生命にむかって、この罰当りのおれを許してくれ。日の光を、この時ほど痛く強く体に感じたことはなかった。自分の生命がむきだしになり、日と空気にさらされて、じいんじいんと脈打ち⁽⁴³⁾うずいている。そんな風に過(あやま)って卵を割ってしまったのは、四度ほどあった。そのまま孵(ふ)化(か)しても、盲いて生れるかもしれないが、「発心集」⁽⁴⁴⁾にあらわれた鷹飼い⁽⁴⁵⁾の話など、ほとんど彼と、経験を同じゅうする⁽⁴⁶⁾。母犬の裂かれた腹からみえたのは、まだ皮膚もつくことのない赤い肉の生命そのものだ。血が忌(いま)わしいのではない。肉そのものが忌わしいのではない。母の腹の暗がりの中にいて生命を形づくった、その小さいものの、無垢(むく)な、ひくひくと動く、生命そのものが、忌わしい⁽⁴⁷⁾。

蟬の声が幾重にも重なっていた。いや、男と彼の息の音が、

まるで、耳のそばで幾千幾万の人間が、いま、息を吐き吸っているかのようにきこえた。男の体は重かった。汗が眼に膜を張っていた(48)。彼が反対に男に抱えられ、山中を歩いているように思えた。左眼を潰され、左脚を損じたのは自分だ。杉木立が続いた。日は真上にあるのに、梢で遮ぎられていた。盲いて生れたのはこのおれだ。まだ暗がりにいるところを、いきなり破られ、日にさらされてひくひくと動くのはこのおれだ。この肉だ。露出した岩をよけ、ふらふらと歩いた。そこから丈低い草の生えたなだらかな坂になっていた。わき水の横の男をおろした。「ここへ置いていって下され」男は言った。「どうして救けようとする？」

　彼は黙って、わき水を飲み、頭をぬらし胸をぬらした。まだるっこしく(49)、腹這いになり、頭をつっ込んだ。ひととき、我を忘れていた。なんどもなんども頭に水をかぶった。男があごをあげ、荒い息を吐いていることに気づき、水瓶に水をくみ、差し出した。男は首を振った。呻いた。腹を脈打たせていた。彼は水を男の頭にかけた。それから、彼は腰に引っかけていたタオルを取って水にひたし、男の顔をぬぐった。血膿で固まった左眼にふれぬように気をつけ、垢とも土埃ともつかぬものがこびりついた顔をふいた。たっぷり水を含ませて、男の脇の下、腹をふいてやった。「すまん」と男は言った。男は誰かに似ていると思った。思い出せなかった。タオルを水で洗いなおし、折れた矢のくい込んだところをぬぐった。矢尻が肉にのめり込み、手でつかむこともできないくらいで二つとも折れていた。すぐにも外科医にみせねば、手のほどこし様がなくなる(50)。いったい、この男は、何をやってきたのだろう。誰がやったのだろう。わからなかった。空で、とびが舞っていた。音はなかった。まだ一つの山を半分も越えていなかった。

草木

　「さあ行くぞ」彼が言った。男を抱き起こした。拒んだ。蟬が鳴き交いはじめた。左眼が潰れ、左脚は動かない、男は、呻いた。このまま動かずに、こうした草の中にいたい。このままこうしていると、傷が化膿し、体が発熱し、吹いてくる風にさえ痛くうずき、生命は果て、腐る。鴉が体にむらがる⁽⁵¹⁾。眼球をほじくり⁽⁵²⁾、腹を破り、肉を啄む。空に舞いあがる。男は、彼に支えられて立ちあがった。彼はまた、男をかかえて歩きはじめた。自分が歩いているのではなかった。形をもたない赤むけのひくひく動く肉が、もう一つ赤むけの傷ついた肉をかかえて歩いていた。なにも考えなかった。なにも感じなかった。崖をまわり込む形で、おりた。わき出た水でこけの生えた岩をまたぎ、かすかに一本残っている道を歩いた。男は、ほとんど重さを感じなかった。二人の息の音が、彼には、以前にも増して数えきれないくらいになったのを知った。ぞろぞろ⁽⁵³⁾群をなして⁽⁵⁴⁾、赤むけの傷ついた肉をかかえて、肉が歩いていた。後にもいた。声がきこえた。男は呻いた。坂を降り、すぐまた木立の中にはいった。日が空でかげったらしく、光はなかった。いきなり、男が泣き出した。「ここで、殺してくれ、ねがいだ」と叫んだ。「頼む、頼む、殺してくれ」男の声は割れて笛のようにひびいた。「どこの方か存じませんが、眼一つ脚一つにされたおれを殺してくれ。首をしめてくれ。そこの杉にこの頭を打ちつけてくれえ。岩をめがけて⁽⁵⁵⁾つきおとしてくれ」男は叫んだ。男をなだめようと杉の根方に背をもたせかけ、坐らせた。色の変った左脚をのばし、右脚をたてて、バネにし、男は後頭部を杉にむかって打ちつけた。いざり⁽⁵⁶⁾より、むきを変えようとして体の平衡を失い、男は横倒しになった。「一人で死ぬこともできん」男は言った。男は口をあけた。下の歯が全部欠けているらしかった。男は涙を流した。

「いったい誰にやられたのですか?」彼は訊いた。男は、黙ったままだった。

彼は立っていた。横倒したなって、手で顔をおさえて、声を殺して泣く男をみていた。村の者にやられたのだろうか、それとも何百年もの前の戦(いくさ)で敗れたのだろうか？その敗れた者の魂か？彼はわからなかった。それが現(うつつ)なのか幻(まぼろし)なのかわからなかった。敗れたというのなら、彼もそうだった。やられたというのなら、彼もそうだった。大きな体の男だった。男のもらす泣き声が、山中で、何倍もの音量でひびきこもる(57)。山全体が、敗れ、やられて、片眼、片脚になり、それでも自死すらできぬ男の、声でいっぱいになる。彼の体まで、楽器のように鳴っている。

泣き続ける男のわきに坐り、杉に体をもたせかけ、しばらくその音をきいていた。梢と梢が重なり合い、震え合い、鳴るのだった。日が射さないために、ひょろひょろと柔らかに育った草が、男の声、息の音に呼応(こおう)して鳴るのだった。蟬の声が、共鳴するのだった。山全体が、いま男に合わせて、泣いているのだった。彼はしばらく、そうしていたかった。そうしていると、卵を割って見つけた赤むけの肉のような彼の体が、あらたにいまいちど破け、生命の本の本が、あらわれてくる。生命の本の本、それは物も言わず、聴えず、見えず、感じもせず、考えもさせぬこの闇、その光だ。闇はいっぱいある。彼は、男の泣き声に共振れ(ともぶれ)(58)する自分の体、自分の骨に恍惚(こうこつ)となりながら、ある日ある朝、庭の土をほじくっていると出てきた発芽(はつが)寸前のソラマメ(59)のように、手足を屈め、体をまるめていた。杉のにおいと泣き声と木立がかかえた湿気た空気の中で、自分があたうる限り(60)小さく変化するのを知る。そして、シダの胞子さながら(61)、吹きぬけてくる風にふうっと浮かぶ。彼は

男と共に泣きながら、眠り、めざめては泣いた。おまえはあの兄か、それともあの男か、と問うた。眠った。そうだ、左眼を潰し、左脚をそこない、もう自死すらできぬ具合にしたのはわれわれだ。このおれだ。だがしかし、このおれとは、なんなのだ。生命の取った形か？そして彼は、みた。山の下、熊野の母の家で、法事が行われていたのだった。なむあみだぶつ(62)、なむあみだぶつ、なむあみだぶつ、と集ってくれた近隣の人は、和尚の声が一区切りするたびに、口々に唱和した。人々は背をまるめ、身をちいさくしていた(63)。母は和尚のすぐ後に坐っていた。ほうぼうから戻った姉たち三人はすぐ横にいた。義父と義父の子と、彼がいた。仏壇にとぼしたろうそくの日が黄色く赤くみえた。いま、法事が行われている。母の家で、彼は、いっこうに有難さのわからぬ和尚の読経に耳を傾け、なむあみだぶつ、なむあみだぶつと小声で唱えている。読経がとぎれ、焼香をはじめる。そうだ、それは幻だ。この山中で男の泣き声に共振れをおこし、泣いて、眠り、めざめてはまた泣いているのが、彼だ。母は、肥りむくみ心筋硬塞の発作で黒ずんだ顔を上げ、阿弥陀如来の御名を唱え、それから、焼香する。彼は母を見ている。男のことも、兄のことも、いい。自分自身のことも、いい。母をこそ、せめて自然に、草が立ち枯れるように死なせてやりたい。母は焼香を終えると、姉たちに、かすかにけむりの立つ焼香の盆をまわす。次々焼香する。彼もする。和尚の読経は続いている。突然、彼は思い出したのだった。今の彼の齢より若い兄が、この仏壇に宗旨の違う法華経を一時間ほど唱え、よし、おれが、行く、と言い、次の日早朝くびれて死んでいたのを。自分が死ねば、すべてが治まる。それからことあるごとに(64)、姉たち、母たちは、魂呼ばいの巫女にでもなったように兄の名を口にした。母や姉たちは、まるで盲い

た十姉妹のようなものだった。それ以降、兄と彼がシャム双生児⁽⁶⁵⁾にでもなったように彼を見るたびに、兄を呼んだ。

　男はいた。もう泣いてはいなかった。日が、杉木立の上で、暮れかかっているらしく、寒かった。湿気が、鼻先にここちよかった。男は、杉の幹に背をもたせかけ、坐っていた。男の息の音は、静かだった。いまさっきまで、自分の肉、骨が楽器のように、男の泣き声に共振れをおこしていたことが、不思議だった。梢から、湿気が水玉となって落ちていた。ぽと、ぽと、音がした。

　「あと、一時間もすれば、川に出ます。川沿いを歩けば、村にいきつきます」

　「救けは受けとうない、このまま置き去りにして下され、それともいっそ殺してくれ」

　「あなたは誰なのですか？」彼は訊いた。男は黙った。弱くわらう声がきこえた。「おれが誰であろうかよ。この山に這いまわる乞食、かったい⁽⁶⁶⁾の仲間よ」男は言った。「名前などない」

　「あなたを救けたい」

　「馬鹿げたことを言って」男は、言った。声が闇の中で、響いた。日はすっかり落ちてしまっていた。さっきまでおぼろげにみえていた杉の木の形も、いまはなかった。滴がしきりに落ちていた。「それよりもいっそこのおれを殺してくれ。この先何年も何年も、こんな体で生きていくのは心苦しい。殺してくれ」男は言った。「ほれ」と言葉をつぎ、黙った。「聞えるか、村の方から、また、おれを呼ぶ」男は言った。彼の耳にも、声は聞えた。方々から、老若男女のものらしいいくつもいくつもの声が掛る。その声の波に合わせて、山が、ざわざわと音を立てる。梢がうごき、彼の足を置いたあたりの草が、むずむずと

身を持ち上げる⁽⁶⁷⁾。地面がぼこぼこっと音をたてて動く。ふっと息苦しくなる。「ほれ、あの声。あの声があるために、夜は寝れない」彼は聞いた。それはまぎれもなく、母の声だった。姉たちの声だった。「里の村へおりて行って、言ってくれ。もう苦しむな、もう忘れろ、と。今さら母が苦しんでなんになる。嫁いでいった妹たちが苦しんで、なんになる。母や妹たちを苦しめるために、くびれたんではない。母や妹たちが幸せになるように、くびれた。俺のことは忘れて、幸せに生きろ」
　「その代わり、あんたが、左眼を潰され、左脚を損じて苦しんでいる」
　「おれのことはいい」男は黙る。「だから、おれは頼んでいる。男のお前に。殺してくれ」
　その時、声がした。それは姉の声だった。「兄やんねえ⁽⁶⁸⁾、覚えとるかあ」と聞えた。それから母の声もした。母は、呻いていた。「おまえが、首つって、すぐ家に運び込まれ、母さんが顔見たら、赤い鼻血がたらたら出てきたねえ。かわいもんよ。なんで若い身空で首つって死んだ？みんな、母さんが悪かった。母さんが一番悪かった」母は泣く。
　「おれは、お前を救ける」彼は言った。立ちあがった。男の腕をつかもうとした。「要らん」と男は振り払った。ざわざわと⁽⁶⁹⁾音がした。梢が鳴った。喉を圧し潰し痛みに耐えきれぬ呻きをあげた。おう、おう、とけもののように男は唸った。彼の耳のそばで誰かがむっくりと⁽⁷⁰⁾起きあがる気配がし、ひた、ひたと⁽⁷¹⁾音を立てて、木立の下を歩いていく。「ああ、かわいもんよ、なんで死んだ」母の声に合わせるように、男は、おう、おう、と呻く。「もう忘れてくれ。人の世に生まれなんだら、よかった⁽⁷²⁾。忘れてくれ」彼は、痛みに耐えきれぬ男の呻き声を耳にし、その小さいものの、ひくひくとうごく赤

い肉を思い出した。なにもわからず、なにひとつ知らず、生命は風にさらされ光にさらされ、うごく。あれは、兄の生れ変りか?「里の村で、母に伝えてくれ。なにひとつ苦しむな、忘れろと。病いに苦しめられ、そのうえに、死んだ子の齢をかぞえて苦しんで、なんになる。母が泣く。妹の、泣く声がする。死んだ者を想うことは要らん。器量よしのその顔が、台無しになる。生きよ。身も心も魂も夫に預け、兄のことは忘れろ。生きてくれ」彼の眼に涙がたまる。凍りついた闇の中で、彼はいま、十何年前に死んだ兄と向かい合って杉の根方に坐り込み、しゃべっている。あれから、死をまっとうに(73)死ぬことも出来ず、こうやって傷つき山中にうずくまっていたのか?

　法事を終え、東京にもどってきた彼は、その盲いて生れた小鳥が、雑居籠の四つほどある巣の一つに足をひっかけ、干乾びて死んでいるのをみつけたのだった。まさに、穀断ち(74)を行ったのと一緒だった。足にまきついた糸をほどき、手のひらに乗せてみた。彼はしばらくそうやって固く干乾びたそいつをみていた。日の光が、へんに優しいのを知ったのだった。

（「風景」・昭和50.6）

注　释

(1) 大台ヶ原（おおだいがはら）／位于奈良县和三重县境内。海拔约1600多米，有"近畿屋脊"之称，是日本屈指可数的多雨地带。属于吉野熊野国立公园。

(2) 根方（ねかた）／根部，底下。①山の～：山脚下。②やなぎの～：柳树的根部。

(3) 荒（あら）い息（いき）をしていた／喘着粗气。荒い：凶猛，汹涌。息づかいが～：呼吸急促、喘息粗重。

(4) 脹脛（ふくらはぎ）／腓，腿肚子。急に運動したので～が痛い：因为突然运动所以腿肚子疼。

(5) 身動き（みうごき）がとれない／身体动弹不得。身動き：转动（活动）身体。

(6) 熊野（くまの）／和歌山县西牟娄郡至三重县北牟娄郡之间地带的总称。森林资源丰富，还有熊野三山、那智瀑布等许多名胜古迹。

(7) イッポンダタラ／黑暗神话的一个成员，名字叫做伊萨夸，或是伊塔卡。出身地为日本，日文中的汉字写作"一本踏鞴"。日本熊野山中居住的一只眼，一只脚的怪物。

(8) 故（ゆえ）あって傷（きず）つき申（もう）した／（鄙人）因故而受伤。

(9) 唸（うな）る／①呻吟，哼哼。痛みでうんうんとうなっている：疼得直哼哼。②吼叫。虎が～：虎啸。③响，轰响。モーターが～：马达轰鸣。

(10) 下手（へた）なことをする／做了糗事。此处指对方胆敢轻举妄动。

(11) 喉元（のどもと）を嚙（か）みちぎる／咬断喉咙

(12) 引（ひ）ったくる／抢夺，夺取。①お金を～：抢钱。②手からハンドバッグを～：从手中夺下手提包。

(13) キルク／软木。①～の栓：软木塞。②～質：软木质。③～抜き：螺锥，拔塞钻。

(14) 敗（やぶ）れてしもうた／"てしもうた"在标准日语里应为"てしまった"。败下阵来。

(15) 不甲斐無い（ふがいない）／不中用，没出息，不争气，窝囊。①～男：不争气的男人；窝囊废。②自分ながら～と思っている：连（我）自己都觉得太窝囊。③肝心なときに逃げ出すなんて～やつだ：最要紧的时候逃跑，真是没出息。

(16) ものの見事（みごと）に、やられた／意思为"被彻彻底底地打败了"。

(17) わしに行くところがどこにあろうかよ／意思是"哪里有我去的地方啊"。

(18) どこにもありやせん／"ありやせん"在标准日本语里应为"ありはしない"。根本就没有。

(19) 尻餅（しりもち）をついた／摔个屁股蹾儿，屁股着地摔倒。

(20) シュッシュッと／拟声词，表示蒸气从缝隙中断断续续喷出时的声音。嗤嗤（作响）。

(21) よろぼう／跟跟跄跄，东倒西歪。

(22) 法事（ほうじ）／（佛教）法事，佛事。～を営む：作法事。

(23) 巣立ち（すだち）／离巢，出窝，出飞。①小鳥の～：小鸟长大离巢。②（喻）（离开父母或由学校毕业后）自立，独立。

(24) 十姉妹（じゅうしまつ）／（动物）十姉妹，白腰文鸟。雀目枫鸟科鸟类，是玩赏类鸟类。比麻雀体型稍小，底色呈白色或暗褐色等不固定的花纹，也有纯白色品种。

(25) まだら／斑杂，斑驳，花斑，斑点。①色が～だ：色彩斑斓。②汗でおしろいが～になる：由于流汗，香粉给冲得斑斑驳驳。③～雪：飘洒的雪。

(26) 檀特（だんどく）／美人蕉科多年生植物，原产印度，自古以来被人们作为一种观赏植物进行栽培。在中国又被称作"云华"。

(27) 賞（め）でる／欣赏。①花を～：赏花。②月をめでて、歌を詠む：赏月吟诗。

(28) 身上（しんじょう）／优点，长处，可取之处。①そこが彼の～だ：那一点是他的长处（可取之处）。②まじめなのが彼の～だ：认真就是他的优点。

(29) 餌（えさ）をついばむ／啄食。

(30) とてつもなく／"とてつもない"表示出人意料、出奇、吓人的意思。①～大金：多得不得了的巨款。②～計画：庞大的计划。③～大物：庞然大物。④～ことを言い出す：竟说出不着边的话。

(31) もがく／翻滚，挣扎。猫が池に落ちてもがいている：猫掉到水池里，在挣扎。

(32) セキセイインコ（脊黄青鹦哥）／（动物）阿苏儿，黄背绿鹦鹉（鹦鹉科长尾小鸟）。

(33) 無頓着（むとんちゃく、むとんじゃく）／不经心，不介意，不关心，不在乎。世間のことに～である：对社会上的事情不关心。彼女は着るものに～だ：她对衣着不讲究。細かいことに～である：对琐碎的小事毫不介意。

(34) 巣引（すび）き／（饲养的禽鸟）抱窝育雏、伏窝、筑巢。

(35) ほのぼの／①朦胧，模糊，隐约。～と明け行く空をながめる：眺望拂晓时渐渐发白的天空。②感觉温暖，暖人心房。～とした話：暖人心房的话。此处的意思为②。

(36) どうぜ／反正～，总归～，终归，无论如何，归根结底。①人間は～死ぬのだ：人总归是要死的。②～間に会わないのだからゆっくり行こう：反正（横竖）来不及了，慢慢走吧。

(37) 人影（ひとかげ）をさえぎる／遮挡人影。

(38) 毛虫同然（けむしどうぜん）／"毛虫"指蝴蝶或者蛾子的幼虫，毛虫。"同然"表示（和～）一样；（简直跟）～一样的意思。

(39) 息（いき）を呑（の）んだ／（因危险、吃惊而吓得）憋住呼吸，不敢动。

(40) 外気（がいき）／户外的空气。①—を～に当てる：使～见见风。②～にふれる：接触户外空气；见见风。

(41) 毛頭（もうとう）なかった／"毛頭"为副词，表示丝毫没有。①合格するなど～思っていなかった：我一点也没想到我会考上。②～異存ありません：毫无异议，丝毫没有不同意见。③悪いとは～思わない：丝毫不认为不好。

(42) 赤（あか）むけのむきだし／露出（皮肤）磨破的红肉。

(43) 脈打（みゃくう）ち／脉搏跳动。

(44) 発心集（はっしんしゅう）／由八卷百余话构成的佛教说话集。编者鸭长明，大约编纂于建保二年（1214）至次年。

(45) 鷹飼（たかが）い／饲鹰；驯鹰者，鹰匠。

(46) 同（おな）じゅうする／同じくする。"じゅう"为"じく"的音变。使与～相同。

(47) 忌（い）まわしい／不吉祥，不吉利。①～夢：噩梦，不祥的梦。②讨厌，可恶，可憎。～評判：坏名声，丑闻。そんなことは聞くのも～：那种事情一听就会令人讨厌。

(48) 膜（まく）を張（は）る／结了一层膜。

(49) まだるっこい／缓慢，磨磨蹭蹭，慢吞吞。①まだるっこく見ていられない：慢吞吞的急死人。②話し方がとても～：讲话慢条斯理，讲话慢慢腾腾。

(50) 手（て）のほどこし様（よう）がなくなる／无能为力。

(51) 群（むら）がる／聚集。①群がって襲いかかる：合伙袭击。②人々は出口にいっせいに群がった：人们一下子都聚到出口。

(52) 穿（ほじく）る／挖，抠。①鼻を～：抠鼻子。②砂を～と貝がたくさん出てきた：挖沙子挖出来很多蛤蜊。

(53) ぞろぞろ／一个跟着一个，络绎不绝。①子供が～ついてくる：孩子们成群地跟在后面。②映画館から人が～出てきた：人们从电影院里拥了出来。

(54) 群（むれ）をなす／成群结队。群れ：群。①人の～：人群。②小さな魚が～になって泳いでいる：小鱼成群地游着。③デモ隊の～に巻き込まれる：被卷进示威的人群里。④群れ生活：群居生活。

(55) 目（め）がけて／以～为目标，朝着～前进。山頂目がけてアタックする：以山顶为目标攀登上去。

(56) いざり／（屁股坐地）向前蹭行。也指这样行进的人。

(57) 響（ひび）きこもる／回响。

(58) 共振（ともぶ）れ／共振。

(59) ソラマメ／蚕豆。豆科二年生作物，叶子呈羽状复叶。原产地不详。自古以来栽培于西亚地区。现今遍及全世界，以中国为多。2到3月份期间开紫色蝶形花，花谢后，结大的豆荚果实。种子可以食用，茎叶可以用作肥料或家畜的饲料。

(60) あたうる限（かぎ）り／所及之处，尽其可能。

(61) シダの胞子（ほうし）さながら／"さながら"在此处表示"就像～，宛如～"的意思。宛如凤尾草的孢子似地。シダ：羊齿类植物中最为进化的，大形叶类的总称。

(62) なむあみだぶつ／（佛教用语）南无阿弥陀佛。有归命于阿弥陀佛的意思。一般将吟唱该用语称为念佛，相传以此可以转世进入极乐世界。

(63) 身をちいさくしていた／蜷缩着身子。

(64) ことあるごとに／每逢有事的时候。

(65) シャム双生児（そうせいじ）／暹罗双胎，剑突联胎。单卵双胎儿身体的一部分相互粘连在一起，形成畸形。该名源自于轻度胸部结合体患者、泰国的Chang-Eng兄弟（1811—1874）。

(66) かったい／麻疯病。

(67) むずむずと身をもちあげる／跃跃欲试。むずむず：急得慌，跃跃欲试。①気持ちが～する：心里急得慌。②答えを教えてやりたくて～する：急着想告诉答案。③行きたくて～する：急着想去。

(68) 兄やんねえ／相当于"兄さんねえ"。

(69) ざわざわと／人声嘈杂，乱哄哄，吵吵嚷嚷。①会場はまだ～している：会场仍然乱哄哄的。②～としていた場内は急に静かになった：人声嘈杂的会场上突然安静起来了。

(70) むっくりと／此处表示突然（猛然）起身的意思。

(71) ひた、ひた（と）／①（水）刚刚没过来的样子。～、～になるくらい水をいれる：把水添到刚没过来的程度。②哗啦哗啦（拟声词）。波が岸辺を～と洗う：浪哗啦哗啦地拍打着岸边。

(72) 人の世（よ）に生（うま）れなんだら、よかった／能活于人世、真好。

(73) まっとうに／正经的，认真的。まっとう：正经，认真。～なやり方：正经的做法。～な話：正经话。～な事：正经的事情。～な人：认真的人。

(74) 穀断（こくだ）ちを行った／戒食五谷。（修行、祈祷等期间）不吃粮食，辟谷。

楽　土

中上健次

　炎が揺れていた。咲き萎れた幾重もの緋色の花弁は、風に揺れ、彼の眼には、炎に見えた。庭を彩る草花が少ないのに気づき、一昨年、秋の植木市で買った二本の牡丹の、一本だった。昨年は咲かなかった。花弁の一枚は落ちかかり、緑の葉の先に支えられているようなものだった。その横の木蓮は花芯だけが残っていた。ほとんど同時に咲いたらしかった。

　去年の春、庭はあまりにさびしかった。建て売り[(1)]の猫の額[(2)]ほどの庭は、貧しくさえ見えた。女房の提案で、二人の娘が使わなくなった砂場を、秋にレンガを積んで縁取り花壇にした。そこに植えたチューリップ[(3)]も、いまは茎だけが残っていた。幼稚園に通っていた上の娘は、このチューリップの芽が出、茎が育つのを楽しみに、花壇の脇にしゃがみ込んでいた。自分のチューリップだ、と言った。娘は花を見たのだろうか？優しい子供だった。

　彼は今、想い出す。娘が歩き始めた頃、ここよりは少しは都心に近い借家にいた。元々彼は体が大きかったし、体力にも自信があって、昼勤、夜勤、明け、公休と繰り返す貨物会社で、トラックへの積み降ろしをしていた。昼勤の日をのぞいて、夜勤の日、明けの日、公休の日、娘をつれて散歩した。今日はこのコース、明日はあのコースと決まっていた。花が庭に咲いている家をいつも必ずコースの中に入れた。山鳩の鳴いている雑木林もそうだった。娘は「ホーホー」と山鳩の声をまねた。その武蔵野の面影[(4)]が残る林の道端に、小さな草の花が咲いてい

た。しゃがみ込み、「はな、はな」と娘は言い募った。彼がそうだ、それが花だ、よくみつけた、と認めうなずくまで、力を込めて言ったのだった。

そのころもよく人と喧嘩した。酒を飲むのが、彼と同じように体を使う職についた者の多かった町なので、喧嘩は口論だけではおさまらず(5)、きまって殴りあいになった。切れて(6)血が出た眼のふちにバンソウコウ(7)を貼りながら、女房は「いい加減にしてよね」と言った。「子供もいるんだから」「スポーツさ」彼は言った。

女房の両親は借家に住んでいたのだった。結婚したばかりの頃、一人娘だし、両親は自分たちと一緒にその家に住んでくれないか、と言った。それを断わると、今度は女房が歩いていける距離でしか住みたくない、そうでなかったら彼に勤めを変えてくれと言った。仕方なしに両親の家とは目と鼻の先(8)に借家した。彼が夜勤の日、女房は娘をつれて両親の家へ泊りに行った。

三年前、建て売りのこの家へ移った。両親と同居した。下の娘が生れてまもなくのことだった。それまで上の娘は両親に預けっぱなしで、彼がそれを言うと、「だって二人も子供が居るじゃない」と女房はわらった。しようがない、もういいだろう、と彼は同居を決心したのだった。両親、夫婦、娘二人の六人でうまくやっていけるはずだ、と誰もがみんな思ったのだった。

この家に移ってから、上の娘との散歩がまたはじまった。だが、下の娘がやっと歩き始める頃、彼は勤めを変えた。夜勤などすることの要らない事務仕事だった。下の娘の手を握って散歩につれ出してやったことがあったろうか？といま思う。たまの休日、昼近くに起き出すと、娘らは二人で遊んでいる。声

が聴えない時は、両親が二人を街へ連れ出していた。娘の声のない休日は酒でも飲まないと落着かない。
　五歳と三歳の娘二人は、全く性格が違っていた。下の娘は男のようだった。花になど興味を示さなかった。
　娘は二人とも彼に似ていた。
　「ちょっとずつ分け合った感じね。悪いところをさ」と女房はよく言った。彼にしてみれば、上の娘は彼の母親に、下の娘は、女房が呼び方に困って「彼の人」と呼ぶ彼の実父に似ていた。初めて郷里につれ帰った時、そっちの方の顔だ、と母も認めた。彼は、実父とは三歳の時に別れていた。丁度、下の娘の齢だ、とよく、夜中、寝呆けて(9)彼の蒲団に入ってくる娘の頭を撫でつけながら思った。こんなふうに頭を撫で寝かしつけてもらったことなどない、と思った。実父はまだ生きていた。郷里は、海と山とに閉ざされた狭い町だ。よく出くわした。しかし三歳の時以降、ろくに話を交したこともなかった。
　炎がこぼれた。牡丹の花弁が風で地に落ちた。小鳥が鳴いた。彼の耳に、その牡丹の花の下、紫陽花の下、ビワの下、いまを盛りと(10)花をつけた芝桜(11)の下の、土の中から、小鳥の鳴き声が幾つも聴こえた。その土に何羽の小鳥の死骸を埋めたろうか？何個の未生の卵を埋めたろうか？花壇は小鳥の墓場でもあった。
　下の娘が一歳になった日、つがいのセキセイインコを買った。しかし、それは家に持ち帰って九日目に、呆っ気なく死んだ。死なれてから病みつきになった。通りがかりに小鳥屋を見かけるたびに、元気そうなやつを選んで買った。二週間ほどかかって彼は物置きほどの大きさの小鳥小屋を作った。いま、そこに百羽ほどいる。
　病気で死んだものもいた。戸外に出した小屋なので、金網

越しに猫につめでひっかけられて首が取れて死んでいたものもいた。それを花壇の土に埋めた。有精卵も無精卵もあった。それらもすべて土に埋めた。

「みて、みて」上の娘が叫んだ。勤め先からめずらしく早く帰った日だった。小鳥小屋の金網の下にうずくまった黄色のセキセイインコを、娘は指さしていた。何羽もの小鳥の鳴き声に誘われて、どこかの家から逃げ出してきたのだろうか。近づくと、よろよろ歩いて逃げかけたが、それも、ものの一メートルも行かぬうちにうずくまった。黄色いネズミのようだった。

「自分で捕まえてみろ」

娘は眼をいっぱいに開いて彼を見た。茜(あかね)の空が映っていた。涙があふれた。「だめ、だめえ」と、彼の手をぶった。

そのセキセイインコは、しばらく鳥籠のなかに一羽別に飼われたが、三ヵ月ほど経った或る朝、水差しの中に頭をつっ込んで死んでいた。娘の知らない間に、女房はそれを鳥籠から取り出してスーパーマーケットの広告紙にくるみ、起きて来た彼に差し出した。

「埋めてやって。みせたくないんだから」

紙につつまれたそれは、冷たく硬直していた。翼をひろげてみた。朝の光が白く、跳ねた。冬のことだった。霜柱の立った花壇の土を掘ってそれもうずめた。

立っていた。ふらふらしていた。酒を絶えず飲み続けているせいだった。いま土の中から鳥たちに甦(よみがえ)ってほしかった。鳴き出してほしかった。女房も娘二人も家には居ない。家には彼の蒲団一組と洋服下着の類が残っているだけだった。

三月三日の夜だった。深酒(ふかざけ)(12)した。それでも夜のうちに家に戻ろうと、まだ飲み歩こうと誘う仲間を振り切ってタクシーに乗った。夜明け前の三時頃、家に着いた。居間には、一週間ほど

前から内裏雛(13)が飾ってあった。女房は、帰りついて腹が減ったという彼に飯の用意をした。「待っていたのに」と言った。その言葉にむらむらと腹が立った(14)。

「花ひとつ飾ってないじゃないか」彼は言った。「てめえは、何を言っても分からんのか」女房はかくんと首を落として(15)うなだれた。そうやって自分が悪かったという振りをすればその場はやり過ごせる(16)、と思っていた。酒癖が悪い、というのは彼の周囲の人間なら誰もが知っている。彼は、それに腹立ちを刺激された。食っている物がまずい、と思った。ハシが俺の好みじゃないと思った。坐っている椅子、テーブルが気にいらない。この椅子、このテーブルで、この俺が物を食えるか、と思った。俺の好みは何一つここにない。それで彼はいきなり、テーブルをひっくり返したのだった。女房は素早くとびのいた。これまでに何度も天井からぶら下った室内灯を壊されたり、冷蔵庫を横倒しされたりしているので馴れっこになっている。ガスレンジのそばに身を避けた。

「分らんのか」

「すみません」

「何が、すみませんだ。言ってみろ」

「花、飾ってないから」

「何の花だ？」

女房は黙った。うなだれた。

三月三日は痛い日だ、と彼は朝食の時に、女房に言った。仕事を終えたら今夜は、年若い友人を呼び出して飲むかもしれないと言った。女房は、「子供たち、パパの帰り待ってるから寝てしまわないうちに帰って来てよ」と言った。「お雛様なあ、見るたんびにつらいんだよ」彼は言った。「お雛様って、やっぱり人形だろ、人の形だろ、人の身代りだろ。兄貴な、二十四の時、三月三日の今日、首つって死んだんだよ」

「今日なの」
女房は言った。
　外へ出て、娘の為に早く帰ろうとは思った。彼や、彼の三人の姉や、母にとって、たとえ今日という日が忌いましい拭おうとして悔んでもかなわぬ日だったとしても、二人の幼い娘には楽しい日であるはずだった。待ちに待った女の節句(17)であるはずだった。一軒だけで終わりと思ったが、酒が入ると、その人の身代りの人形が赤い段々ににこやかな顔で坐っている家に戻るのが重っ苦しくなった。兄は何度も何度も、包丁を持ったり鉄斧を持ったりして殺しに来た。泥酔(18)し、母が彼だけを連れて土建屋を営む別の男に嫁いだ、自分と三人の女の子を棄てた、許さないと、わめいた。だが殺せなかった。その兄が自殺したのが、三人の女の子の、節句の朝だった。
　酔いが廻るたびに、あの日のことを想い出した。二軒目を出て、ちょうど駄菓子屋があいているのが眼についた。ひし餅はないかと訊いた。色とりどりのあられはないかと訊いた。甘酒はないか？売り切れてしまったと言った。仕方なしに、桜餅を買った。シュークリームを買った。年若い友人は酔狂だとわらった。「意外に、酒の肴に甘い物なんていいかもしれませんね」とからかった。
　それ以上訊かなかった。物も言わず、テーブルの脚を四本折った。花ひとつ、せめて飾って欲しい。どこを仏壇にみたててもよい。台所の隅であろうと、たとえ便所の中であろうと。女房と結婚しようと思ったのは、この兄の死があったからだった。兄の死んだ齢に自殺するかもしれないと思い、その齢が来るのをおそれていた。二十四歳まではどうしても生きようと思った。それまでメチャクチャをやってやると覚悟していた。それが自分を殺そうとして殺せなかった兄への洗い浄め方だ、

と思っていた。二十三歳の終りにつきあっていたのがこの女房だった。妊娠した、と言った。天啓[19]のようなものだった。兄は独り身のまま子供もつくらず死んだ。この女の、腹の子によって彼は生きられると思った。遊び暮らす生活から足を洗う為に、ひとまず郊外の自動車工場に期間工として入った。そして先の貨物会社に就職したのだった。

「どうしたんだよう」とこの時、女房の父親が出て来た。

「いいんだ、あなたはあっちへ行っててくれ」彼は言った。

「また、おまえが口答え[20]したんだろう」と父親は、肩の力を抜いてうなだれているパジャマ姿の女房に言った。

彼はどなった。

「俺はいつでも自分一人の手で女房子供養っているんだからな。誰にも何一つ世話になどなってないんだからな。あっちへ行っててくれ」

女房が両親に謝ってくれ、と言った。養っているくせに俺に文句を言うな、と言った、それは許しかねると二人は言っていると伝えた。「わたしも、いくらパパだって、そんな事言わないと言うんだけど、いや、確かにそう聞こえたとお婆ちゃんまで言うの」

「婆さん、隣の部屋に居たろう？」

「そう聞こえたって。自分たちは自分たちで働いて食っているんだから、そんな事、冗談じゃないって」

相手にしなかった。両親が彼らとの別居をまた考えている、と女房は言った。それも相手にしなかった。年を取っているということもあるが、気のやさしい人のいい両親だった。そのやさしさは、彼には弱々しく思えた。腕のいいピアノ調律師である父親が、人の会社に使われる身分でありつづけるのが、もどかしかった[21]。腕は皇居にも呼ばれ、皇居のピアノを調

律したと自慢だった。独立しても、自分の腕一本で十分に食っていける男なのにと彼は思っていた。

それからしばらく経ったある日、騒動が持ちあがった。これも深酒しての朝帰りだった。三日ほど娘たちの顔を見てなかった。彼はもつれる足を踏みしめながら階段を上り、娘二人と女房の寝ている部屋に入った。女房の蒲団に一緒に寝かせてくれ、と言った。酒を飲んでの口論の余燼(22)が頭の中に残っていた。いつもそうだった。酒を飲んで、腹の虫の居どころが悪くなる(23)と独りで敵を見つけて喧嘩をしていた。それもこのごろは口喧嘩に終始した。以前よくやった殴り合いの喧嘩はスポーツのようだったが、この喧嘩は胸の中にわだかまりが残った。女に、いや女房や娘に、抱いて寝てもらいたいと思った。肌のぬくもり(24)が欲しい。そうすれば満たされぬままふっ切れずにある気持ちのわだかまりが、溶けていくように思った。

「いやよ」と女房は言った。

ただそれだけの理由だった。女房を殴りつけた。ひどい男だった。クッションの入った鏡台用の椅子で頭を殴った。部屋の隅に置いてあった石油ストーブを投げつけた。一瞬、抱きあうこともできぬのなら、女房と娘二人を道連れにして(25)、死んでしまおうと思った。石油が蒲団に散っていた。彼の体にも、女房にも、二人の娘にもかかっていた。娘二人は、眠りをいきなり破られ、ただ泣きわめいた。雨戸を閉め忘れたところだけ、障子がほのかに明るかった。石油のにおいは鼻についた。彼はマッチをさがした。その部屋にはなかった。障子の桟(26)が揺れた。縦横、もつれ合っているように見えた。自分の部屋にあったはずだと彼は思い、部屋の外に出た。とたんに上の娘が、泣き声をあげながら駆け降りた。娘は、自分の枕元にいつ

も置いて寝る桃色の小さなウサギのぬいぐるみしっかりと抱きかかえていた。誕生日のお祝いに幼稚園の友達からもらったものだった。娘たちの部屋のすぐ下の両親の部屋に入り込んだ。勢いよく戸を閉める音が、彼の耳に痛く響いた。

　マッチはなかった。腹立った。

　「連れ戻して来い」と女房にどなった。「俺の子供だ、連れて来い」

　女房は体にしがみついて泣いている下の娘をはがした。立ちあがって、下に降りた。泣きわめいている上の娘の手を引っ張って上ってきた。彼は「一人逃げやがって」と上の娘の頬をぶった。女房に手を離されると上の娘は、下の娘に抱きついた。二人で蝉のように泣いた。

　女房は坐った。ネグリジェ(27)の胸がはだけて、乳房がみえていた。

　おうい、ゆきええ、ゆきええ、と声がした。女房の父親の声だった。女房は聞こえない振りをした。「ゆきええ、ゆきええ」と呼んだ。その声が彼には聞こえず自分の娘に聞こえるはずだというふうに声をひそめていた。不快だった。いつもこうだった。この家に移って一緒に住むようになってからというもの、このような押し殺したひそひそ声(28)が家の中に満ちていた。声をあげて話すのはもちろんのことなかった。すぐかっとなり声をあらげる自分の姿がやけに浮き上って眼についた。そのひそひそ声は彼にだけは、届かない、女房と同じ血で結ばれた者の耳にだけ伝っていく声であった。上の娘でさえ、その話し方のまねをしている気がした。彼は苛立った(29)。自分だけが、聞き取れぬもどかしさを感じた。酒癖が悪く、乱れ、声をあらげるたびに、それはより一層、ひそひそ低い声で、話された。それが不快で彼はまた酒を飲んだ。この声の響く間はいつまで

たっても、女房にとって彼は、はからずも⁽³⁰⁾情を通じた下宿の男か、ボーイフレンドだった。女房は両親の娘であって、嫁だという考えはないのだった。この不快感は、居間で両親たちとくつろいでいる時に、ふと襲うこともあった。そんな時、テレビを観ているなら、そのドラマを浅薄でチャチ⁽³¹⁾で、下司っぽい⁽³²⁾とこきおろした⁽³³⁾。歌番組なら、例えば両親の気に入りの佐良直美、越路吹雪、岸洋子を、クソミソ⁽³⁴⁾にやっつけた⁽³⁵⁾。フヌケテル⁽³⁶⁾。美空ひばりを、三波春夫を、いいと言った。ミエの切り方⁽³⁷⁾を知っているではないか。下品と下司とは違う。美空ひばりは下品で、越路吹雪は下司だ、と言った。下品は歌心に通じるのだと、彼は屁理屈を並べたて⁽³⁸⁾、興をそぐ⁽³⁹⁾ことに力を入れた。女房は「そうね」とその屁理屈を、新しい芸能論でもきくように聞いた。よく父親はデパートにより、「パパのために」と豚の臓物を買ってきた。それを自分で台所に立って、煮込みを作った。最初のうちは親和をはかるためだと食った。それにも腹が立った。女房にどなった。「いくら土建屋の子供だってな、豚の臓物なんか家で食わねえよ。人を何だと思ってるんだ。たまには二、三千円のビフテキでも買ってこい。しみったれやがって⁽⁴⁰⁾」ことごとくが行き違っていった。

　子供二人は抱きあって泣いていた。火を点ければ四人で、一挙に死ねる。一瞬にして死ねる。下からまだ父親が女房の名を呼んでいた。戸を彼は開けた。父親は下から見あげていた。「なんですか、また聴き耳をたてていた⁽⁴¹⁾のか」

　「お婆ちゃんが、心臓苦しいて言うんだよ」そう言って、「ゆきええ、ゆきええ」と呼んだ。

　女房は顔をあげた。立ち上がって彼の横を抜け階段を降り、両親の部屋に入った。女房の泣き声が聴こえた。「お母さん、死なないで」と声がした。彼も階段を降りた。部屋の中をのぞ

き込もうとして、「救急車呼ぶ」と出て来た女房に酔いのとれない体をはねとばされた。

　それから二日後、約一週間ほどの出張旅行に出た。夜、家に帰ってみると誰もいなかった。家財道具⁽⁴²⁾一切なかった。両親の部屋に行った。エモン掛け⁽⁴³⁾が一つかもい⁽⁴⁴⁾にぶら下がっているだけだった。二階に上った。娘ら二人と女房がいつも眠る部屋は、きれいさっぱり何もなかった。建て売りを買おうかどうしようかと両親たちと連れ立って来た時と同様、何もなかった。ただ柱とふすまに下の娘のクレヨンの悪戯描きがあった。
　何となしにおかしかった。だが腹立たしい。手にした紙袋を投げつけた。タンスの跡だけ青く焼けずに残った畳の上に、その中の土産物が散った。旅行しても、土産など買ったためしがなかった。それが今回、女房にはブローチ、娘たちにはそろいのウサギのハンドバッグを買ってきたのだった。
　あの時、石油を被ったままマッチをさがした。燃え上ってもよかった。四人で炎に成る。それが男の心というものだ、と彼は思った。娘二人は抱き合ったまま炎に成る。女房はその娘たちを抱く。それを彼が抱く。炎は一つに成って、部屋を焼き、家を焼く。
　あの男は、彼の実父は、三歳の彼を母の手にまかせ、母に追い出された。こんな気持だったのだろうか？
　女房子供が居なくなってから一週間後に、裏にＹとただイニシャル⁽⁴⁵⁾だけの手紙が届いた。〈あなたにちゃんと話をしないでいきなり家を出たのが心苦しくてこの手紙を書きます〉と書き出してあった。〈結婚が遂に破れたことが、とてもつらい。酒乱はいつかなおるだろう、酒を嫌いになる薬を飲ませようと思いましたが、あなたは多分生れついてのもので、薬など

すすめなくてよかったと思っています。薬などではなおりません。あなたはそれでいいのだと思う〉次を読みすすむうち、彼の眼が、涙で潤んだ。文字がさまよって、読み続けられなかった。掌で強く涙をぬぐった。〈紀はもう何が起こったのか知っています。知る年頃です。トモちゃんに秘(ひそ)かに紀は別れを言いに行ったようです。幼稚園に行けないので、今日公園へ行って来ました。みんな父親と連れ立っていて、それを紀がじっと見ている気がして。菜穂はもう友達が出来たようです。子供は強いですね。夜、紀と菜穂は二人でパパのことを話し合って、紀がみんなで行った動物園や紀州の海水浴の事ばかり、楽しい事ばかり菜穂に話してきかせています〉

それから毎日毎日、酒ばかり飲んでいた。酒を飲んでうさを忘れた。百羽ほどの小鳥と彼と、花壇の草木だけが、いま在った。鳴き交(か)っていた。彼は、立っていた。今日も小鳥たちに餌(えさ)をやるために、酔い潰れて泊り込んだ他人の部屋から戻って来たのだった。アルコールが消えず、体がふらふらする。体の先から炎が立っている気がした。いや、光を受けて、自分が燃え上っている気がした。眼が痛かった。花壇の緑の葉がゆらゆら燃え出している。立っている事が出来なくなり、彼はしゃがみ込んだ。彼の眼の前に白い小さな花をつけた芝桜があった。「はな、はな、はな」と娘の声が甦った(46)。白い小さな花だった。おれ一人、残っている、と思った。彼は思いついて、その芝生の根っこを指で掘ってみた。なかった。チューリップの横にあった棒切れで、芝桜の横の土を掘った。在った。それはガムのように溶けていた。色は無かった。ただ、黄泉(よみ)では空を翔(か)けるようにと、翼を広げて埋めた時の格好のままだった。

(「別冊文芸春秋」・昭和51.6)

注　释

(1) 建（た）て売（う）り／为出售而建造（的房屋），商品房。～住宅：出售的新建住宅。

(2) 猫（ねこ）の額（ひたい）／巴掌大的地方（形容面积很狭小）。

(3) チューリップ／郁金香，百合类球根植物（原产于中亚地区）。高约20到50厘米，鳞茎生长于地下，叶呈大披针状。4到5月期间花茎顶端开黄、红、白色等花朵。

(4) 面影（おもかげ）／①面貌，模样。昔の～はない：已无昔日风貌。顔に子供のころの～を残している：脸上还保留着幼时的模样。②痕迹；遗迹。村は荒れ果てて昔の～はない：村子荒芜得已无昔日的迹象。③作风；遗风。

(5) 口論（こうろん）だけではおさまらず／意思是"仅仅吵吵架是解决不了问题的"。

(6) 切（き）れる／此处表示受伤、皮肤破了的意思。

(7) バンソウコウ／橡皮膏。用于伤口的包扎、绷带的固定等。

(8) 目（め）と鼻（はな）の先（さき）／眼鼻之间，意为距离非常近。

(9) 寝呆（ねぼ）ける／睡迷糊。寝ぼけて泣く：睡迷糊了哭起来。～な、それは僕の帽子だ：喂，别迷里迷糊的，那是我的帽子。～な：别做梦啦！

(10) いまを盛（さか）りと／现在正值盛季。

(11) 芝桜（しばざくら）／多年生植物，原产北美。茎伏地上，叶子对生，呈短线形，开红、白或淡青色圆锥花序小花。

(12) 深酒（ふかざけ）した／饮酒过量。①～をつつしむ：节制（过多的）喝酒。②～をやらぬようにしないと二日酔いするよ：不要饮酒过量，否则第二天要头疼的。

(13) 内裏雛（だいりびな）／模拟天皇、皇后装束模样做的一对古装男女偶人。

(14) むらむらと腹（はら）が立（た）った／意思是"腾地一下子，怒气涌上心头"。

(15) がくんと首（くび）を落（お）として／头猛地垂了下来。がくんと：猛然；咔嚓一声，嘎登一下子。①自動車が～とまった：汽车喀嚓一声停了下来。②汽車が～動きだした：火车嘎登一下子开动了。

(16) その場（ば）はやり過（す）ごせる／意思是"可以躲过一时"。

(17) 節句（せっく）／传统节日，民间节日。①桃の～：女儿节。②菊の～：菊花节。③端午の～：端午节。

(18) 泥酔（でいすい）／泥醉，酩酊大醉。昨夜は～してどうして家に帰ったのか覚えていない：昨天晚上喝得酩酊大醉，怎样回到家的都记不得了。

(19) 天啓（てんけい）／天示，天（上帝）的启示。～が下る：上天启示。

(20) 口答え（くちごたえ）／顶嘴，还嘴，反唇相讥。親に～する：跟父母顶嘴。

(21) もどかしい／（慢得）令人着急，令人不耐烦，急不可待。①～仕事ぶり：看着令人着急的工作状态。②時間が経つのも～：甚至觉得时间过得太慢。③夫を待つ身のもどかしさ：望夫之身的焦躁。④ドアを開けるのももどかしげに入っていた：进去时连开门都显得（有点）不耐烦。

(22) 余燼（よじん）／余烬，余火。大火の～：大火的余烬。

(23) 腹（はら）の虫（むし）の居所（いどころ）が悪（わる）い／意思是"情绪不好、心情不顺"。

(24) 温（ぬく）もり／暖和气儿，温暖。①お日様の～：太阳的温暖。②家庭の～：家庭的温暖。③布団に～が残っている：被褥里还留有体温。

(25) 道連（みちづ）れにして／结伴同行。道連れ：旅伴，同行（者）。①あなたと〜ならけっこうです：和你搭伴好极了。②汽車の中で見知らぬ人と〜になる：在火车里同生人搭上旅伴。③彼女は子供を〜に心中をはかった：她拉着孩子一块儿寻死。

(26) 桟（さん）／（为防止木板翘起而钉上的）横带、木条等。①〜を打つ：钉上横带。②格枨，框架。窓の〜をはめる：装上窗枨子。

(27) ネグリジュ／妇女用西式长睡衣、睡袍。

(28) 押（お）し殺（ころ）したひそひそ声／意思是"压低声音的轻声细语"。ひそひそと：偷偷，悄悄地，暗中。①小声で〜話す：小声私语。②私に隠れて〜相談するな：别瞒着我跟别人偷偷地商量。

(29) 苛立（いらだ）つ／着急，焦急，急不可待。①仕事がはかばかしくなくて〜：工作没有进展，很着急。②なんとなく気がいらだってくる：不由得心情有些焦躁起来。

(30) はからずも／不料，没想到。①〜みんな同じ考えだった：没想到大家的想法相同。②〜彼はそこに居合わせた：没想到他在场。

(31) チャチ／差劲，无聊。①〜な番組：差劲的节目。②〜な家：简陋的房子。③〜なまねをするな：别作无聊的勾当。

(32) 下司（げす）っぽい／品位低下。げす：卑鄙，根性卑劣。①〜な口をきく：说下流话。②〜根性：劣根性。③〜の後知恵：愚人事后聪明；事后诸葛亮。

(33) こきおろした／贬斥，一贬到底，说坏话。

(34) クソミソ／不分青红皂白的，胡乱的。①人の作品を〜にけなす：信口把别人的作品贬得一钱不值。②〜に言う：乱说一遍；驳倒。

(35) やっつける／教训一顿。此处意思为"贬斥"。あいつをこっぴどくやっつけてやろう：要狠狠整一整那个家伙；好好收拾收拾那个家伙。

(36) フヌケテル／愚蠢，痴呆，糊涂，呆笨。

(37) ミエの切り方／（戏剧、表演中的）亮相方式。

(38) 屁理屈（へりくつ）を並（なら）べ立（た）てる／强词夺理，好讲歪理。屁理屈屋：诡辩的人；好讲歪理的人。

(39) 興（きょう）をそぐ／扫兴。興：兴趣，兴致，兴味。～が沸く：发生兴趣。～がない：没有兴趣。～をそえる：助兴。

(40) しみったれやがって／太小气，太吝啬了。此句为骂人的话。しみったれる：小气。あまり～な：别太小气，别太吝啬。

(41) 聴（き）き耳（みみ）をたてていた／意思为竖起耳朵来听，侧耳倾听。隣室の話し声に聞き耳を立てる：侧耳细听隔壁房间的说话声。

(42) 家財道具（かざいどうぐ）／家中的什物家具。

(43) エモン掛（が）け／衣服架，吊衣架。えもん：和服的掩襟。

(44) 鴨居（かもい）／门框上端的横木，上框，门楣。背丈が～にとどく：身高顶门框。

(45) イニシャル／（西方文字专有名词的头一个）大写字母，首字母，第一个字母。

(46) 甦（よみがえ）る／①苏生，复活，复苏。よみがえったような心地がした：觉得死而复苏。ひと雨降って草木はよみがえった：一场雨过后草木复苏了。②复兴，复苏。記憶が～：想起了忘掉的事。懐かしさが～：怀念之情重新浮现起来。此处的意思为后者。

✏ 作者简介

中上健次（1946—1992）　出生于日本和歌山县新宫市，毕业于新宫高中。他的家庭成员十分复杂，上面有五个同母异父的哥哥、姐姐，下面有几个异母同父的弟弟和妹妹，另外在他的养父家里还有他的兄长。这种家庭环境对他的文学创作产生了重大影响。他高中时期喜爱读书，曾经是学校文艺部的成员，并且在文艺部的刊物上发表小说。后到东京生活，爵士乐与毒品成为他每天生活的必需，此时他成为了《文艺首都》的成员。1969年，他在《文艺》上发表《最开始发生的事情》，作为文学新人崭露头角。以后发表的《19岁的地图》（1973）、《鸽子们的家》（1974）、《净德寺旅行》（1975）曾获芥川奖的提名奖。1976年，发表《岬》，获得芥川奖，此次获奖奠定了他的文坛地位。由此，作为二战以后出生的第一个获得芥川奖的年轻作家，他开始了自己独特的文学创作。《岬》取材于中上健次自身的出生与血缘，在这一作品里，中上健次将自己的生身父亲、24岁自杀的异父同母的哥哥等亲属以及围绕他们所发生的事件编织在一个悲剧故事之中。《岬》的成功使他寻找到自己创作的方向，此后他写了一系列的以自己的故乡纪州（和歌山的旧称）熊野历史为核心的故事。这些作品多取材于与他自身出生有关的血缘、地缘以及纪州熊野的风土。这些作品有《枯木滩》（1976）、《凤仙花》（1979）、《千年的愉悦》（1982）、《地之尽头　时之极至》（1983）、《熊野集》（1982）等。

中上健次的作品多以自己出生的故乡为背景。在这一背景下，他以个人独特的叙述方式，在空间与时间的自由转换之中，编织了以往日本文学里鲜见的故事，成为日本当代文学中不可不提的一位小说家。中上健次的代表作品《枯木滩》是一部融会了自然主义与民俗学内容的作品，但是他既不是自然主义式的，也不是民俗学意义的。小说的主人公秋幸虽然"只不过是个泥瓦

匠，但是却是个希腊悲剧式的人物。当然，也可以反过来说，他尽管是个希腊悲剧式的人物，却生活在木材产业这个资本主义的结构之中。"在此之前，他出版了重要作品集《化妆》。评论家柄谷行人认为《化妆》是由两个不同类型的故事组成，一个是与中上健次本人相关的私小说式的故事，另一个就是"时代不明"的传统物语式的故事，这两类故事交织在一部作品之中。假如说这种结构方式在《化妆》时期还不是自觉的，那么到以后的《熊野集》时，中上健次就已经运用得十分自如。可以说，在完成这个短篇集的时候，中上健次已经开掘到了故事的宝藏。

　　中上健次的文学创作可以分为三个时期。第一个时期为他到东京后开始发表作品并获得成功的时期，在这段时期里中上健次主要描写了都市中的青春时代，并找寻到以后创作的目标与方向。《岬》的完成可以说是这个时期的结束。第二个时期是他创作的盛期。《枯木滩》是第二时期的重要代表作品，这部作品为他的家族小说带来了深度与广度。在这一时期里，他还十分关注被歧视阶层的境遇，在《千年的愉悦》里对其进行了描写与思考。他的自《岬》开始的"秋幸故事"一直延续到《地之尽头　时之极至》故事的悲剧式结局。在第三阶段的文学创作中，他走出了家族血缘，扩张到其它地域和国家，在那里寻找表现土俗性，《物语汉城》《异族》等是这类作品的代表。

☪ 作品简析

《草木》、《乐土》是中上健次小说集《化妆》里的两个短篇。《化妆》收集了他 1974 年至 1976 年间所写的一部分短篇小说。在《化妆》的后记里，中上健次谈到："日本文学里总是不断出现熊野这个地方，我这个集子就是在熊野的启发下写成的"。熊野是中上健次故乡的旧称。这块土地给中上健次带来了许多故事。柄谷行人认为中上健次在《化妆》这个短篇集里所进行的两极写作从文学史的角度看，实际上已经早已存在。这所谓"两极"指的就是自然主义或者私小说的一极，和自古就存在的物语传承的一极。只不过，中上健次没有仅仅强调它们中的一点，而是同时拥有它们，并且超越它们，由此而创作自己的小说作品。因此，我们在他的小说里看到的、读到的就不仅仅是中上健次本人的经历，也不仅仅是某个地域历史文化的再现。在这些故事里既可以读到中上健次本人的生活和感情，也可以读到那个远离都市的乡野环境里的奇特故事，同时还可以在他们之间的交错之中寻找到更令人感慨的事件和情绪。《化妆》产生于其代表作《枯木滩》的酝酿过程之中。在某种意义上讲，《化妆》可以说是《枯木滩》的坚实基础。假如没有将自然主义的现实和民俗学意义的结构连接起来，并且突破它们的这一过程的话，假如没有将"私小说"与"物语"连接起来，并且将其突破的这一过程的话，那么就很难产生《枯木滩》那样水准的作品。《化妆》所起的作用应该说也就在此。

发表于 1975 年 6 月的《草木》可以说就是这样的一个短篇。小说叙述了主人公"他"在熊野山中与一个濒死男人相遇的故事，那是个一只眼和左脚受伤的男人。在这个故事里，作者转达了自己哥哥永远难以消失的自杀之谜和作者自身与母亲、姐姐的赎罪意识。小说在三个时空之中转换，一个是现在，这里有主人公回家为哥哥办理丧事的感觉，一个是过去，那里有在东京家里

与小鸟之间发生的故事，再一个就是幻觉，在那个时空里出现了主人公与哥哥的亡灵相会的情景。而这所有一切都与哥哥十几年前的自杀相关，都与家族成员之间的感情相关。失明的小鸟与受伤残疾的哥哥，主人公怜悯小鸟与试图帮助受伤男人，母亲的悲哀与幻觉中哥哥的劝慰，主人公与受伤男人的共鸣、对哥哥再现原因的推测，所有的一切描写都和家族的过去、和母亲、姐姐、哥哥有着密不可分的联系。同时，作者又似乎在叙述一个传统的物语故事，受伤的男人的出现就好像民间传说中的一个重要片段，在传说中经常会提到人们时常在山里看到自己死去的近亲的情景。在幻觉中与哥哥的相遇，可以说正是利用了这样的民间传说，以此将读者带入到一个时代不明的故事叙述之中。当然，最终作者仍然把读者拉回到现实之中，在感叹小鸟的死，在感叹现实的温暖之中结束了小说。

与《草木》相比，发表于1976年6月的《乐土》写的完全是发生在现实世界的故事。在这里，没有传说，没有幻觉，有的只是现实的悲苦。《乐土》的主人公虽然也曾经享受过家庭带给他的欢乐，但是血缘上的联系（三岁与父亲的分离，三月三哥哥的自杀、和哥哥的自杀相关的结婚）对这欢乐却造成巨大的威胁，为主人公带来生的危机，甚至连婚姻和生子都无法摆脱自己哥哥自杀的阴影。从根本上讲，主人公所需要的并不是妻子和孩子，而是借助妻子生育的孩子使自己的哥哥活下去的愿望。作者在小说里十分坦率地表达了自己内心的恐惧（担心自己会在和自己的哥哥相同的年龄自杀）和自暴自弃、不顾一切生存的心理。主人公在小说里虽然也有温情的一面（带女儿散步、陪女儿睡觉、给妻子买胸针、为女儿买书包等），但是在日常生活中却不顾一切，将自己的快乐放在第一位，是一个醉酒、暴力、情义淡薄的人。所以，作者让主人公将失去家庭的自己与被母亲赶出去的生身父亲进行比较，客观地表现出作者自己内心自我反省的一面。小说

还花了不少笔墨描写了妻子与妻子、父母与主人公的冷漠关系，以此表达了主人公对于家庭温暖的思念。《乐土》取材于作者自身的生活，但是讲述的又是一个悲惨的故事，虽然有着私小说的一面，但是它又不是纯粹的传统意义上的私小说。

バス停

丸山健二

　休まずに歩いたものだから、だいぶ早くバス停に着いてしまった。母は息切れひとつしていなかったが、あたしはとても苦しんでいた。肺は穴でもあいたみたいな音をたて、膝頭がいつまでも震え、まるで病人だった。そのうえ、せっかくの服がどこかで着替えなければならないほど、汗でよれよれになっていた。

　バスが来るまでにはあと四十分もあるというのに、母はひっきりなしに県道の向うの暗い谷間を見た。しかし、そこには埃っぽく曲りくねった道が雑草や田んぼにはさまれてあるだけで、バスどころか、人っこ(1)ひとり通っていなかった。

　あたりはただ暑く、まぶしく、そして静かだった。近くに木陰(こかげ)がないために、あたしの荒々しい息遣いは長くつづいた。田んぼと草むらの拡がりの中に立っているものはといえば、そのバス停の標識が一本だった。日傘でも持ってくればよかったのだ。

　息切れはなかなかおさまらなかった。たった二年間であたしの体はすっかり弱ってしまった。村を離れた途端に調子が狂ったのだ。ちょっとした坂道にも音をあげる(2)ようになったし、第一歩くことがひどく億劫(おっくう)だった。

　都会暮しであたしはいくらか変ったのだ。けれども村は少しも変っていなかった。何もかもが二年前と同じだった。あまりにも変っていなかったので、あたしはがっかりした。

　がっかりして、一日早く帰ることにした。ここは退屈だった。

こんな土地で十数年も無駄にしてきたことが腹立たしく思えてならなかった。あたしには喋(しゃべ)ることが山ほどあるというのに、父や母や近所の人たちにはほとんど話題がなかった。去年の秋に起きた山火事のことばかり話すのだった。
　皆はあたしを見て、「垢抜けした」を連発し、それからあたしのお喋りに耳を傾け、さかんに頷(うなず)くのだった。どんな話をしても疑われなかった。一から十まで(3)信じてもらえた。だからあたしは数えきれないほど嘘をついた。都会での暮しぶりについてたくさん作り話をした。話だけでも充分だったのだが、小遣い銭をやるともっと信じてもらえた。あたしはあたしの顔を見に集まってきたひとりひとりにお金をやったのだ。
　泣いたりしてまで喜んでくれるものだから、父と母には三日間連続でそれぞれ五千円ずつあげた。すると父は、どうしてもあたしと暮らしたいと言い出し、怪我をして町の病院で寝ている弟をないがしろにするようなことを口走った。母までがその気になって、近所へ言いふらしてまわった。
　父も母も嘘つきだった。弟に家を任せたあとは、あたしといっしょに都会で暮らすことに決めた、などとあちこちの家で喋ったらしい。そこであたしはきっぱりと言ってやった。都会は年寄りの暮らせるところではない、と。お金はあげても、いっしょには暮らさない。
　弟の顔はまだ見ていなかった。会いたいとも思わなかった。ベットに横たわっていれば自然に治るような怪我くらいで、いちいち見舞ってやることはないと思った。しかし両親や近所の人たちがさかんに勧めるものだから、帰りがけに病院に寄る、と嘘をついた。
　まあ愉(たの)しい休日だった。二年のあいだに覚えたどんな遊びよりも面白かった。三日間一滴の酒も口にしなかったし、タバコ

も人前では喫わなかったし、見ず知らずの男にむしゃぶりついたりもしなかったけれど、毎日ごろごろしていた(4)だけだけれど、いつになくいい気分だった。退屈には違いなかったが、気分は上々だった。

　久しぶりに村へ帰ってみると、あたしの立場は完全に宙に浮いていた(5)。風船みたいに浮かんで過すことができた。父も母も近所の人たちも皆下からあたしを眺めて、ため息ばかりついていた。でも、しまいにはあたしも疲れてしまった。いい加減なことばかり喋りまくる自分に愛想がつき、ついであたしが財布に手を触れただけで皆の顔つきが変ることに気づいたとき帰りたくなったのだ。都会へ帰って、同じ店で働いている女たちといっしょにお酒を呑んで、ばか騒ぎをしたくなった。

　今朝早く眼をさまして、「帰る」とあたしが言うと、父は涙ぐんだ。もうひと晩泊ってゆけばいいのに、と言った。

　この三日間特に不満は感じなかった。ただひとつ両親が大切な質問をしてくれなかったことが、不満といえば不満だった。誰もがあたしの仕事について詳しく訊こうとしなかった。二年前のデパートの売り子をまだつづけていると考えているのなら、よほどの世間知らずだった。また、およその察しがついていて(6)わざと訊かないでいるとしたら、この上ないろくでなし(7)だった。それをたずねられたときの答はあらかじめ用意しておいたのに。

　もうそんなことはどうでもよかった。これで当分は村のことを思い出さずに生きてゆけるはずだった。あたしはあたしだった。あたしは村の人間ではなかった。それにちょっとした金持だった。今のあたしはたぶん村の誰よりもたくさん現金を持っているだろう。山や田畑という意味ではなく、また貯金の額でもなく、財布の中味を比べ合ったとすれば、間違いなくあた

しが一番になるだろう。あれほど気前よくばらまいたあとでも、まだたっぷり残っていた。

　そのあたしが頭にハンカチをかぶって、カンカン照りの中に立っているのは少し変だった。ふさわしくなかった。これではまるで都会へ働きに出かけた日とまったく同じだった。あの日はみじめだった。父も母も泣いた。近所の人たちも手を振ってくれたし、同級生や学校の先生も、弟も、そしてあたしも本気で泣いたものだった。

　草いきれにのべつ[8]あたしは打ちのめされているのに、母は相変わらず汗もかかないで気持よさそうにしていた。ギラギラした太陽を母はほとんど問題にしていなかった。顔と同じくらい日焼けした手であたしのバッグを大切そうに抱え、草の上に腰をおろして、上機嫌だった。

　母がときどき県道の向うを眺めるのには、ふたつほど訳があった。ひとつはバスが来るのを確かめるためで、もうひとつは村人が通るのを期待していたからだった。このあたしを、たくさんお金を持っている娘を誰かに見せびらかしたかった[9]のだ。

　それはあたしも同じだった。今の自分をなるべく大勢の村人に見てもらいたかった。いい身なりとか、流行の髪形とか、整った顔立ちとか、高価なハンドバックとかを全部見てもらいたかった。近所の人たちだけではなく、村中の人間に見てもらいたかった。町からタクシーを呼ばなかったのはそのためなのだ。バス停で待っていれば二、三人には会えると思ったのに、どこにも人影はなく、あたりはしんと静まり返っていた。暗い谷の方から吹いてくるひんやりした風がなかったら、あたしはとっくにへたばっていただろう。

　その涼しい風だけが頼りだった。月見草の花がかすかに揺れ

て、草むらの奥深いところで鳴いていた虫が急に黙ると、谷川の水で冷やされた空気のかたまりがあたしを包みこむのだった。するといっぺんに汗がひいて、頭の中心まですっきりした。

　あたしたちはほとんど口をきかなかった。母は自分から先に喋ることはなく、あたしはあたしで唇を開く元気さえなかった。近くの町からタクシーを呼ぶべきだった。そうすれば列車の中で着替えなければならないほど汗まみれになることはなかったし、今頃はもう村のことなどすっかり忘れていられたのだ。冷房の効いた車内でゆったりとくつろぎ、堂々とタバコをふかし(10)、氷で冷やした缶ビールを呑んでいられただろう。

　そうだ、ビールを呑もう。まずビールを呑もう。列車が走っているあいだずっと呑みつづけよう。そうすればちょうどいい具合に酔っぱらって、あのアパートへ入って行けるだろう。同居しているあの女がどこかの男を引っぱりこんでいたとしても、あたしはたぶん平気でいられるだろう。バッグを部屋の真ん中へどさりと投げ出し(11)、素っ裸で抱き合っているふたりを見おろして大声で笑うだろう。それからウイスキーで仕上げにかかり、あちこちへ電話をかけ、大勢で夜が明けるまでばか騒ぎをしよう。

　よくもまあ三日も酒無しで過せたものだ、と思う。こんなことを都会の仲間に話しても信じてはもらえないだろう。

　缶ビールを口元へ寄せるときのことを想像しただけで、首のまわりに暑さのせいではない汗が浮かびあがってきた。しかし、ビールが手に入るまでにはあと一時間以上かかりそうだった。バスが来るまでに三十分、バスが町の駅前に着くまでに少なくとも四十分。

★

　バスではなく、おんぼろの乗用車が一台あたしたちの前を通って行った。一旦通り過ぎてからまもなく引き返して来た。運転している男は黄色いヘルメットをかぶって作業服を着ており、母とは顔見知りらしかった。ダム工事に来ているのだ、と母は言い、いい人だ、とつけ加えた。しかし、あたしはそうは思わなかった。あたしはひと目見てどんなタイプの男かわかった。

　男は愛想笑いを浮かべながら[12]、あたしをまじまじと見つめ、町まで行くのなら乗せて行ってやる、と言った。母はとても喜んだが、あたしはきっぱりと断った。勤め先のお店へ来る客のなかにも、彼のような男が何人もいた。油断のならない[13]、金をかけずに遊ぼうと考えている男に違いなかった。

　町へ行くには淋しい森をふたつも通り抜けなければならなかった。男はしつこく誘った。こんな暑いところにいることはないと言い、乗用車ならバスよりもずっと速いと言い、しまいには助手席の扉を開けたりもした。

　「乗せてもらえ、おまえ」と母はしきりに言うのだった。

　だがあたしは、バスのほうが酔わないからと言い、また、久しぶりにバスに乗ってみたいのだ、とも言って、動かなかった。男の顔は油を塗ったみたいに赤く光っていて、トマトのお化けのように見えた。しかし醜男(ぶおとこ)ではなかった。どんなひどいことでも平気でやってのける人相で、彼のほうでもあたしのことを見抜いているみたいだった。普通の女を見る眼つきではなかった。都会育ちか、都会に詳しい男でなければ、そんな眼であたしを見ることはできないはずだった。「あれ」と男は言って、芝居気たっぷりに首をかしげた。「どこかで一度会ったか

なあ？」
　あたしは咄嗟にそっぽを向いた(14)。もっと喋りつづけたいための口実とはわかっていても、あたしは思わず眼を伏せた。あたしの顔をまじまじと見つめる男は、日に五、六人もいるのだ。こっちはいちいち覚えていなくても、男のほうでは忘れていないのかもしれなかった。
　ついで男はクルマを少し動かしたが、行ってしまったりはせず、逆にあたしのほうへもっと近づいてきた。クルマをバス停の脇に停めてからエンジンを切り、相変わらず脂ぎった愛想笑いを浮かべてやってきた。作業服には汗のしみがあちこちについていて、模様のように見えた。
　男は母とあたしのあいだに腰をおろした。強烈なワキガの臭いが鼻をついて、あたしはまたそっぽを向いた。あたしを誘うのを諦めたのか、彼は母に話しかけた。工事がだいぶ遅れていることや、連日の暑さで人夫たちが喧嘩ばかりしていることなどのあいだに、さりげなく自分が独身であることをはさんだ。こんな荒くれた仕事をしていたのではいつまでも所帯が持てない、と男が言った途端、母の眼が急に輝いた。
　あたしはますます警戒した。その男がクルマを降りたときからいつでも身をかわせる(15)準備をしていた。落着きのない眼でしょっちゅうあたりの様子を窺っているのが怪しかった。年老いた母を片づけることなど彼にとっては造作もない(16)だろう。あの太い腕をちょっと振りまわせばすんでしまう。そして、次はあたしがやられる番だ。
　いや、彼はその前にもっとおとなしい方法で頑張ってみるつもりだろう。ゆっくりと時間をかけて、とりあえず自分と母とがどれほど親しいかをあたしにわからせてから、あらためてクルマに誘おうというのではないのか。どっちにしても、このあ

たしがそんな手にのるわけがなかった。ワキガの臭いが我慢できなかった。

　男の目当てはあたしのほかにもあるのかもしれなかった。あたしと、ハンドバッグの中味を同時に狙っているのかもしれなかった。

　無口な母が今ではとてもお喋りになっていた。見え透いたことばでさかんにあたしのことを売りこんでいた。家柄から始めて、あたしの財布の中味までべらべらと喋りまくった。それから母は男の腕や脚に触れ、親指の腹のところでそっと押してみたりした。それは死んだ祖父が農耕馬を買うときに使っていた方法だった。しかし男は何をされているのかわからず、汗にまみれたタバコに火をつけ、照れ隠しにふかしつづけた。

　男はときどき横目でこっちを見た[17]が、あたしは仏頂面[18]をしていた。そして母が「真面目な娘でねえ」と言ったところで、あたしはハンドバッグからタバコを取り出した。両切りのタバコを爪の上にトントンとたたきつけてから唇の端にくわえ、村の男の一ヵ月分の収入よりも高いライターでもって火をつけた。煙を肺いっぱいに深々と吸いこんで、鼻からゆっくりと出した。

　やはり母は驚いた。あんぐりと口を開けて[19]あたしを見ていた。ところが、男の顔つきは少しも変わらなかった。彼はたぶん、あたしがその場でウイスキーをラッパ呑みにしたとしても驚かなかっただろう。着ている物を全部脱いだとしても……。

　母は黙りこくってしまった。タバコを喫う女がどんな種類に入るかについて、母はかつてよく話したものだった。口をつぐんだ母は、暗い谷の方ではなく、夏の光がはげしく渦を巻いている南の谷を見つめていた。そこの大気は狂っているように見えた。

「遅いなあ、バスは」と男が呟いた。

あたしは何も言わなかった。こういう男は相手にしないのが一番だった。ひょっとするとあたしと彼は本当に会ったことがあるのかもしれなかった。彼が自信たっぷりなのは、そのときのことをはっきり覚えているからだろうか。

たとえそうだとしても、あたしは一向にかまわなかった。言い逃れる方法はいくらでもあった。第一あたしによく似た女など都会には数えきれないほどいるのだ。あたしが知っているだけでもそっくりな顔つきの女が三人もいた。鼻と眼の形を整えれば大抵の顔はこうなってしまうのだ。

三人とも喋らないでいた。とりつくしま[20]を与えないあたしに手を焼いて、男はそわそわしていた。彼が今何を考えているのかだいたいの察しはついた。しかし、あたしが想像している以上に恐ろしいことを考えているのかもしれなかった。そのときはそのときだった。彼が欲しがるものを残らず与えて、命だけ守ったほうが利口だった。

やがて男は無言のまま立ちあがった。あたしは持っていたハンドバッグをそっと傍らの茂みに隠し、体をこわばらせた[21]。けれども男は何もしなかった。母の肩に手を置いて優しいことばをかけ、ふたたび蒸し風呂のようなクルマに乗りこんだ。彼は諦めたのだ。その気になりさえすれば簡単にやってのけられるうまい事をあっさりと投げ出したのだ。

男はあたしに向って、「それじゃあ、気いつけて」と言い残し、強烈なワキガの臭いを残して、夏の向うへと走り去った。舞いあがった土埃が草や稲の上に落ちて白っぽく染めた。

しばらくして虫の声が戻った。暗い谷から吹いてきた風があたしの汗を拭き取って、素早く遠のいた。喫いかけのタバコを蟻の巣に突っこんで火を消してから、草むらに隠しておいた

ハンドバッグをつかみ出した。あたしにはまだ信じられなかった。あの男が本当に諦めたとは思えなかった。そう見せかけて、実は仲間を呼びに行ったのではないだろうか。それとも、森のどこかで強引にバスをとめて乗りこんでくるつもりでは……。
　安心するのはまだ早かった。時間はまだあった。母はいくらか落着いて、いつもの母に戻っていた。何か喋りたそうにしてときどきあたしを見たが、結局一言も発しなかった。きっとタバコの件について訊いておきたかったのだろう。いつから喫うようになったのかとたずね、ついでできることならやめたほうがいいとか何とか忠告したかったのだろう。ダム工事に来ているというさっきの男が急に立ち去ったのも、タバコのせいだと言いたかったのだろう。
　もしも母が実際にそんなことを言ったとしても、あたしは弁解しないつもりだった。タバコを喫う女など珍しくないとわからせるには、黙って煙を吐き出してみせるのが最も手っ取り早い方法だった。だからあたしはまた一本口にくわえた。母とあたしのあいだを紫の煙が幾度も遮った。
　「お小遣いあげようか？」とあたしは突然訊いた。そんなことを言うつもりはまったくなかったのに、舌が勝手に動いてしまった。「父さんに内緒であげましょうか？」
　返事を待たないで、あたしは母のふところへ札を一枚押しこんだ。そうすれば母の頭のなかのもやもや(22)がいっぺんに消えるだろうと考えたのだ。現に母はまたいくらか元気になった。もらったばかりのお金をふところから取り出し、じっと見つめ、それを体のどこへ隠しておこうかと思案した挙句に、地下足袋の底へしまいこんだ。

★

　急に母を見ていられなくなった。そのときになってあたしは初めて母の老けこみに気がついた。同時に、まだ若かった頃の母の姿をはっきりと思い出した。たしかにあれから十何年も経っていた。

　母はひからびていた(23)。同じ生活を繰り返し繰り返しているうちに、冬の草のようにぐったりとなってしまっていた。あといくらも生きられないだろう。それは父にしても同じだった。しかし、あたしはまだまだ生きる。まだ何もかも始まったばかりだ。この二年間で恐いものはほとんどなくなった。都会なんて、男なんて、世間なんて、結婚なんて。

　もちろんあたしだっていつかはひからびてしまうだろう。仕事と酒のせいで、母よりももっと早くひからびてしまうかもしれない。それでもいい。それでも母の十倍は生きたと感じるだろう。

　母はもうとっくに死んでいるのかもしれなかった。何年も前に、本人も知らないあいだに、周囲の者も気づかないうちに、死んでいたのかもしれなかった。そして今は、あたしから小遣いをもらうときだけ生き返っているのではないのか。それとも、このあたしといっしょにもう一度生き直そうと考えているのだろうか。父もあたしと暮らしたいと言った。前にはふたりともそんなことを口にしなかった。

　暗い谷からの涼しい風がぱったりと跡絶えた。あたしの体はまた汗にまみれた。蒸気のなかで二年も働いてきたのだから、汗には慣れているはずだった。だが、まともに太陽に照りつけられるのは我慢できなかった。半分眼を閉じてもまだまぶしく、ハンカチをかぶっても効果はなかった。あたしは立ったり

坐ったりを何度か繰り返し、早くバスが来てくれないかと苛立ち、県道の向うを眺め、落着き払っている母を見つめた。
　母はヨモギの上に腰をおろし、手足を縮め、さかんに眼をしばたかせて、あらぬ方(24)を見ていた。その姿は例の桶におさめられるときの恰好によく似ており、また、仔を抱きしめた母猿にもそっくりだった。
　あたしは怒鳴ってしまった。
「来ないじゃない、ちっとも！」
　胸のうちではただバスが遅いと呟いただけなのに、いざ口に出してみると荒々しい口調に変っていた。しかし、まだその時間にはなっていなかったのだ。ぶつくさ(25)言いつづけて、あたしは母に当り散らした。タクシーにすればこんなひどい目にあわなくてすんだとか、もっと家でゆっくりしていればよかったのだとか言って、母を罵った。
　そうだった。三日前に二年ぶりで母の顔を見たときから、あたしはそうしたかったのだ。こんな退屈なところで三日も過したのは、母を怒鳴りつけるきっかけをつかむためだった。父も怒鳴ってやりたかった。近所の人たちもだ。それで生きているつもりなのか、と大声で言ってやりたかった。
　しゃがんでいる母のまわりをぐるぐるまわって、あたしは怒鳴った。村に残っているすべての人間を罵った。みんな、みんなばかなのよ、と言ってやった。
　けれども母は素知らぬふりをして、あたしを相手にしなかった。というより、母の耳には何も聞こえていなかったのだろうか。だが、あたしは無視されたと受けとった。無視されたと強く感じた。それを感じた途端、叫んでいた。
「帰ってよ、もう！」
　あたしではなく、ほかの誰かが叫んでいるように聞えた。

「子どもじゃないんだから、バスくらいひとりで乗れるわよ！」

母は動かなかった。あたしに背中を押されるまで動かなかった。あたしは無理矢理に母を立ちあがらせ、家の方へ歩かせようとした。母はしばらくためらったあと、やがて引きずるような足どりで細い坂道を下って行った。母が立ちどまったり振り返ったりするたびに、あたしはひどく取り乱した(26)。わけのわからないことを怒鳴ったり、足元の小石を蹴ったりした。

母の姿が土手の下へ隠れたときにでもバスが来てくれたら都合がよかったのだ。そうすればあたしはせいせいした気分で、冷えた缶ビールからふたたび始まる生活へと戻って行けただろう。あたしのほうが母を無視できたのだ。

バスは来てくれなかった。時間になってもあたりはしんと静まり返っていた。動くものは何ひとつなかった。ここのバスが遅れることなど当り前だったが、遂にあたしは癇癪(かんしゃく)を起こしてしまった。持っていたハンドバッグを頭の上で振りまわした。

ハンドバッグをぶんぶん振りまわして、あたしはふたりの女に襲いかかった。髪を振り乱し、甲高い声でわめき、閉めたばかりのお店の中でふたりを追いかけまわした。誰もが面白がって、あたしをとめようとしなかった。ひとりの女は方言を真似てあたしをからかったのだ。そしてもうひとりの女はこう言った。その顔でよくこの商売がやれるもんだ、と。

今では訛ることなしに喋れるし、金をかけたおかげで顔もだいぶ整った。それでも仲間の女たちとのもめごとはしょっちゅうあった。お客の少ない日には誰もが苛立っていた。そのたびにあたしはハンドバッグを振りまわしていた。

ハンドバッグの止め金がはずれ、化粧道具がこぼれ落ち、財布の中味が宙に舞った。もし突風でも吹いていたら大変なこと

になっただろう。さいわい風はなく、札はあたしのまわりに散らばっただけだった。それでもあたしは焦りに焦り、四つん這いになって⑵⁷お金を拾い集めた。

　何度も何度も数え直した。しかし、どうしても一枚足りなかった。さっき母に小遣いとしてあげたことを思い出すまで、気が狂ったみたいな勢いで草むらのあちこちをかきわけた。

　お金を財布にしまいこみ、財布をハンドバッグの底へ入れ、ハンドバッグをしっかりと抱きしめた。赤ん坊でも抱くようにして胸にぎゅっと抱きしめた。

　まだバスは見えなかった。家に向って歩いて行く母の姿をあたしは想像した。想いたくもないのに想った。追いかけて行きたくなった。追いかけてまた小遣いをあげたくなった。近いうちにまた来るからと約束して、札を一枚ふところへねじこんでやらなければ気がすまなかった。そうしなければ列車の中で呑むビールがまずくなりそうだった。いっそのこともうひと晩泊って、明日やり直そうか、とも考えた。朝の涼しいうちに町からタクシーを呼び、父と母にちょっと手を振ってみせ、素早く別れたほうがよくはないか。

　ところが、結局あたしはバス停を離れなかった。タバコをふかしながら、太陽の真下にうずくまっていた。まだバスの音は聞えてこなかった。月見草の下では相変わらず虫が鳴いていた。暗い谷間から涼しい風が押し寄せてきて、あたしの体を吹き抜けていった。

　あたしは震えていた。こんなに暑いのに、どうして震えなければならないのか自分でもわからなかった。まるで首振り人形みたいにのべつ頭をまわしてあたりを見た。けれどもそこには金色の光があるばかりで、人影はまったくなかった。ここがもし都会だとしたら、たとえ深夜であっても、少なくとも月見

草の数と同じ人間がいるはずだった。だが、ここにいるのはあたしひとりだった。無視してくれる者さえいなかった。

あたしは震えつづけた。病気でもないのに、夏の真っ盛りだというのに、ひどく寒く感じられた。体全体の力が脱けてしまい、苛立つ元気もなくなり、太陽に負けてぼんやりとしていた。日射病にやられたのではないかと思ったくらいだった。知り合いの女たちをいくたりか集めて酒を呑み、大騒ぎをしてみたところでどうなるものでもなかった。そんな気がしてきた。

村を離れたばかりの頃は、よくそうやって震えたものだった。木造アパートの隅っこで、終電車のなかで、震えたり泣いたりしたものだった。デパートの売り子として働いていた当時は、周囲にある何もかもが恐ろしく、冷たく、空々しかった。

なぜ今になって、しかもこんなところで震えなければならないのか、見当がつかなかった。二年前のあたしではないはずだった。誰の力も借りないで生きてゆく方法をたくさん知っていたし、お金も持っていた。

そのときあたしはだしぬけに思った。ダム工事の現場で働いているというさっきの男がもう一度現われないだろうか、と。あのクルマがまた眼の前を通るようなことがあったら、あたしは手をあげてとめるだろう。そして、男がまだ何も言わないうちに助手席へ乗りこんでやるだろう。

しかし、誰も通らなかった。あたしはまだ膝のあいだに顔を埋めるようにして、小刻みに体を震わせていた。寒く感じているのに汗がポタポタと垂れ、地面に吸いこまれたり歩いている蟻の上に落ちたりした。

ふと顔をあげると、そこには母が立っていた。あたしはまったく気づかなかった。母はいつのまにか戻っていたのだ。その

ときの母は生き生きとして見えた。あたしのほうがはるかにみじめったらしく、老けこんでいるように思えてならなかった。

母は無表情のまま、立ちあがったあたしが体についた砂を手で払ったりハンドバッグを持ち直したりするのをじっと見つめていた。

母の右手がするすると伸びてきたかと思うと、あたしの顔が柔らかい布切れで覆われた。母はハンカチの代りにいつも持っているタオルであたしの汗を拭いてくれようとしたのだ。汗だけではなく、鼻までかんでくれようとした。

あたしの震えはぴたりととまった。あたしは化粧が台なしになるのを心配して、母の手をそっと押しのけ、低い声で、「もう、いい」と言った。母はタオルを大切そうにふところへしまいこんだ。

もしそこへバスが来てくれなかったら、あたしはその不思議な時間をどうやって潰していいのかわからなかっただろう。バスは予定より十五分も遅れて、暗い谷間から現われた。フロントガラスやバンパーをきらきらと光らせて、土埃を舞いあげながらこっちへ向ってきた。母は懸命に手を振って運転手へ合図を送った。

エンジンの熱気がどっと押し寄せ、タイヤが強く地面をこすった。あたしは荷物を持ってバスに乗りこんだ。母が運転手に頭をさげたのは、「この子を頼む」という意味のむかしの癖だった。あたしがまだ子どもで町の歯医者へ通っていた頃、母はよくそうやってあたしをバスに乗せたものだった。

乗客はほかになく、腰をおろすと同時にバスは発車した。母はこっちに向って大きく手を振った。むかしのままだった。あたしもちょっと手を振った。それもむかしのままだった。違ったのはそのあとだった。あたしは大急ぎで財布を取り出すと札

を一枚抜き取り、窓の外へ放った。土埃といっしょにそれは飛んでゆき、母の方へ流れていた。

　そしてあたしは二度と後ろを振り返らなかった。だから、窓から投げたお金が無事に母の手に渡ったかどうかは知らなかった。気づいた母は慌ててふためいてそれを拾ったかもしれず、気がつかないでまだこっちに向って手を振っているかもしれなかった。しかし、バス停から離れた今、そんなことはもうどうでもよかった。

　バスの中は涼しかった。まともに太陽に照りつけられることもなく、風がひっきりなしに吹きこんできていた。あたしは鼻に手をやってみた。母もさっきそこに触れたのだ。しかし、形を変えるためにさしこんであるプラスチックのために、その尖端はひんやりとしていた。

　すでにあたしは元気だった。またビールへの思いが強まった。氷のかけらに埋まった缶ビールに口を近づけるときのことを想像すると、喉のあたりがスッとした。

　　　　　　　　　　　　（一九七七年三月「文学界」）

注　释

(1) 人っこ／"ひと"的强调说法。

(2) 音（ね）をあげる／忍受不了，说出怯懦的话；叫唤起来。也表示屈服之状。

(3) 一から十まで／从头到尾，从开始到结束；所有一切，全部。此处的意思为后者。

(4) ごろごろしていた／表示人懒洋洋地什么也不做的样子。

(5) 宙（ちゅう）に浮いていた／表示离开地面、浮在空中的意思。也可转意表示事物半途而废。

(6) およその察しがついていて／表示大致可以推测到的意思。

(7) この上ないろくでなし／"この上ない"意思为最高程度的。"ろくでなし"表示"没有用的人"、"笨人"、"懒人"等。

(8) のべつ／意思为一个劲儿地、不断地。

(9) 見せびらかしたかった／意思是"十分希望显示一下"。

(10) タバコをふかし／意思为把吸进去的烟吐出，喷云吐雾。

(11) どさりと投げ出し／"どさり"表示重物掉落下时的声音，砰的一声。

(12) 愛想笑い（あいそわらい）を浮かべながら／"愛想笑い"的意思是"为了带给对方好印象的笑"，脸上浮现讨好的笑容。

(13) 油断（ゆだん）のならない／意思是"不能大意的"、"需要提防的"。

(14) そっぽを向いた／意思是"把视线转向别处"。

(15) 身（み）をかわせる／意思是"转开身子避开"。

(16) 造作（ぞうさ）もない／意思是"轻而易举"、"简单不过"。

(17) 横目（よこめ）でこっちを見た／斜着眼看这边，乜斜这里。

(18) 仏頂面（ぶっちょうづら）／不高兴的表情，爱搭不理的神情。

(19) あんぐりと口を開けて／表示因吃惊、惊讶而无意识地张大嘴巴的样子。

(20) とりつくしま／表示可以抓住的依靠。此处意思为可乘之机。

(21) 体をこわばらせた／意思为使身体僵硬。此处的意思是"由于紧张身体一动也不敢动"的样子。
(22) もやもや／此处表示乱糟糟、不清楚的状态。
(23) ひからびていた／"ひからびる"表示"完全干了"、"干枯";"失去湿润、张力","干瘪"。
(24) あらぬ方／表示"没有想到的方面";"另外的方面"。此处指"其它的方向"。
(25) ぶつくさ／表示"没有对象地低声说些牢骚话"。嘟嘟囔囔,唠唠叨叨。
(26) 取り乱した／此处表示内心失去平静。
(27) 四つん這い（よつんばい）になって／此处表示整个身体趴在地上。

作者简介

丸山健二（1943— ）　　出生于日本长野县饭山市。1964年毕业于国立仙台电波高中后，在公司做通讯士。据说，他进入文学创作完全是一种偶然和意外的冲动。是因为他要对自己当时的日常生活进行反抗，而"书写杀气腾腾的内容的小说，来无视周围充溢的杀气腾腾"。他的第一部小说《夏天的河流》（1966）就是这样的作品，在这部小说里，他"将平凡普通的日常与死囚犯交织在一起，描写了普通的一天也同样是令人恐怖的情景"。这部是发表在《文学界》上并且获得文学界新人奖的作品，同时获得了第56届芥川文学奖，使之幸运地在23岁的时候就成为了文坛上的新星。以后，他又发表了一系列的中短篇作品，如表现回乡青年的孤独的《正午》（1968）、《我们的假日》（1970）等。1972年他出版了第一部长篇小说《黑色大海的访问者》。在这些早期的作品里，他描写了试图从无意义的日常之中摆脱出来的年轻人的现代式的行为。小说富于速度与紧迫感的文体加之明快、行动性的场面描写，传达出当代生存的感觉。1968年，丸山健二移居长野县安野，与文坛拉开了距离，由此开拓出自己的独特小说世界。

☪ 作品简析

　　小说发表于1977年。虽然小说没有为读者提供一个清晰的时代背景，但是从作品发表的时间来看，从小说的主人公"我"的心态来看，事情应该发生在20世纪70年代。这是日本经济走向高速发展的时期，由于大批的农村青年向城市涌去，使得农村里所剩下的劳动力都是老人和中年妇女，农业生产大都依靠他们经营。当然，作者在小说里所要描写的并不是这种异常的社会现象。作者所在意的是那些已经进入都市、难以返回农村的青年人的内心世界，而他（她）们的内心世界与他们所体验到的都市与农村的巨大反差有着密切的联系。

　　小说描写了一个来自农村、在城市生活了两年时间的女孩的复杂矛盾的内心世界。在小说里，作者没有为读者提供更多的场景，仅仅在乡村的汽车站让读者与小说主人公"我"相遇。"我"以口述的方式向读者展示了自己从农村走进城市以后外在的与内心的变化。"城市的生活使我发生了些变化，但是，村子却没有任何变化。所有的一切都和两年以前一样。"在"我"看来，虽然她自身发生了巨大的变化，而村子却仍然和过去一样，还是那副老样子，仍然是沉默无语，没有生气，让人甚至没有活着的感觉，在那里生活简直就是对生命的浪费。和这个毫无生气的村子相比，"我"就大不相同了，过去村姑的土气变成了村人眼里的"洋气"，更为引人注目的是她有了可以在村民面前炫耀的装束、流行的发型、整过形的漂亮面容，还有价钱高昂的手包。除此之外，"我"还有了村子里的人从没有过的大量现金，"我"可以不再借助外力自己养活自己，与生活在枯燥与重复之中的、渐渐年老的母亲和父亲比较，"我"强烈地感觉到自己的年轻和未来希望。可以说，城市的两年生活彻底改造了"我"，使"我"对任何东西都不感到恐惧，无论是城市、男人，还是社会、结婚，"我"都不在乎。"当然，我也会枯萎，由于工作和饮酒的原因，我也许要比母亲枯萎

得更早。""即使如此,我仍然会觉得活了母亲的十倍。"可以说,城市的的确确给予了这个农村女孩丰富的物质。但是,不容否认,城市同时也让她付出了相应的代价。

这个代价首先就是使她和自己的故乡产生了巨大的隔膜。尽管她在不断否定、甚至怒骂自己的家乡,与养育了她的故乡形成了隔膜,但是她仍然需要故乡,需要故乡来安慰她,需要故乡的人给予她骄傲与自尊,需要在家乡得到人们的仰视。可是,这个女孩子又无法在她需要的农村里生活,她已经离不开曾经使她害怕发抖的城市,那个让她觉得"周围一切都是可怕的、冰冷的、虚空的"的城市。在这个从乡村来到城市,并且在城市生活了两年的年轻的女孩子眼里,城市究竟是什么?城市究竟给予了她什么?简单地说,城市对于这个女孩子而言,就是喧闹、酒精、亢奋、流行,是物质与金钱。正因为如此,她才否定那个她在离去时曾经为之流泪的故乡。在她看来,农村与城市的最大区别就是它的单调、乏味、贫穷、落后。但是,她又隐隐地在这种城市生活的背后感受到焦虑和疲劳。在城市她(们)获得了在农村得不到的物质与金钱,并且也在喧闹、酒精之中感受到城市的亢奋、流行,但是同时城市的生活又使她们失去了真情和平静。她们与城市最为真实的关系也许就体现在金钱的给予与获得,没有城市给予的金钱,也就没有她们对于城市的依恋,也就没有回乡三天就急切返回城市的那种焦急。同样,她们与可以满足她们思乡之情的家乡的联系也只有依靠金钱。用自己在城市获得的服饰,用流行的发型,用整过形的面部,用高昂的手包来引起乡亲的羡慕与关注,而这一切都靠的是她们在城市获得的金钱换取的。甚至在与亲人的感情表达上,她们也只能用金钱来代替。"父母为我高兴得都流出了眼泪,所以连续三天,我给他们每个人五千日元"。"我"几次给母亲钱,其实也正是她试图表达自己对母亲感情的唯一方式。特别是小说最后"我"在汽车上将钞票扔给

母亲的描写，更能显示出主人公在城市教育下的一种干瘪的情感表达。与此相比较，少言寡语的母亲在感情表达上显得十分真诚、丰富。在车站上，她虽然被女儿赶走离开，但是在女儿陷入极度孤独的时候，她又及时地出现在女儿的面前，并且试图用自己十分珍视的毛巾为女儿拭去脸上的汗水。

女孩选择了城市，因为城市给予了她乡村给予不了的东西。但是，她又不满足于城市的生活。因为在城市里，她的金钱获得所依靠的是出卖自己的青春。因此，她改掉了方言，改变了自己的相貌，成为一个城市中随处可见的那类女人。在这种生活之中，她增添了对于男人的怀疑，对于他人的不信任。同时也就使她成为孤独的没有真正朋友的人。尽管她可以依靠和她的"同事"们一起饮酒、喧闹来获取短暂的欢乐，但是在内心深处她却永远是一个孤独的人。也正是因为如此，她才需要返回乡村排遣自己内心的寂寞，享受在城市没有的安静、轻松、安心。"真是一个愉快的假期。比起这两年里学到的任何游戏都有意思。三天里，我没有沾一滴酒，没在人前抽一口烟，也没有缠在素不相识的男人身上，每天只是闲呆着，但是心情却是非同寻常的舒畅。虽然肯定有些无聊，但是心情好极了。"尽管农村使她获得"好极了的心情"，但是农村的"无聊"又无法让她久留，于是她仍然选择了返回城市，在对"冰镇听啤"的思念之中踏上了归程。返乡的三天是展现她矛盾内心的三天，公共汽车站只不过是她现实生存的象征，她无法返回乡村，同样也无法真正地融入城市，永远停留在向城市行进的路上。因为城市也不是她的城市。

蛍

村上春樹

　昔々、といってもたかだか⁽¹⁾十四、五年前のことなのだけれど、僕はある学生寮に住んでいた。僕はその頃十八で、大学に入ったばかりだった。東京の地理にはまったくといっていいくらい不案内だったし、おまけにそれまで一人暮しの経験もなかったので、親が心配してその寮をみつけてくれた。もちろん費用の問題もあった。寮の費用は一人暮しのそれに比べて格段に安かった。僕としてはできることならアパートを借りて一人で気楽に暮したかったのだけど、入学金や授業料や月々送ってもらう生活費のことを考えるとわがままは言えなかった⁽²⁾。

　寮は見晴しのよい文京区⁽³⁾の高台⁽⁴⁾にあった。敷地は広く、まわりを高いコンクリートの塀に囲まれていた。門をくぐると正面には巨大なけやきの木がそびえ立っている。樹齢は百五十年、あるいはもっと経っているかもしれない。根元に立って上を見あげると、空はその緑の枝にすっぽりと覆い隠されてしまう。

　コンクリートの舗道はそのけやきの巨木を迂回するように曲り、それから再び長い直線となって中庭を横切っている。中庭の両側には鉄筋コンクリートの三階建ての棟がふたつ、平行に並んでいる。大きな建物だ。開け放し⁽⁵⁾になった窓からはラジオのディスク・ジョッキーが聞こえる。窓のカーテンはどの部屋も同じクリーム色——日焼けがいちばん目立たない色だ。

舗道の正面には二階建ての本部建物がある。一階には食堂と大浴場、二階には講堂と集会室、それから貴賓室まである。本部建物と並んで三つめの寮棟がある。これも三階建てだ。中庭は広く、緑の芝生の中ではスプリンクラーが太陽の光を受けてぐるぐると回っている。本部建物の裏手には野球とサッカーの兼用グラウンドとテニス・コートが六面ある。至れり尽せりだ。

この寮の唯一の問題点は——それを問題点とするかどうかは見解の分れるところだとは思うけれど——それがある極めて右翼的な人物を中心とする正体不明の財団法人によって運営されているところにあった。入寮案内のパンフレット及び寮生規則を読めばそのだいたいのところはわかる。「教育の根幹を窮め国家にとって有為な人材を養成する」これがこの寮創設の精神である。そしてその精神に賛同する多くの財界人が私財を投じ……というのが表向きの顔なのだが、その裏のことは例によって曖昧模糊としている。正確なところは誰にもわからない。税金対策だと言うものもいるし、寮設立を名目にして詐欺同然のやりくちで土地を手に入れたんだよと言うものもいる。単純に売名行為と決めつけるものもいる。でもそんなのは結局のところどうでもいいことだ。とにかく一九六七年の春から翌年の秋にかけて、僕はその寮の中で暮していた。そして日常生活というレベルから眺めてみれば、右翼だろうが左翼だろうが偽善だろうが偽悪だろうが、なんだって(6)たいした変りはないのだ。

寮の一日は荘厳な国旗掲揚とともに始まる。もちろん国歌も流れる。国旗掲揚と国歌は切っても切り離せない。これはスポーツ・ニュースとマーチの関係と同じようなものだ。国旗掲揚台は中庭のまんなかにあって、どの寮棟の窓から見えるように

なっている。

　国旗を掲揚するのは東棟——僕の入っている棟——の寮長の役目だった。背が高く目つきの鋭い五十前後の男だ。髪は固く幾らか白髪が混じり、日焼けした首筋に長い傷あとがある。この人物は陸軍中野学校の出身という話だ。その横にはこの国旗掲揚を手伝う助手の如き立場の学生が控えている。この学生のことは誰もよく知らない。丸刈りで、いつも学生服を着ている。名前も知らないし、どの部屋に住んでいるのかもわからない。食堂でも風呂でも一度も顔を合わせたことがない。本当に学生なのかどうかさえわからない。しかし学生服を着ているからにはやはり学生なのだろう。そうとしか考えようがない。中野学校氏とは逆に背が低く、小太りで色が白い。この二人組が毎朝六時に寮の中庭に日の丸を上げるわけだ。

　僕は寮に入った当初、よく窓からこの光景を眺めたものだ。朝の六時、時報とともに二人は中庭に姿を見せる。学生服が桐の薄い箱を持っている。中野学校はソニーのポータブル・テープレコーダーを持っている。中野学校がテープレコーダーを掲揚台の足もとに置く。学生服が桐の箱を開ける。箱の中にはきちんと折り畳まれた国旗が入っている。学生服が中野学校に旗を差し出す。中野学校がロープに旗をつける。学生服がテープレコーダーのスイッチを押す。

君が代

　そして旗がするするとポールを上っていく。
　「さざれ石のぉ——」というあたりで旗はポールのまんなかあたり、「まぁで——」というところで頂上にのぼりつめる。そして二人は背筋をしゃんとのばして[7]「気をつけ」の姿勢[8]を

とり、国旗をまっすぐに見上げる。空が晴れていてうまく風が吹いていれば、これはなかなかの光景だ。

夕方の儀式も様式としてはだいたい朝と同じようなものである。ただ順序が朝とはまったく逆になる。旗はするすると下に降り、桐の箱の中に収まる。夜には国旗は翻（ひるがえ）らない。

どうして夜のあいだ国旗が仕舞いこまれてしまうのか、僕にはよくわからなかった。夜中にだって国家はちゃんと存続しているし、多くの人々は働いている。そのような人々が国旗の庇（ひ）護を受けることができないというのはどうも不公平であるような気がした。でもそれはべつにたいしたことではないのかもしれない。誰もたぶんそんなことは気にしないのだろう。気にするのは僕くらいのものなのだろう。それに僕にしたところで、ふとそう思いついただけのことで、深い意味なんて何もない。

寮の部屋割は原則として一、二年生が二人部屋、三、四年生が一人部屋ということになっていた。

二人部屋は六畳間を縦にのばしたような細長い形をしていた。つきあたりの壁に大きなアルミ枠（わく）の窓がついている。家具は極端なくらい簡潔で、がっしりとした(9)ものだった。机と椅（い）子（す）が二つずつ、二段ベット、ロッカーが二つ、それから作りつけの棚（たな）がある。大抵の部屋の棚にはトランジスタ・ラジオとヘア・ドライヤーと電気ポットとインスタント・コーヒーと砂糖とインスタント・ラーメンを作るための鍋（なべ）と、食器が幾つか並んでいる。しっくいの壁には『プレイボーイ』の大版のピンナップが貼（は）ってある。机の上の本立てには教科書と流行りの小説が何冊か並んでいる。

男ばかりの部屋だから大体はおそろしく汚ない。ごみ箱の底にはかびのはえたみかんの皮がへばりついているし、灰皿（はいざら）がわ

りの空缶には吸殻が十センチもたまっている。カップにはコーヒーのかすがこびりついている。床にはインスタント・ラーメンのセロファン・ラップ⁽¹⁰⁾やビールの空缶が散乱している。風が吹くと床からほこりがもうもうと舞いあがる。ひどい匂いもする。みんな洗濯ものをベッドの下に放り込んでおくからだ。定期的に布団を干す人間なんてまずいないから、どの布団もたっぷりと汗と体臭を吸い込んでいる。

　それに比べれば、僕の部屋は清潔そのものだった。床にはちりひとつなく、灰皿はいつも洗ってあった。布団は週に一度は干されたし、鉛筆はきちんと鉛筆立てに収まっていた。壁にはピンナップのかわりにアムステルダム⁽¹¹⁾の運河の写真が貼ってあった。僕の同居人が病的なまでに清潔好きだったせいだ。彼が全部掃除をした。洗濯までしてくれた。僕は指一本動かさなかった。僕が缶ビールを飲み干して空缶をテーブルの上に置くと、次の瞬間それはゴミ箱の中に消えているという具合だった。

　僕の同居人は地理学を専攻していた。
　「僕はち、ち、地図の勉強をしているんだよ」と彼は最初に僕に言った。
　「地図が好きなの？」と僕は訊ねてみた。
　「うん、将来は国土地理院に入ってさ、ち、地図を作るんだ」
　世の中には実に様々な種類の希望があるものだと僕は思った。僕はそれまでいったいどのような人々がどのような動機に基いて地図を作っているのかなんて考えたこともなかった。それにだいいち「地図」という言葉を口にするたびにどもってしまう人間が国土地理院に入りたがっているというのもどうも奇妙だ。彼は場合によってどもったりどもらなかったりしたが、「地図」という言葉が出てくる限り百パーセント確実にどもっ

た。
　「君は何を専攻しているの？」と彼は訊ねた。
　「演劇」と僕は言った。
　「演劇って芝居やるんだろう？」
　「違うよ、芝居はやらない。戯曲を読んで研究するだけさ。ラシーヌ(12)とかイヨネスコ(13)とかシェークスピアとかさ」
　シェークスピア以外の人の名前は聞いたことないな、と彼は言った。僕だって殆んど聞いたことない。講義要項にそう書いてあっただけだ。
　「でもとにかくそういうのが好きなんだね？」と彼は言った。
　「べつに好きじゃないよ」と僕は言った。
　彼は混乱した。混乱するとどもりがひどくなった。僕はとても悪いことをしてしまったような気がした。
　「なんでも良かったんだよ」と僕は説明した。「インド哲学だって東洋史だってさ、べつになんでもよかったんだよ。ただたまたま演劇だったんだ。それだけ」
　「わからないな」と彼は言った。「ぼ、ぼ、僕の場合はち、地図が好きだからち、ち、地図の勉強をしてるわけだよね。そのためにわざわざ東京の大学に入ったんだし、そのぶん親に無理を言って(14)金を出してもらっているしさ。でも君はそうじゃないしさ……」
　彼の言っていることの方が正論だった。僕は説明をあきらめた。それから我々はくじを引いて(15)二段ベッドの上下を決めた。彼が上段をとった。
　彼はいつも白いシャツに黒いズボンという格好だった。頭は丸刈りで背が高く、頬骨がはっていた(16)。学校に行く時には学生服を着た。靴も鞄もまっ黒だった。見るからに右翼の学生といった格好だったし、まわりの連中の多くは実際にそう

見なしていたけれど、本当のことを言えば彼は政治に対しては百パーセント無関心だった。洋服を選ぶのが面倒なのでいつもそんな格好をしているというだけの話だった。彼が関心を抱くのは海岸線の変化とか新しい鉄道トンネルの完成とかいった種類の出来事に限られていた。そういうことについて話しだすと、彼はどもりながら一時間でも二時間でも、こちらが悲鳴をあげる(17)か眠ってしまうかするまでしゃべりつづけた。

毎朝六時きっかりに彼は起床した。「君が代」が目覚し時計のかわりだ。国旗掲揚もまるっきり役に立たないというわけではないのだ。そして服を着て洗面所に行き顔を洗う。顔を洗うのにすごく長い時間がかかる。歯を一本一本とりはずして磨いてるんじゃないかという気がするくらいだ。部屋に帰ってくるとタオルのしわをきちんとのばしてハンガーにかけ、歯ブラシと石鹸を棚に戻す。それからラジオをつけて、朝のラジオ体操を始める。

僕は夜も遅いしどちらかといえば熟睡する方だから、ラジオ体操が始まってもまだぐっすりと眠り込んでいることもある。しかしそんな時にも、跳躍の部分が来ると必ずとびおきることになった。何しろ彼が跳躍するたびに——彼は実に高く跳躍した——僕の頭は枕の上で五センチも上下するのだ。眠っていられるわけがない。

「悪いけどさ」と僕は四日めに言った。「ラジオ体操は屋上かなんかでやってもらえないかな。目がさめちゃうんだ」

「駄目だよ」と彼は言った。「屋上でやると三階の人から文句が来るんだ。ここなら一階で下はないしさ」

「じゃあ中庭でやれば」

「それも駄目だよ。どちらにしてもトランジスタ・ラジオがないから音楽が聴けない。音楽がないとうまくやれないんだ」

たしかに彼のラジオは電源式だったし、一方僕のラジオはトランジスタだったがＦＭしか入らなかった。

「じゃあ音を小さくして跳躍はやめてくれないかな。すごくひびく(18)からさ。悪いけど」

「跳躍？」と彼は驚いたように言った。「ちょ、跳躍って何だ？」

「ほら、ぴょんぴょん跳ぶやつがあるだろうよ」

「そんなのないよ」

僕の頭は痛みはじめた。もうどうでもいいやという気分だった。しかし言いだしたからにはここで引き下がるわけにはいかない。それで僕はＮＨＫラジオ第一体操のメロディーを歌いながら床の上でぴょんぴょん跳んだ。

「ほら、これだよ。ちゃんとあるだろ？」

「そ、そうだな。たしかにあるな。気がつかなかった」

「だからさ」と僕は言った。「その部分だけを端折ってほしいんだよ。他のところは我慢するからさ」

「駄目だよ」と彼は実にあっさりと言った。「ひとつだけ抜かすってわけにはいかないよ。十年もずっとやってるからね、やり始めると、む、無意識に全部やっちゃうんだ。ひとつ抜かすとさ、み、みんな出来なくなっちゃう」

「じゃ、ぜんぶやらなきゃいい」

「そういう言い方ってよくないよ。人に命令したりするのはさ」

「ねえ、俺は何も命令なんかしてない。少なくとも八時までは眠りたいし、もっと早く起きるとしてもごく自然に目覚めたいんだよ。パン食い競走やってるような目覚め方はしたくないんだ。それだけ。わかるか？」

「それはまあわかるよ」と彼は言った。

「で、どうすればいいと思う？」

「一緒に起きて体操すればいいんじゃないかな」

僕はあきらめて眠った。彼はそれからも一日も欠かさずラジオ体操をつづけた。

★

僕が同居人と彼のラジオ体操の話をすると、彼女はくすくす笑った。笑い話のつもりではなかったのだけれど、結局は僕も笑った。彼女の笑顔を見るのは——それはほんの一瞬のうちに消えてしまったのだけれど——本当に久し振りだった。

僕と彼女は四ツ谷駅で電車を降りて、線路わきの土手を市ケ谷の方向に歩いていた。五月の日曜日の午後だった。朝方降った雨も昼前にはあがり、低くたれこめていた鬱陶しい灰色の雲は、南からの風に追われるようにどこかに消えていた。くっきりとした緑の桜の葉が風に揺れて光っていた。日射しにはもう瑞々しい初夏の匂いがした。すれ違う人々の多くは上着やセーターを脱いで肩にかけていた。テニス・コートでは若い男がショート・パンツ一枚になってラケットを振っていた。ラケットの金属のふちが午後の太陽を受けてきらきらと輝いていた。

並んでベンチに座った二人の修道尼だけがきちんと黒い冬の制服を身にまとっていた。それでも二人はとても楽しそうに話し込んでいたので、彼女たちの姿を見ていると、夏なんてまだずっと先のことのような気がした。

十五分も歩くと背中に汗がにじんだ。僕は厚い木綿のシャツを脱いでTシャツ一枚になった。彼女は淡いグレーのトレーナー・シャツ[19]の袖を肘の上までたくしあげていた。よく洗い込まれて色の落ちた古いトレーナー・シャツだった。ずっと前に彼女がそれを着ているのを見たことがあるような気がした。で

もそんな気がしただけのことかもしれない。僕にはいろんなことがうまく思い出せなくなっていた。何もかもがおそろしく遠い昔に起こった出来事のように感じられた。

「他の人たちと一緒に暮すのって楽しい？」と彼女が訊ねた。

「わからないよ。まだそれほど長く暮したわけじゃないからね」

彼女は水飲み場の前で立ち止まって、ほんのひとくちだけ水を飲み、ズボンのポケットからハンカチを出して口を拭った。それからテニス・シューズの紐をしめなおした。

「私ってそういうのに向いてるかしら？」

「共同生活のこと？」

「そう」と彼女は言った。

「どうかな。考えているよりは結構煩わしいこと多いもんだよ。細かい規則とかラジオ体操とかね」

「そうね」と言って彼女はしばらく何かを考えていた。それから僕の目をじっとのぞきこんだ。彼女の目は不自然なくらいすきとおっていた。彼女がこんなにすきとおった[20]目をしていたなんて僕はそれまで気づかなかった。ちょっと不思議な気のする独特な透明感だった。まるで空を眺めているみたいだ。

「でも、そうするべきじゃないかって時々思うの。つまり……」彼女はそう言うと、僕の目をのぞきこんだまま唇を嚙みしめた。それから目を伏せた。「わからないわ。いいのよ」

それが会話の終りだった。彼女は再び歩き始めた。

彼女と会ったのは半年ぶりだった。半年のあいだに彼女は見違えるほどやせていた。特徴的だったふっくらとした頬の肉もあらかた[21]落ち、首筋もすっかり細くなっていた。それでいて骨ばったという印象はまるでなかった。彼女はそれまでに僕

が考えていたよりずっと綺麗だった。僕はそれについて何かを言おうとしたが、どんな風に言えばいいのかわからなかったのでやめた。

我々は何かの目的があって四ッ谷に来たわけではなかった。僕と彼女は中央線の中で偶然出会った。僕にも彼女にもべつに予定はなかった。降りましょうよと彼女が言って、我々は電車を降りた。それがたまたま四ッ谷駅だったというだけのことだ。二人きりになってみると、我々には話すことなんて何もなかった。彼女が何故僕に電車を降りようと言ったのか、僕にはわからなかった。話すことなんてそもそもの最初からないのだ。

駅を降りると、彼女は何も言わずにさっさと歩き始めた。僕はそのあとを追うように歩いた。僕と彼女のあいだにはいつも一メートルほどの距離があった。僕はずっと彼女の背中を見ながら歩いた。時々彼女は後を振り向いて僕に話しかけた。うまく答えられることもあれば、どう答えていいのか困るようなこともあった。何を言っているのかまるで聞きとれないということもあった。しかし彼女にはそれはべつにどうでもいいように見えた。彼女は自分の言いたいことを言ってしまうと、また前を向いて黙って歩きつづけた。

我々は飯田橋[22]で右に折れ、お堀ばた[23]に出て、それから神保町[24]の交差点を越えてお茶の水[25]の坂を上り、そのまま本郷[26]に抜けた。そして都電に沿って駒込[27]まで歩いた。ちょっとした道のりだ。駒込に着いた時には日はもうすっかり暮れていた。

「ここはどこなの？」と彼女は僕に訊ねた。

「駒込だよ」と僕は言った。「ぐるっと回っちゃったんだ」

「どうしてこんな所に来たの？」

「君が来たんだよ。僕はあとをついて来ただけさ」

我々は駅の近くのそば屋に入って軽い食事をした。注文してから食べ終るまで一言も口をきかなかった。僕は歩き疲れて体がばらばらになってしまいそうだったし、彼女はずっと何かを考え込んでいた。
　「ずいぶん体が丈夫なんだな」とそばを食べ終ったあとで僕は言った。
　「びっくりした？」
　「うん」
　「これでも中学校の頃は長距離の選手だったのよ。それに父親が山が好きだったせいで、小さい頃から日曜日になると山登りしてたの。だから今でも足腰だけは丈夫ね」
　「そうは見えないけれどね」
　彼女は笑った。
　「家(うち)まで送るよ」と僕は言った。
　「いいわよ」と彼女は言った。「一人で帰れるから大丈夫。気にしないで」
　「僕の方は全然構わないんだよ」
　「本当にいいのよ。一人で帰るのは慣れてるから」
　本当のことを言うと彼女がそう言ってくれたことで僕は少からずほっとした。彼女のアパートまでは電車で片道一時間以上かかったし、そのあいだ二人で黙りこくって座席に座っているというのもなんとなく気まずいものだ。結局彼女は一人で帰ることになった。そのかわり僕が食事を御馳走(ごちそう)した。
　「ねえ、もしよかったら——迷惑じゃなかったらということなんだけど——また会えるかしら。もちろんこんなこと言える筋合じゃないこと(28)はわかってるんだけど」と別れ際(ぎわ)に彼女が言った。
　「筋合なんてほどのものは何もないよ」と僕はびっくりして

言った。

　彼女は少し赤くなった。僕がびっくりしたのがたぶん伝わったのだと思う。

　「うまく言えないのよ」と彼女は弁解した。彼女はトレーナー・シャツの両方の袖を肘のところまでひっぱりあげ、それからまたもとに戻した。電灯の光がうぶ毛をきれいな黄金色に染めた。「筋合なんて言うつもりなかったの。もっと違う風に言うつもりだったの」

　彼女はテーブルに肘をついて両方の目を閉じ、うまい言葉を探した。でもそんな言葉は浮かんでこなかった。

　「かまわないよ」と僕は言った。

　「うまくしゃべれないのよ」と彼女は言った。「ここのところずっとそうなの。本当にうまくしゃべれないのよ。何かをしゃべろうとしても、いつも見当ちがいな言葉しか浮かんでこないの。見当ちがいだったり、まるで逆だったりね。それで、それを訂正しようとすると、もっと余計に混乱して見当ちがいになっちゃうの。そうすると最初に自分が何を言おうとしていたのかがわからなくなっちゃうの。まるで自分の体がふたつにわかれていてね、追いかけっこしてるみたいな、そんな感じなの。まん中にすごく太い柱が建っていてね、そこのまわりをぐるぐるまわりながら追いかけっこしてるのよ。それでちゃんとした言葉って、いつももう一人の私の方が抱えていて、私は絶対に追いつけないの」

　彼女はテーブルの上に両手を置いて、僕の目をじっと見た。

　「そういうのって、わかる？」

　「誰も多かれ少なかれ(29)そういう感じってあるもんだよ」と僕は言った。「みんな自分を正確に表現できなくて、それでイライラするんだ」

僕がそう言うと、彼女は少しがっかりしたみたいだった。

「それとはまた違うの」と彼女は言ったが、それ以上は何も言わなかった。

「会うのはぜんぜん構わないよ」と僕は言った。「どうせいつも暇だし、一人でごろごろしているよりは歩いた方が健康に良いみたいだしね」

我々は駅で別れた。僕がさよならと言うと、彼女もさよならと言った。

僕がはじめて彼女に会ったのは高校二年生の春だった。彼女も同じ歳で、ミッション系(30)の品の良い女子校に通っていた。彼女を紹介してくれたのは僕の仲の良い友人で、彼と彼女は恋人同士だった。二人は小学校時代からの幼ななじみで、家も二百メートルとは離れていなかった。

多くの幼ななじみのカップルがそうであるように、彼らには二人きりでいたいという願望はあまりないようだった。しょっちゅうお互いの家を訪問して家族と一緒に食事をしたりしていた。僕とダブル・デートしたことも何回かある。でも結局僕の方のささやかな恋愛はあまりぱっとした成果(31)をあげなかったので、なんとなく僕と友人と彼女の三人だけで遊ぶようになった。そして結果的にはそれがいちばん気楽だった。立場としては僕がゲストで彼が有能なホスト、彼女は感じの良いアシスタントであり同時に主役、というところだった。

彼はそういうのがとても得意だった。いくぶん冷笑的な傾向はあったが、本質的には親切で公平な男だった。彼は僕に対しても彼女に対しても同じように冗談を言ってからかった。どちらかが黙っていると、すぐそちらにしゃべりかけて上手く相手の

話をひきだした。彼には瞬間的に状況を見きわめ、それに対応する能力があった。彼はまたたいして面白くもない相手の話の中から面白い部分をいくつも見つけていくという得がたい才能も持ちあわせていた。だから彼と話していると、時々僕は自分がとても面白い人生を送っているような気分になったものだった。

しかし一度彼が席をはずしてしまう(32)と、僕と彼女は上手く話すことができなかった。二人ともいったい何を話せばいいのかわからなかったのだ。実際、二人のあいだに共通する話題は何ひとつなかった。我々は大抵何もしゃべらずにテーブルの灰皿をいじったり水を飲んだりしながら彼が戻ってくるのを待った。彼が帰ってくると、また話が始まった。

彼の葬式の三ヵ月ばかりあとで、僕と彼女は一度だけ顔を合わせた。ちょっとした用事があって喫茶店で待ち合わせたのだが、用件が済んでしまうとあとはもう何も話すことはなかった。僕は何度か彼女に話しかけてみたが、話はいつも途中で切れてしまった。それに加えて彼女のしゃべり方にはどことなく角があった。彼女は何か僕にはわからないことで僕に対して腹を立てているように見えた。そして僕と彼女は別れた。

あるいは彼女が僕に腹を立てていたのは彼と最後に会ったのが彼女ではなく、僕だったからかもしれない。こういう言い方は良くないとは思うけれど、その気持はわかるような気がする。できることならかわってあげたかったと思う。しかしそれは結局のところ、どうしようもないことなのだ。一度起ってしまったことは、どんなに努力しても消え去りはしないのだ。

その五月の午後、僕と彼は高校の帰りに（帰りというよりは正確に言うと途中でひきあげてきたわけだけれど）ビリヤード

場に寄って四ゲームほど玉を突いた。最初の一ゲームを僕が取り、あとの三ゲームを彼が取った。約束どおり僕がゲーム代を払った。

　彼はその夜ガレージの中で死んだ。Ｎ360の排気パイプにゴムホースをつないで車の中にひきこみ、窓のすきまをガム・テープで目貼りして(33)からエンジンをふかしたのだ。死ぬまでにどれくらいの時間がかかったのか僕にはわからない。親戚の病気の見舞いにでかけていた両親が帰宅した時、彼は既に死んでいた。カー・ラジオがつけっぱなしになっていた。ワイパー(34)にはガソリン・スタンドの領収書がはさんであった。

　遺書もなければ思いあたる動機もなかった。最後に彼と会っていたせいで、警察に呼ばれて事情聴取された。そんなそぶりは何もありませんでした、いつもと全く同じでした、と僕は言った。だいたいこれから自殺しようと決めた人間がビリヤードで三ゲーム続けて勝つわけがないのだ。警察は僕に対しても彼に対してもあまり良い印象は持たなかったようだった。高校の授業をすっぽかしてビリヤード場に行くような人間なら自殺したって別に不思議はないと彼らは考えたようだった。新聞に小さな記事が載って、それで事件は終った。赤いＮ360は処分された。教室の彼の机にはしばらくのあいだ白い花が飾られていた。

　高校を卒業して東京に出てきた時、僕のやるべきことはひとつしかなかった。あらゆるものごとを深刻に考えすぎないようにすること——それだけだった。僕は緑のフェルトを貼ったビリヤード台や、赤いＮ360や、机の上の白い花や、そんなものはみんな忘れてしまうことにした。火葬場の高い煙突から立ちのぼる煙や、警察の取調べ室においてあったずんぐりとした文鎮(35)や、そんな何もかもをだ。はじめのうちはそれで上手くいきそうに見えた。しかし僕の中には何かしらぼんやりとした

空気のようなものが残った。そして時が経つにつれてその空気ははっきりとした単純な形をとりはじめた。僕はその形を言葉に置きかえることができる。こういうことだ。

死は生の対極としてではなく、その一部として存在している。

言葉にしてしまうと嫌になってしまうくらい平凡だ。まったくの一般論だ。しかし僕はその時それをことばとしてではなくひとつの空気として身のうちに感じたのだ。文鎮の中にもビリヤード台に並んだ四個のボールの中にも死は存在していた。そして我々はそれをまるで細かいちりみたいに肺の中に吸い込みながら生きてきたのだ。

僕はそれまで死というものを完全に他者から分離した独立存在として捉えていた。つまり「死はいつか確実に我々を捉える。しかし逆に言えば、死が我々を捉えるその日まで、我々は死に捉えられはしないのだ」と。それは僕には至極まともで論理的な考え方であるように思えた。生はこちら側にあり、死はあちら側にある。

しかし僕の友だちが死んでしまったあの夜を境として、僕にはもうそのように単純に死を捉えることはできなくなった。死は生の対極存在ではない。死は既に僕の中にあるのだ。そして僕にはそれを忘れ去ることなんてできないのだ。何故ならあの十七歳の五月の夜に僕の友人を捉えた死は、その夜僕をもまた捉えていたのだ。

僕ははっきりとそれを認識した。そして認識すると同時に、それについては深刻に考えまいとした。それはとてもむずかしい作業だった。何故なら僕はまだ十八で、ものごとの中間点を求めるにはまだ若すぎたからだった。

★

　僕はそれからも月に一度か二度、彼女と会ってデートをした。たぶんデートと呼んでいいのだと思う。それ以外にうまい言葉を思いつけない。

　彼女は東京の郊外にある女子大に通っていた。こぢんまりとした(36)評判の良い女子大だった。彼女のアパートから大学までは歩いて十分もかからなかった。道筋には綺麗な用水が流れていて、時々はそのあたりを歩きまわったりもした。彼女には友だちも殆んどいないようだった。彼女は相変わらずぽつりぽつりとしか口をきかなかった。とくにしゃべることもなかったから、僕もあまりしゃべらなかった。顔を合わせると、我々はただひたすら歩いた。

　しかし何ひとつ進歩がないというわけではなかった。夏休みが終るころには彼女はごく自然に僕の隣りを歩くようになった。我々は肩を並べて歩いた。坂を上り坂を下り、橋を渡り通りを越え、我々は歩きつづけた。どこに行くというあてもなく、何をしようという目的もなかった。ひとしきり歩くと喫茶店に入ってコーヒーを飲み、コーヒーを飲み終るとまた歩いた。スライドのフィルムが入れ替るみたいに、季節だけがとおり過ぎていった。秋がやってきて、寮の中庭がけやきの枯葉で覆い尽された。セーターを着ると新しい季節の匂いがした。僕は新しいスエード(37)の靴を買った。

　秋が終り冷たい風が吹くようになると、彼女は時々僕の腕に体を寄せた。ダッフル・コート(38)の厚い布地をとおして、僕は彼女の息づかいを感じとることができた。でも、それだけだった。僕はコートのポケットに両手をつっこんだまま、いつもと同じように歩きつづけた。僕も彼女もラバー・ソール(39)の靴

をはいていたので足音は聞こえなかった。プラタナス⁽⁴⁰⁾のくしゃくしゃになった枯葉を踏む時にだけ、乾いた音がした。彼女の求めているのは僕の腕ではなく、誰かの腕だった。彼女の求めているのは僕の温もりではなく、誰かの温もりだった。少なくとも僕にはそんな風に思えた。

　彼女の目は前にも増して透明に感じられるようになった。どこにも行き場のない透明さだった。時々彼女は何の理由もなく、僕の目をじっとのぞきこんだ。そのたびに僕は悲しい気持になった。

　寮の連中は彼女から電話がかかってきたり日曜の朝に僕がでかけたりすると、いつも僕を冷やかした。当然のことではあるが、みんなは僕に恋人ができたものだと思いこんでいた。説明のしようもないし、する理由もないので、僕はそのままにしておいた。デートから帰ってくると必ず誰かがセックスの具合について質問した。まあまあだよ。と僕はいつも答えた。

　そのようにして、僕の十八歳は過ぎていった。日が上り、日が沈み、国旗が上ったり降りたりした。そして日曜日には死んだ友だちの恋人とデートをした。いったい自分が今何をしているのか、これから何をしようとしているのか、僕にはまるでわからなかった。僕は大学の講義でクローデル⁽⁴¹⁾を読み、ラシーヌを読み、エイゼンシュタイン⁽⁴²⁾を読んだ。彼らはみんなまともな文章を書いていたが、それだけだった。僕はクラスでは殆んど友だちを作らなかった。寮の連中とのつきあいもだいたい同じようなものだった。僕はいつも本を読んでいたので、みんなは僕が小説家になりたがっているのだと思っていたが、僕は小説家になんかなりたくはなかった。何にもなりたくなかっ

た。

　僕はそんな気持を何度か彼女に話そうとした。彼女なら僕の考えていることを正確にわかってくれそうな気がした。しかし僕にはうまく話すことはできなかった。彼女が最初に僕に言ったように、正確な言葉を探そうとするとそれはいつも僕には手の届かない闇の底に沈みこんでいた。

　土曜日の夜になると、僕は電話のあるロビーの椅子に座って、彼女からの電話を待った。電話は三週間かかってこないこともあれば、二週つづけてかかってくることもあった。それで土曜日の夜にはロビーの椅子の上で彼女の電話を待った。土曜日の夜には大半の学生は遊びにでかけていたから、ロビーはたいていしんとしていた[43]。僕はいつもそんな沈黙の空間に浮かぶ光の粒子を見つめながら、自分の心を見定めようと努力してみた。誰もが誰かに何かを求めていた。それは確かだった。しかしその先のことは僕にはわからなかった。僕が手をのばしたそのほんの少し先に、漠然とした空気の壁があった。

　冬のあいだ僕は新宿の小さなレコード店でアルバイトをした。クリスマスには彼女の好きな「ディア・ハート」の入ったヘンリー・マンシーニのレコードをプレゼントした。僕が包装し、ピンクのリボンをかけた。もみの木の絵柄のクリスマス用の包装紙だった。彼女は僕に毛糸を編んでくれた。親指の部分が少し短すぎたが、暖いことに変りはなかった。

　彼女は冬休みに家に帰らなかったので、僕は正月のあいだ彼女のアパートで食事をさせてもらった。

　その冬にはいろんなことが起った。

　一月の末に僕の同居人が四十度近い熱を出して二日間寝こんだ。おかげで僕は彼女とのデートをすっぽかしてしまう[44]

ことになった。今にも死ぬんじゃないかといった苦しみ方だったし、放ったらかして出かけるわけにもいかなかった。僕以外に看病してくれそうな人間も見あたらなかった。僕は氷を買ってきてビニール袋で氷のうを作り、タオルを冷やして汗を拭き、一時間ごとに熱を測った。熱はまる一日引かなかった。しかし二日めの朝には彼は何もなかったようにむっくりと(45)起きあがった。体温は三十六度二分まで下っていた。

「おかしいなあ」と彼は言った。「これまで熱なんて出したことないんだけどな」

「でも出たんだよ」と僕は言った。それからそのおかげでふいにしてしまった(46)二枚のコンサートの招待券を見せた。

「でもまあ招待券でよかったよ」と彼は言った。

二月には何度か雪が降った。

二月の終り頃に僕はつまらないことで喧嘩をして寮の同じ階に住む上級生を殴った。相手はコンクリートの壁に頭をぶつけた。幸いたいした怪我はなかったが、僕は寮長室に呼ばれて注意を受けた。おかげで寮の居心地がひどく悪くなった。

僕は十九になり、やがて二年生になった。僕はいくつかの単位を落とした。成績は殆んどがＣかＤで、Ｂがほんの少しあるだけだった。彼女の方はひとつも単位を落とすことなく二年生になった。季節がひとまわりしたのだ。

六月に彼女は二十歳になった。彼女が二十歳になるというのはなんとなく不思議な感じがした。僕にしても彼女にしても本当は十八と十九のあいだを行ったり来たりしている方が正しいんじゃないかという気がした。十八の次が十九で、十九の次が十八——それならわかる。でも彼女は二十歳になった。僕も次の冬には二十歳になる。死者だけがいつまでも十七歳だった。

誕生日は雨だった。僕は新宿でケーキを買って電車に乗り、彼女のアパートに行った。電車は混んでいて、おまけによく揺れた。おかげで夕方彼女の部屋に辿りついた時には、ケーキはローマの遺跡みたいな形に崩れていた。それでも一応二十本のロウソクを立て、マッチで火をつけた。窓のカーテンをしめて電気を消すと、なんとか誕生日らしくなった。彼女がワインを開けた。それからケーキを食べ簡単な食事をした。

　「二十歳になるなんて、なんだか馬鹿みたいね」と彼女は言った。食事が終ると二人で食器をかたづけ、床に座ってワインの残りを飲んだ。僕が一杯飲むあいだに彼女は二杯飲んだ。

　彼女はその日は珍しくよくしゃべった。子供の頃のことや学校のことや家庭のことを話した。どれもとても長い話だった。長いうえに異常なくらい克明な話(47)だった。Aの話がいつのまにかそこに含まれるBの話になり、やがてBに含まれるCの話になり、それがどこまでもどこまでも続いた。終りがなかった。僕ははじめのうちは適当にあいづちを打っていたが、そのうちにそれもやめた。僕はレコードをかけ、それが終ると針を上げて次のレコードをかけた。ひととおり全部かけてしまうと、また最初のレコードをかけた。窓の外では雨が降りつづいていた。時間はゆっくりと流れ、彼女は一人でしゃべりつづけていた。

　時計が十一時をさした時、僕はさすがに不安になった。彼女はもう四時間もしゃべりつづけていた。帰りの最終電車の時刻も近づいていた。どうすればいいのか僕にはわからなかった。彼女にしゃべりたいだけしゃべらせてしまった方が良いようにも思えたし、頃合をみはからって(48)どこかで止めた方が良いようにも思えた。僕はずいぶん迷ったが、結局話を止めさせることにした。いくらなんでも彼女はしゃべりすぎていた。

「あまり遅くなっても悪いからそろそろ引きあげるよ」と僕は言った。「近いうちにまた会おうよ」

僕の言ったことが彼女に伝わったのかどうかはわからなかった。彼女はほんの少しのあいだ口をつぐんだだけで、またすぐにしゃべりはじめた。僕はあきらめて煙草に火をつけた。こうなったら彼女にしゃべりたいだけしゃべらせた方が良さそうだった。あとのことはなりゆきにまかせる(49)しかない。

しかし彼女の話は長くはつづかなかった。ふと気がついた時、彼女の話は既に終っていた。言葉の切れ端が、もぎとられたような格好で空中に浮かんでいた。正確に言えば彼女の話は終ったわけではなかった。どこかで突然消えてしまったのだ。彼女はなんとか話しつづけようとしたが、そこにはもう何もなかった。何かが損われてしまったのだ。彼女は唇を微かに開いたまま、ぼんやりと僕の目を見ていた。まるで不透明な膜をとおしたような、そんな視線だった。僕はひどく悪いことをしてしまったような気がした。

「邪魔するつもりはなかったんだ」と僕は一言ひとことを確認するようにゆっくりと言った。「でももう時間も遅いし、それに……」

彼女の目から溢れた涙が頬を流れ、レコード・ジャケット(50)の上に音を立てて落ちるまでに一秒とかからなかった(51)。最初の涙が流れてしまうと、あとはとめどがなかった。彼女は両手を床につき、まるで吐く時のような格好で泣いた。僕はそっと手を伸ばして彼女の肩に触れた。彼女の肩は小刻みに震えていた。それから僕は殆んど無意識に彼女の体を抱き寄せた。彼女は僕の胸の中で声を出さずに泣いた。熱い息と涙とで僕のシャツが濡れた。彼女の十本の指がまるで何かを探し求めるように僕の背中を彷徨っていた。僕は左手で彼女の体を支え、右

手で細い髪を撫でた。僕は長いあいだ、そのままの姿勢で彼女が泣き止むのを待った。彼女は泣き止まなかった。

　その夜、僕は彼女と寝た。そうすることが正しかったのかどうか僕にはわからない。でもそれ以外にどうすればよかったのだろう？
　女の子と寝るのは本当に久しぶりだった。彼女の方はその時が初めてだった。僕はどうして彼と寝なかったのか訊ねてみた。でもそんなことは訊ねるべきではなかったのだ。彼女は何も答えなかった。そして僕の体から手を離し、僕に背中を向けて窓の外の雨を眺めた。僕は天井を眺めながら煙草を吸った。

　朝になると雨はあがっていた。彼女は背中を向けて眠っていた。あるいは彼女はずっと起きていたのかもしれない。でもどちらにしても僕にとっては同じことだった。一年前と同じ沈黙がすっぽりと彼女を覆っていた。僕はしばらくそのまま彼女の白い背中を眺めていたが、やがてあきらめてベッドから起きあがった。
　床にはレコード・ジャケットが昨夜のままにちらばっていた。テーブルの上には形の崩れたケーキが半分残っていた。まるでそこで突然時間の流れが止まってしまったような、そんな感じだった。机の上には辞書とフランス語の動詞表が載っていた。机の前の壁にはカレンダーが貼ってあった。写真も絵も何もない数字だけのカレンダーだった。カレンダーは真白だった。書き込みもなく、しるしもなかった。
　僕はベッドの足もとに落ちていた服を拾って着た。シャツの胸はまだ冷たく湿っていた。顔を近づけると彼女の髪の匂い

がした。
　僕は机の上のメモ用紙に、近いうちに電話をしてほしいと書いた。そして部屋を出て、そっとドアを閉めた。

　一週間経っても電話はかかってこなかった。彼女のアパートは電話の取り次ぎをしてくれなかったので、僕は長い手紙を書いた。僕は自分が感じていることをできるだけ正直に書いた。僕にはいろんなことがよくわからないし、わかろうとは努めているけれど、それには時間がかかる。そして時間が経ってしまったあとでいったい自分がどこにいるのか、僕には見当もつかない。でも僕はなるべく深刻にものごとを考えまいとしている。深刻に考えるには世界はあまりにも不確実だし、たぶんその結果としてまわりの人間に何かを押しつけてしまうことになると思う。僕は他人に何かを押しつけたりはしたくない。君にはとても会いたい。でも前にも言ったように、それが正しいことなのかどうか僕にはわからない——そんな内容の手紙だった。

　七月の始めに返事が来た。短い手紙だった。

　大学をとりあえず一年間休学することにしました。とりあえずといっても、もうたぶん戻ることはないと思います。休学というのはあくまで手続き上のことです。アパートは明日引き払います。急な話だと思うかもしれないけれど、これは前々から考えていたことなのです。あなたにも何度か相談しようと思ったのだけれど、どうしてもできませんでした。口に出しちゃうのがとても恐かったのです。
　いろんなことを気にしないで下さい。たとえ何が起っていた

としても、何が起っていなかったとしても、結局はこうなったんだという気がします。あるいはこういった言い方はあなたを傷つけることになるのかもしれません。もしそうだとしたら謝ります。ただ私の言いたいのは、私のことであなたに自分自身を責めたり他の誰かを責めたりしないでほしいということなのです。これは本当に私がきちんと全部引き受けるべきことなのです。この一年あまり私はそれをのばしのばしにしてきて、そのせいであなたにもずいぶん迷惑をかけてしまったように思います。そしてたぶん、これが限界です。

　京都の山の中に良い療養所があるそうなので、とりあえずそこに落ちつく(52)ことにします。病院ではなく、ずっと自由な施設です。細かいことについては別の機会に書きます。今はうまく書けないのです。この手紙ももう十回くらい書きなおしています。あなたが一年間私のそばにいてくれたことについて、私はとても、口では言い現わせないくらい感謝しています。そのことだけは信じて下さい。それ以上のことは私には何も言えません。あなたに頂いたレコードはずっと大事に聴いています。

　いつかもう一度、この不確実な世界のどこかであなたに会うことができたとしたら、その時にはもっといろんなことがきちんと話せるようになっているんじゃないかと思います。

　　　　　　　　　　　　　　　　　さよなら。

　僕は何百回となくこの彼女の手紙を読みかえした。そして読みかえすたびにたまらなく悲しい気持になった。それはちょうど、彼女にじっと目をのぞきこまれている時に感じるのと同じようなやり場のない悲しみだった。僕はそんな気持をどこに持って行くことも、どこに仕舞いこむこともできなかった。そ

れは風のように輪郭も無く、重さもなかった。僕はそれを身にまとうことすらできなかった。風景が僕の前をゆっくりと通り過ぎていった。彼らの語る言葉は僕の耳には届かなかった。

　土曜日の夜になると僕は相変わらずロビーの椅子に座って時間を過した。電話のかかってくるあてはなかったが、それ以外にいったい何をすればいいのか僕にはわからなかった。僕はいつもテレビの野球中継をつけて、それを見ているふりをしていた。そして僕とテレビのあいだに横たわる茫漠とした空間を見つめていた。僕はその空間を二つに区切り、その区切られた空間をまた二つに区切った。そしてそれを何度も何度もつづけ、最後には手のひらに載るくらいの小さな空間を作りあげた。

　十時になると僕はテレビを消して部屋に戻り、そして眠った。

　その月の終りに、僕の同居人がインスタント・コーヒーの瓶に入れた蛍をくれた。瓶の中には蛍が一匹と草の葉と水が少し入っていた。ふたには細かい空気穴が幾つか開いていた。あたりはまだ明るかったので、それはただの水辺の黒い虫にしか見えなかった。しかしよく見ると、たしかにそれは蛍だった。蛍はつるつるとしたガラスの壁をよじのぼろうとしてはそのたびに下に滑り落ちていた。そんなに真近に蛍を見たのは久しぶりだった。

　「庭にいたんだよ。近くのホテルが客寄せに放したのがこちらに紛れ込んできたんだね」と彼はボストン・バッグに衣類やノートをつめこみながら言った。もう夏休みに入って何週間も経っていた。寮に残っているのは我々くらいのものだった。僕の方は家に帰りたくなかったし、彼の方は実習があったからだ。でもその実習も終り、彼は家に帰ろうとしていた。

「女の子にあげるといいよ。きっと喜ぶからさ」と彼は言った。

「ありがとう」と僕は言った。

日が暮れると寮はしんとした。国旗がポールから降ろされ、食堂の窓に電気が灯った。学生が少くなったせいで、食堂の灯はいつもの半分だけしか点いていなかった。右半分が消えて、左半分だけが点いていた。それでも微かに夕食の匂いがした。クリーム・シチューの匂いだった。

僕は蛍の入ったインスタント・コーヒーの瓶を持って屋上に上った。屋上には人影はなかった。誰かがとりこみ忘れた白いシャツが洗濯ロープにかかって、何かのぬけがらのように夕暮の風に揺れていた。僕は屋上の隅にある錆びた鉄の梯子を上って、給水塔の上に出た。円筒形の給水タンクは昼のあいだにたっぷりと吸い込んだ熱で、まだ温かった。狭い空間に腰を下ろし手すりにもたれかかると、ほんの少しだけ欠けた白い月が目の前に浮かんでいた。右手には新宿[53]の街が、左手には池袋[54]の街が見えた。車のヘッド・ライトが鮮やかな光の川となって、街から街へと流れていた。様々な音が混じりあったやわらかなうなりが、まるで雲のように街の上に浮かんでいた。

瓶の底で、蛍は微かに光っていた。しかしその光はあまりにも弱く、その色はあまりにも淡かった。僕の記憶の中では蛍の灯はもっとくっきりとした鮮やかな光を夏の闇の中に放っているはずだ。そうでなければならないのだ。

蛍は弱って死にかけているのかもしれない。僕は瓶のくちを持って何度か振ってみた。蛍はガラスの壁に体を打ちつけ、ほんの少しだけ飛んだ。しかしその光はあいかわらずぼんやりとしていた。

たぶん僕の記憶が間違っているのだろう。蛍の灯は実際にはそれほど鮮明なものではなかったのかもしれない。僕がただそう思い込んでいただけのことなのかもしれない。あるいはその時僕を囲んでいた闇があまりにも深かったせいなのかもしれない。僕にはうまく思い出せなかった。最後に蛍を見たのがいつのことだったのかも思い出せなかった。

僕が覚えているのは夜の暗い水音だけだった。煉瓦づくりの古い水門もあった。ハンドルをぐるぐると回して開け閉めする水門だ。岸辺にはえた水草が川の水面をあらかた覆い隠しているような小さな流れだった。あたりは真暗で、水門のたまりの上を何百匹という蛍が飛んでいた。その黄色い光のかたまりが、まるで燃えさかる火の粉のように水面に照り映えていた。

あれはいつのことだったのだろう？そしていったい何処だったのだろう。

うまく思い出せない。

今となってはいろんなことが前後し、混じりあってしまっている。

僕は目を閉じて、気持を整理するために何度か深呼吸してみた。じっと目を閉じていると、体が今にも夏の闇の中に吸いこまれてしまいそうな気がする。考えてみれば日が暮れてから給水塔にのぼったのははじめてだった。いつもより風の音がくっきりと聞こえた。たいして強い風でもないはずなのに、それは不思議なほど鮮やかな軌跡を残して僕のわきを吹き抜けていった。ゆっくりと時間をかけて、夜が地表を覆っていった。都市の光がどれほど強くその存在を際立たせようと、夜はその取り分を確実に運び去っていった。

僕は瓶のふたを開け、蛍をとり出して、三センチばかりつきでた給水塔の縁に置いた。蛍は自分の置かれた状況がうまく把

めないようだった。蛍はボルトのまわりをよろめきながら一周したり、かさぶた⁽⁵⁶⁾のようにめくれあがったペンキに足をかけたりしていた。しばらく右に進んでそこが行きどまりであることをたしかめてから、また左に戻った。それから時間をかけてボルトの頭の上によじのぼり、そこにじっとうずくまった。蛍はまるで息絶えてしまったみたいに、そのままぴくりとも動かなかった。

　僕は手すりにもたれかかったまま、そんな蛍の姿を眺めていた。長いあいだ、我々は動かなかった。風だけが、我々のあいだを、川のように流れていった。けやきの木が闇の中で無数の葉をこすりあわせた。

　僕はいつまでも待ちつづけた。

　蛍がとびたったのはずっとあとのことだった。蛍は何かを思いついたようにふと羽を拡げ、その次の瞬間には手すりを越えて淡い闇の中に浮かんでいた。そしてまるで失われた時間を取り戻そうとするかのように、給水塔のわきで素早く弧を描いた。そしてその光の線が風ににじむのを見届けるべく少しのあいだそこに留まってから、やがて東に向けて飛び去っていった。

　蛍が消えてしまったあとでも、その光の軌跡は僕の中に長く留まっていた。目を閉じた厚い闇の中を、そのささやかな光は、まるで行き場を失った魂のように、いつまでもさまよいつづけていた。

　僕は何度もそんな闇の中にそっと手を伸ばしてみた。指は何にも触れなかった。その小さな光は、いつも僕の指のほんの少し先にあった。

（1983 年）

注　释

(1) たかだか／(作副词使用)，表示"无论怎么估量，也不过～"之意。至多，顶多。

(2) わがままは言えない／"わがままを言う"表示"硬是要～"、"为所欲为"之意。此句可译作"也就不能自己顾自己了"。

(3) 文京区（ぶんきょうく）／日本东京23区之一。东京大学等不少大学都在此区里。

(4) 高台（たかだい）／地面高且平的地方。在东京，一般将文京区、新宿区一带的所谓"高台地区"称之为"山の手"。

(5) 開け放し（あけはなし）／敞开着；开朗的。此处为前者。与"開けっ放し"意思相同。

(6) なんだって／此处表示"不论是什么"的意思。

(7) 背筋（せすじ）をしゃんとのばす／"しゃんと"在此处表示姿势端正之意。此句可译作"挺直腰板"。

(8) 「気をつけ」の姿勢／立正的姿势。

(9) がっしりとした／表示结构紧凑、结实之状。也表示魁梧有力的样子。此处为前者。

(10) セロファン・ラップ／透明保鲜纸。

(11) アムステルダム／阿姆斯特丹，荷兰王国宪法上的首都。

(12) ラシーヌ／法国悲剧诗人（1639—1699）。

(13) イヨネスコ／法国剧作家（1912—1994）。

(14) 無理を言って／意思是"硬是要求～"。

(15) くじを引く／抽签，抓阄。

(16) 頬骨が張っていた／颧骨突出，颧骨高。

(17) 悲鳴をあげる／因惊讶、恐惧、痛苦而发出的叫声。此处指显露出痛苦的表情。

(18) ひびく／此处的意思为让人感到震动。

(19) トレーナ・シャツ／长袖运动衫。

(20) 透き通った目／明亮清澄的眼睛。

(21) あらかた／（副词）。几乎全部，大致。

(22) 飯田橋／东京的地名。

(23) お堀ばた／"お"是接头词。"堀ばた"指人工挖掘的河边。此处指距离"神保町"较近的河边。

(24) 神保町／东京的地名。

(25) お茶の水／东京的地名。千代田区神田骏河台到文京区汤岛一带的地区，江户时期，这里断崖之间渗露出的水曾为幕府将军饮茶用水，故得其名。

(26) 本郷／东京都文京区的地名。东京大学校本部在此处。

(27) 駒込／东京都文京区北部至丰岛区东部的地区。

(28) こんなこと言える筋合じゃない／"筋合"表示"合乎情理的关系"。此句意思是"不该我来说这些"。

(29) 多かれ少なかれ／多多少少。

(30) ミッション系／基督教组织开设的～。

(31) ぱっとした成果／令人瞩目的成果。

(32) 席をはずしてしまう／（因事等）临时离开，中途离开。

(33) 目貼りして／用纸或者其他东西将物体的缝隙贴上。

(34) ワイパー／意思是擦拭。特指汽车等前挡风玻璃上的擦拭雨水的装置，雨刷子。

(35) ずんぐりとした文鎮／"ずんぐり"表示粗短或者胖而矮的样子。此处指粗笨的镇纸。

(36) こぢんまりとした／表示小而完备之状。

(37) スエードの靴／翻毛皮鞋。

(38) ダッフル・コート／带帽子的短大衣。

(39) ラバー・ソールの靴／橡胶底的鞋。

(40) プラタナス／法国梧桐树。

(41) クローデル／法国诗人、剧作家、外交官（1868—1955）。

(42) エイゼンシュタイン／前苏联电影的创始人，国立电影研究所所长。他的电影理论对电影艺术的贡献巨大。曾任驻日大使。

(43) しんとしていた／安静、听不到声音的状态，静悄悄的。

(44) すっぽかしてしまう／弃之不管；爽约。此处意思为后者。

(45) むっくり／突然起身的样子。

(46) ふいにしてしまう／前功尽弃。此处意思为浪费掉。

(47) 克明な話／"克明"意思为"非常详尽"；"坦诚"；"十分明显"。此处的意思为第一种。

(48) 頃合（ころあい）をみはからって／"頃合"可表示"程度"；"适当的程度，合适"；"好机会"的意思。此处的句子可以译为"看准机会"。

(49) なりゆきにまかせる／意思为"看形式发展"。可译作"听天由命"。

(50) レコード・ジャケット／唱片的封皮、外包装。

(51) とめどがない／意思是"没完没了"、"不停地"。

(52) 落ちつく／此处表示住所定下来，住下。

(53) 新宿／东京都23区之一。新宿车站附近地区在日本"关东大地震"后迅速发展为东京主要闹市。1991年东京都政府搬至此地。

(54) 池袋／东京都丰岛区的一个地区。第二次世界大战后，池袋车站周边地区迅速发展成为东京"副都心"之一。

(55) たまり／表示"聚集、聚集处"等意。此处意思是积水处。

(56) かさぶた／疮痂，伤痂。

《 作者简介

村上春树（1949— ）　　出生于日本京都市，后在兵库县西宫市等地居住，1968年入早稻田大学第一文学部学习。在校期间结婚，并开办了爵士音乐咖啡店。1979年6月发表《且听风吟》，获群像新人奖，由此开始文学创作。1986年10月至1990年1月到欧洲，在希腊等地从事创作活动。其间所发表的《挪威的森林》成为此时的畅销书，上下两卷，销售量达430万部。1991年1月到1995年7月赴美，在普林斯顿大学等大学作客座研究员、客座教授。其创作的长篇小说《寻羊冒险记》（讲坛社1982）获野间文艺新人奖，《世界尽头与冷酷仙境》（新潮社1985）获谷崎润一郎奖，《编年史》（新潮社 1994—1995）获读卖文学奖。村上自幼年起就极为喜欢读书，他曾经阅读了大量的文学、历史书籍，其中美国作家和小说对他产生了重大影响，他曾经谈到"我的读书范围至今全是外国文学"。当然，也无法否认日本文学传统对其情感世界产生的影响。他的作品如果从类别划分，可以分为四类，小说、随笔、翻译、记实作品。小说作品除上述作品以外，主要有《1973年的弹子球》（1980）、《面包屋再袭击》（1986）、《舞、舞、舞》（1988）、《奇鸟形状录》（1994—1995）、《国境之南太阳之西》（1994）等。他的随笔有的写一些日常琐事、自己过去的体验，有的则是游记或者旅居海外的纪行，还有的则主要写一些他自己感兴趣的事情。这类作品有《关于电影的冒险》（1985）、《日出之国的工厂》（1987）、《为年轻读者们的读书向导》（1998）、《同时代的美国》（1981—1982）、《村上朝日堂》（1984）、《遥远的大鼓》（1990）、《雨天热天》（1990）、《边境近境》（1998）等。他的翻译作品在某种意义上看，可以说是其进行小说写作的写作训练。他的记实性作品中，最为著名的就是《在约定好的地方》（1999），这部作品表达了作者对于震惊日本的邪教组织奥姆真理教制造的"沙林事件"的关注，并获1999年度桑原武夫奖。

萤

☪ 作品简析

众所周知，1983年发表的《萤火虫》在1987年出版的《挪威的森林》里，成为了其第二、三章。有人认为，《挪威的森林》就是《萤火虫》长篇小说化的结果。事实上，将短篇小说长篇小说化，在村上春树的创作中并不鲜见。当然，这绝不是村上春树的独创，因为在日本文学传统中，将若干个短篇连接成一个长篇也是时常有的创作方式。

在《萤火虫》这个短篇里，只在结尾部分才出现萤火虫的描写。那么，萤火虫的出现意味着什么呢？按照评论家松本健一的观点，这与萤火虫一词所包含的日本传统审美因素有关。"萤火虫一词是在日本'山紫水明'的风土之中获得的固定的形象，是思想，是抒情性。"（松本健一"语言定型中潜存的'国家'"《新潮》1984，11）在自然界中，萤火虫本身所发出的光应该说是十分微弱的，但是如果将其置于夏夜的黑暗之中，它又会显现出十分鲜明的光迹。微弱的荧光和鲜明的光迹成为日本人审美的重要元素，而这与小说中描写的青春一幕十分吻合，小说中描写的青春一幕只是叙述者个人的日常平淡体验，但是事过境迁，事隔十几年再回忆起来，那平淡体验却仍然历历在目、鲜明如初。

小说中开头部分对升旗的描写十分有趣。作者将升旗人设定为两个右翼人物，让右翼人物升旗，从小说的叙述事实来看，也十分顺理成章，因为这个学生宿舍的经营者就是右翼组织，而且升国旗、唱国歌在右翼组织的活动中又是常见的举动。但是，在这貌似顺理成章的描写中，却包含着强烈的现实象征意义。从小说的整体结构来看，以后的小说叙述中的所有一切和这种政治性举动都完全绝缘，毫无关系。这无疑可以使读者感受到小说的文化背景，一个完全脱离了战后政治、对右翼活动毫无兴趣的社会文化背景，在这样的背景下，不再有人去附和这样看上去有些滑稽的举动。其实，小说的主人公"我"就是一个只关心自己周边

生活的人，而"我"的舍友"他"也是一个"对政治百分之百不关心"的人。在这样的背景下，升旗人的举止越是严肃、庄重，越能够显现出其滑稽的味道。这种滑稽、漫画也同样表现在对升旗人的描写上，一个中野陆军学校毕业的高大、目光敏锐的五十多岁的人和一个永远穿着学生制服、个头矮小、发胖的年轻人，神情专注地孤零零地立在旗杆下的样子可以给读者许多有趣的联想。

当然，小说重要的部分并不是对于右翼的批评，而是对于"非深刻"的日常的描写。小说的主人公生活在随意之中，没有任何刻意的追求，也没有任何理想与目标的设定，一切都在随意之中进行、完成。在学生宿舍里，主人公"我"唯一交往较多的人就是与他同寝室的舍友"他"。而这个"他"的生活态度所折射的正是"我"的截然不同的生存方式，在"他"那里，所有的一切都是有板有眼的，都需要循规蹈矩，任何改变习惯的举动都可能造成"他"的现实不适应。"他"不关心时尚，毫无情趣，衣服总是白加黑，头永远是小平头，"他"所关心的只有海岸线的变化、新的铁路隧道的建成等一类的事情。"他"和"我"似乎存在于两个天地之间。"我"之所以选择和"他"交往，只是因为和"他"同住一个宿舍。"我"与"他"截然不同，不受任何的约束，生活在一种自由的状态之中。在校外，"我"只和自己的朋友"他"，还有朋友的女友"她"交往。而他们之间的交往仅仅是闲聊、打台球等。即使在朋友自杀后，"我"开始与"她"交往，也同样没有刻意的追求，也没有激情的燃烧，一切都是那样地平淡、平和。有的只是散步的随意，听音乐的优雅，倾听对方倾诉的闲适，就连性关系的发生似乎都那样随意简单。生活的一切在小说主人公看来，都不具备任何深刻的内容，他也不愿意徒劳地将其深刻化。"我"的朋友的自杀就具有这样的意义，"他"自杀前还与"我"认真地比赛过台球，自杀时十分从容却没有留下遗书，人们找不

到他要自杀的任何动机。自杀似乎也是一个十分随意的举动。朋友的近乎随意的自杀使"我"认识到"死不是生的另一端,而是生的一部分存在",但是"我"却不愿意更深入地追究它,深刻地考虑它。过去了就让它过去,一切都是回忆中的印象。小说结尾处所描写的"失去去处的灵魂一般的萤火虫""正是'我'(们)的青春。在这种描写里飘溢着村上春树所描写的现代青春特有的'空虚'的气氛"。(松本健一"语言定型中潜存的'国家'"《新潮》1984,11)

暑い道

宮本輝

　それは、人間の誤った趣味とか定説によって半分腐らせたような肉とは違い、歯ごたえも、血が混じった肉汁も、澄んだうまみを持つ牛の肉だった。
　「これが、ほんまのビーフ・ステーキや。なっ？そうやろ？」
　と尾杉源太郎は言って、私をじろっと見やった。私は同意し、尾杉に案内されてやって来た〈山本食堂〉の調理場に目をやり、テーブルとか壁とかをもう一度見つめた。その食堂には、旧式の、氷屋が配達する氷で冷やす冷蔵庫が三つ並び、ひとつには、布で包んだステーキ用の肉塊(にっかい)が、大きな氷の上に載っている。あとの二つには、野菜とバター、卵、それにビールが納められている。尾杉が、店の主人である老婆にサラダを注文した。老婆といっても、ひとりで店をとりしきっているだけあって、声にも張りがあり、背すじは真っすぐ伸び、調理場と店とをしきる黒くて長い暖簾(のれん)を左右にはらう手つきも機敏で、とても七十五歳には見えなかった。
　〈山本食堂〉のメニューには、もう何年も前に書かれたのであろう墨文字で、八種の品しかなかった。ヒレ・ステーキ時価、オムレツ五百円、オムライス八百円、サラダ六百円、御飯二百円、お茶づけ四百五十円、酒一合三百円、ビール大壜(おおびん)四百円。
　「しかし、時価というのが怖いなァ」
　私の忍ばせ声に、大きく手を振り、
　「いま食うたのが百五十グラムで四千円ぐらいや。日によっ

て、二、三百円の上下はあるけど、格式ばった⁽¹⁾フランス料理の店でも、一流ホテルのステーキ・コーナーでも、これだけの肉は出てけえへん⁽²⁾。もし、おんなじ肉を出すとしたら、一万円は取りよるで⁽³⁾」

と説明し、

「ここでは、絶対に電気冷蔵庫は使わへんのや⁽⁴⁾。どんな物で包んでも、肉をいっぺんでも電気冷蔵庫に入れたら、肉が枯れるっちゅうてな⁽⁵⁾」

尾杉源太郎はそうつけくわえた。此花区の、大阪湾⁽⁶⁾に近い工場街から少し駅に寄った商店街に、これほどうまいステーキを食べさせる店があることに驚き、一見の客⁽⁷⁾なら誰もこの店でステーキなど注文しないだろうと思われる質素なたたずまいに驚いたが、尾杉は、さらに私を驚愕させる話を始めたのだった。場末の商店街に、四人掛けのテーブルが三つと、六人ぐらいが腰を降ろせるカウンターをすえただけの、とてつもなくうまい⁽⁸⁾店があると、しきりに私を誘うだけで、尾杉はきょうまでそれ以外の話を私には語らなかった。

人参と蓮根、それに芽キャベツのサラダを老婆は運んで来、ドレッシングを入れた焼き物の容器を置いた。すったゴマと醬油をサラダ油でのばしただけのドレッシングは、野菜と奇妙に調和して、それもまた私を感心させた。

常連客⁽⁹⁾らしい四人連れが店に入ってきて、声高に今夜のナイター⁽¹⁰⁾の予想を始めた。会話のはしばしに、かなり遠方からタクシーで〈山本食堂〉のステーキを食べに来たことが窺えた。店の中はふいに賑やかになり、尾杉はそれまでひそませていた声を少し大きくした。

「さっきを覚えてるやろ？」

と尾杉は、幼いころから何か訳ありな話⁽¹¹⁾を口にする際の

癖を見せて訊いた。小学生のときも中学生のときも、高校生になっても、彼は周囲のおとなたちのあいだで巻き起こる事件などを真っ先に小耳に挟んできて(12)、得意気に、しかもいかにも秘密めいた大事件であるかのように私たちを集めたものだった。たとえば、アパートの新しい住人が、親子ではなく、実は夫婦らしいといった類の噂を、尾杉は、自分よりも背の低い私たちをわざと上目遣いでひとわたり見つめ、舌を出すとそれで上唇をしばらく舐め、首を長く突き出して、そっと人差し指を立てるという手順ののちに、口をひらくのである。

私は、尾杉の人差し指を見て、かすかに笑ったあと、わかっているのに、

「さつき？」

と訊き返した。

「自転車屋のさつきや。まさか遠い虚ろな思い出やとは言わさんでェ(13)」

「ああ、あのさつきか」

私は、二十数年前の、大阪と尼崎市(14)との境を成す神崎川の堤防脇に密集するスラム街を思い浮かべ、神崎新地と呼ばれる遊廓で生きる男たち女たちの夜と昼の顔を脳裏に描いた。そこで体を売る女たちは、大阪に幾つもある似たような場所の中で、最も値段が安かった。店は、たいてい一階がお好み焼き屋(15)かホルモン焼き屋(16)で、客は二階で女を買う仕組みになっていた。私たちは、その遊廓から歩いて五分ほどのところに住んでいたのだった。

「俺には、遠い虚ろな思い出やで(17)」

と私は半分笑いながら言って、ビールを飲んだ。尾杉もうっすら笑い、

「さつきと最初にやったのは誰やねん(18)。お前やないか」

と言い返して、芽キャベツを頬張った。
「俺は一番最後やったんや。最初にさつきと寝たのはケンチや。その次がお前、その次がカンちゃん……。みんな、必死でさつきに惚れてたから、仲間外れなしに、思いを遂げられて、めでたしめでたしやったな」
　そう私は何食わぬ顔⁽¹⁹⁾で言ったが、さつきがその美しい体を自由にさせたのは、仲間の四人の中では、この自分だけと思い込んでいた時期に記憶を戻して、その当時の仲間への詮索やら牽制やら嫉妬やらを懐しんだ。
「さつきは、ほんまにきれいやったなァ。俺、さつきを見たとき、長いことぽかんと口をあけてたから、ほんまに涎が出たんや。そやけど、涎が出てることにも気がつかんかったもんなァ」
　と尾杉は言った。私は、中学二年生の尾杉が、さつきに見惚れて涎を垂らしている顔を想像し、声をあげて笑った。そして、どうして、急にさつきの話なんかを始めたのかを訊いてみた。
「俺もお前も、ケンチもカンちゃんも、あのスラム街から脱け出して、ばらばらになってしもたやろ⁽²⁰⁾？とにかく、あのスラム街に最後まで残ってたのは、俺らの一家だけや。ケンチの親父のはったりにのせられて⁽²¹⁾、役所が払う筈のない立ち退き料をせしめようと居坐った⁽²²⁾のが運の尽きや。そやけど、さつきは、高校二年生のときに、東京へ行ってしまいよった。とんでもない高嶺の花⁽²³⁾になって、悪い連中の助平な目⁽²⁴⁾がひしめいているところに行ってしまいよった。あのあと、俺ら四人とも、腑抜け⁽²⁵⁾みたいに暑い土手の上を歩いたやろ？忘れられへんなァ、あのクソ暑い土手の道……」
　紙ナプキンで口元を拭き、いまはコンピューターのソフト部品

を販売する会社の社長として、毎日を忙しく暮らしている尾杉源太郎は、そう言って、しばらく口を閉ざした。

　私たちが初めて、さつきを見たのも、遊廓のひしゃげた(26)瓦屋根がＳ字状に揺れ動く真夏の昼下がりであった。橋の下に太い水道管が走り、川はたった一ヵ月のうちに水量が半減し、浮きあがるメタンガス(27)が川面に黒い波紋を作っていた。中学二年生の私たちは、夏休みに入っても、林間学校(28)すら行けず、自動車の解体屋で午前中アルバイトをしていた。解体屋も土手の下にあり、ひと吹きの風もない、砂なのか鉄錆なのか区別のつかない粗い土の作業場には、廃車の車体を切断するバーナー(29)の火が、若い私たちの肉体をわずか二時間で息も絶え絶えにさせた。当時、私たちは尾杉源太郎をゲンと呼んでいた。私たちが、別のスラム街の路地を縫って、自分たちの住まいに帰らず、解体屋でのアルバイトが終わると、遠廻りなのに、わざわざ土手の道を選んだのは、顔を合わせれば必ず殴る蹴るのケンカになる隣組の不良グループが、その路地のどこかにたむろしていたからである。どっちから仕掛けるというのではなく、仇敵みたいに小学生のころからいがみ合っていた。私たち四人の中で、最初に手を出すのは、ケンチこと石井健一だった。ケンチが相手の誰かを殴ると、すぐにゲンがそれにつづき、次に私が手を出し、最後に、カンちゃんこと神田正直が、何やらわめきながら、頭から突進していくのである。だから、てひどく痛めつけられるのは、いつもカンちゃんだった。目をつむって、がむしゃらに突進するだけなので、相手の狙いすました殴打(30)で、頭はこぶだらけになり、腐ったドブ板(31)に叩きつけられてよく鼻血を出した。しかし、私たちの、理由も定かでないケンカにも、ちゃんと暗黙のルールがあった。誰かが血を出すと、お互い自然に勢いを鎮め、荒い息づかいで睨み合い、「こ

んどは半殺しにしたるぞ⁽³²⁾」とか、「またいつでも相手になったるで」とか言い合って、休戦となるのである。

　その日、私たちは土手の端を一列になって歩きながら、工場の煙突から煙が出ていないのを無言で見やった。また一軒の工場がつぶれるのだということは、私たちはすぐにわかった。その煙突のうしろにつづく工場では、ゲンの父親と姉、それにケンチの兄さんが働いていたのである。

　「ここは、最低のとこや。日本で一番最低のとこや」

　とケンチが言ったとき、うしろで自転車の鈴が鳴った。自転車屋の主人は、荷台にひとりの少女を乗せていた。事情はわからないが、子のない自転車屋夫婦が、遠縁の娘を養女にしたらしいという噂は、もう二ヵ月も前に私たちはゲンから聞いていた。少女は、私たちに背を向ける格好で、荷台に横坐りしていたが、通りすぎる際に首をねじって私たちに顔を向けた。

　「ああ、しんど⁽³³⁾。ここからすぐやさかい⁽³⁴⁾、歩いてくれるか」

　自転車屋の主人はそう言って自転車を停め、てぬぐいで開衿（かいきん）シャツの衿元や胸の汗を拭くと、声もなく少女に視線を注（そそ）いでいる私たちに、

　「きょうから、わしの家で暮らすようになったさつきや。あんたらとおんなじ学年やから、夏休みが済（す）んだら、一緒の中学にかようと思う。まあ、よろしゅう頼むわ」

　と紹介した。そのくせ、少女の耳元で、声を殺して⁽³⁵⁾早口で言い聞かせた。

　「ここいらには、こんな出来の悪いのんがうろうろしとる。適当にあしろうときや⁽³⁶⁾」

　それは私たち四人の耳に届いたが、私たちは無言で少女を見つめるばかりだった。栗色の髪、どことなく青味がかった目、

高くて形のいい鼻、知らない者は誰も中学二年生とは思わないであろう胸の隆起と腰のくびれ……。私たちは生まれて初めて、日本人とアメリカ人との混血の少女を間近に目にしたのだった。

「凄い汗……」

さつきは、私たちひとりひとりに微笑を配りながら、そう言った。その言い方や表情は、いかにも男あしらいに慣れていることを私たちに感じさせた。私は、さつきを初めて見たとき、背後の工場の煙突も、私鉄の架線も電柱も、土手下の家々のトタン屋根や、その周りの真夏の炎熱でぐったりとひからびている(37)洗濯物が、いっせいに色を喪い、空白化して遠ざかっていったのを覚えている。すべては消えてさつきの美貌だけが、暑い土手の道に立ちあがっているかに見えたのだった。

さつきが、白い木綿のワンピースをひるがえして、土手下へとつづく土の道を駆け降りると、私たちは、当惑顔(38)で道に目を落としたり、しかめっ面(39)で入道雲をあおいだりした。やがてケンチが、太い眉の根に皺を寄せ、

「プラスチックの連中が、ほっとく筈ないで」

とつぶやいた。プラスチックの連中とは、常日頃のケンカ相手であるグループのことだった。そのグループの親たちの殆どが、川向こうのプラスチック加工工場に勤めていたからである。私たちは土手を走り、別の坂道を下ってカンちゃんの家に行った。ゲンだけが、さつきに関する情報を収集するために、そのまま土手を進み、橋と土手の道とが交差する場所へ向かった。国道とつながる道の脇に、亀谷理髪店があり、土手下のスラム街で生じた事柄ならすべて知らないものはないという口の軽い(40)猫背の主人が、土曜の夜と日曜以外は、退屈を持て余して将棋の相手を待っているのである。

三十分で、ゲンはカンちゃんの家の戸を押して入って来ると、
「金と銀(41)を落としてやったのに、二十分もかかれへん。あれだけ下手くそな将棋はないなァ」
　と言い、あちこちが波打っている畳に四つん這いになって、さつきの母は自転車屋の主人の妹で、佐世保の米軍基地でアメリカ兵相手の娼婦だったこと、ことしの冬に母親が病気で死に、さつきは親類の家を転々としたが、どこでも厄介な騒ぎの種となるので手に負えなくなり(42)、最も血のつながりの濃い自転車屋の夫婦がしぶしぶ養女にしたのだと報告した。
「騒ぎの種で、何や？」
　と私は訊いた。
「そんなこと決まってるやんけ」
　ケンチは言って、汗みどろの顔を、カンちゃん一家が飼っている八羽の鶏たちに向けた。ミカン箱で作った風通しの悪い鶏小屋からは、夥しい糞の異臭がたちこめていた。「プラスチックの連中みたいなやつらが、ほっとけへんのや」
　ケンチはひどく苛立った顔で答えた。みんな訳知り顔でうなずいたが、プラスチックの連中どころではない、もっと年長の、私たちでは到底かないっこない男たちが、たちまちさつきの周りに群らがるだろうと、それぞれは予感して怯えたのであった。
　飛び抜けて(43)はなやかな美貌と肉体の奥に、さつきはどこか汚れていないもの、卑しくないものを持っていた。それまで私たちの住む土手下の地域で〈はきだめの鶴〉(44)と呼ばれていた雑貨屋の娘は、口さがない(45)女房連のひとりに、ナンバーワンの座を奪われた感想を露骨に求められ、小声でこう言い返したという。
「あの子、アメリカ人とのあいのこ(46)やろ？あいのこがき

れいのは反則やわ」

　私たちは、それを伝え聞き、路地にしゃがみ込んで笑った。ケンチはゲンの背を叩き、ゲンはドブ板を拳で叩き、私は、水など一滴も入っていないドラム缶の防火槽をつかんで笑い合った。なぜ、おかしいのか理解できないカンちゃんは、私たちをぼんやり見てから、かなり遅れて笑いだした。

　さつきが来て二週間もたたないうちに、オートバイに乗った高校生たちが、エンジンをふかして自転車屋の周りを行ったり来たりしはじめた。私たちは、解体屋での力仕事の合間に、絶えず、さつきを守らねばならぬと誓い合った。日頃、自分の意見を率先して述べたことのないカンちゃんまでが、遊廓の瓦屋根と対峙して立つ格好で、

「あんなとこに連れ込まれたら、えらいこっちゃ(47)」

と体を固くさせ、まなじりを吊り上げて声高に言ったものである。

　実際、二学期が始まっても、私たちは四六時中(48)、さつきに注意をはらいつづけた。意図的に近寄ってくる上級生や高校生があらわれると、相手がいかに腕力に長けた(49)乱暴者であろうと、私たちは考えつくあらゆる手口で邪魔しつづけた。ときには、さつきにはヤクザの兄貴がいて、妹に手を出すやつは生かしておかないと言い、これまで三人の男が片方の金玉をつぶされたり、前歯を六本もへし折られたりしたなどと噂を流し、ときには、それでも平気でさつきを待ち伏せている別の学校の不良グループに挑んで半殺しの目にあわされたりもした。けれども、そんな私たちの努力を尻目に(50)、さつきはいろんな男たちと付き合っていた。

　中学を卒業すると、私とゲンはなんとか高校に進み、カンちゃんは福島区にある大きな家具店に就職し、夜学の高校に

かよった。ケンチも近くの製缶工場に就職したが、やがて度胸と腕っぷし⁽⁵¹⁾を見込まれて、ヤクザの組員の使い走りをするようになり、わずか一年で正式な組員になってしまった。そしてそのころから、さつきは高校を無断で休むことが多くなり、夜遅く、はやりの服を着、化粧をしてタクシーで帰ってくるようになった。

　土手下のスラム街に空家が目立ち始めた春の終わりの夕暮れ近く、やっとの思いで見つけた蒲鉾工場の夜勤の仕事に母が出かけていった。私の父は、製缶工場で作業中にプレス機に左手の指三本を挟まれ、あわや⁽⁵²⁾切断かという大怪我を負って入院中だった。五つ年上の兄は、名古屋の自動車販売会社に就職し、正月にしか帰ってこなかった。私もゲンも、高校に入学したあたりから、人が変わったみたいに勉強にはげむようになった。こんな最低の場所からおさらばする⁽⁵³⁾ためには、大学に合格するしかない。しかし、授業料の安い国立大学以外は、かりに合格しても入学金を払えない。私もゲンも、必死で受験勉強に邁進していたのである。
　私は、とうに頭に入っている筈の英語の熟語をどうしても思い出せず、自分でも不思議なほどの不安に駆られて、爪ばかり嚙んでいた。すると、誰かが戸を叩いた。私はてっきりケンチだと思った。ケンチは、丈の長い背広を着て、しょっちゅう夕暮れ時分に私を訪ねて来ると、千円とか二千円とかの金を無理矢理私のズボンのポケットにねじ込むのだった。それが、幼いころからの仲間に対する彼らしい思いやりではなく、じつは罪ほろぼしなのだということを、私はうすうす察していた。夜遅く、さつきをタクシーで送って来る男の一人に、ケンチも混じっているのを、私は知っていた。

私は不機嫌な顔をして板戸をあけた。西陽が、さつきの栗色の髪を真っ赤にした。けれども、ちょうどさつきの頬の横あたりの位置する夕陽のせいで、さつきの顔だけが真っ黒に見えた。
　「中に入れて」
　さつきは命令口調で言い、たたきのところに歩を運ぶと、自分で板戸を慌てて閉めた。そして、近々、東京へ行ってしまうのだが、そのことで伯父さんとケンカして、ここへ逃げて来たのだと説明した。
　「学校、辞めてしまうのん？」
　「私、もう退学になったよ。知らんかったの？」
　私もゲンも、受験勉強にいそしんではいたが、決してさつきの動向に無頓着になってしまったわけでなく、それどころか、高校生になっていっそう美しさを増したさつきへの思いは、息苦しいほど膨れあがっていたので、さつきが退学処分になったことを知らない筈はないのだった。
　「退学？いつ？」
　「きょう……」
　さつきが嘘をついているのはわかったが、なぜそんな嘘をつくのか判断がつかなかった。さつきは、お別れに来たのだと言い、私の勉強机に両手をついて、
　「淫売の娘は、やっぱり淫売や。伯父さん、そう怒鳴って私を殴るのよ」
　とつぶやいた。そして、背を向けたまま、私のことを好きだと言った。四人の中で、いつも一番好きだったと。
　夕陽が落ちてしまったとき、私とさつきは、畳の上に横たわった。さつきは、私の耳たぶを嚙んだ。私は、さつきに言われるままに動いた。目がかすんで、心臓が破れそうになっ

た。あっけなく終わったあと、なお乳房に触れつづける私の頭を、さつきは両手でいつまでも撫でた。夢見心地(54)とは、まさにあのような状態を言うのだと私は思う。私は、自分がきっと幸福になるような気がして、何日もさつきの体の感触の中でさまよった。

六月に入ってすぐに、ゲンが一冊の男性週刊誌を持って駆け込んできた。さつきの水着写真が五ページのグラビアで掲載され、大手の水着メーカーのキャンペーンモデル(55)として、五千人の中から選ばれたと書かれてあった。そうか、それで東京へ行くのか。私はそう思ったが、ゲンには黙っていた。

「来年のポスター用の撮影で、いま、ハワイにいてるらしいで」

ゲンは言って、

「撮影が終わったら、いっぺんここへ帰って来て、それから東京へ行ってしまうそうや」

とつけくわえた。ケンチがそのままにしておく筈がない。ケンチは、さつきが東京へ行こうがどこへ行こうがしつこくつきまとうだろう。ゲンは何度も舌打ちをして、そう言った。

「とにかく、あいつはもう本物のヤクザや。子分が八人もおるし、財布なんか一万円札で膨れてるわ。そやけど、さつきはケンチを嫌いなんや」

ゲンがそう断言して、首をうなだれた瞬間、私はなぜか、ゲンにも、私と同じ夢見心地の時間があったのではなかろうかと考えた。だが、私は心の中でそれを否定し、窓から見える遊廓のくすんだ居並びを指差して、

「あそこに行くより、はるかにましや。俺、さつきが、いつかあそこに行ってしまうような気がしとったんや」

と言った。

さつきは、八月の半ばに東京へ行った。その翌日、ケンチが、丈の長い背広を肩に掛け、カンちゃんの肘をつかんで、私の家にやって来ると、恐ろしい目つきで、ゲンを呼んでこいと命じた。カンちゃんは、仕事中に無理矢理ひきずってこられた様子で、家具店の制服を着て、

　「俺、仕事があるねん。早よ店に帰らんとあかんねん⁽⁵⁶⁾」

と何度もケンチに哀願したが、ケンチは許さず、私がゲンを連れてくると、無言で土手のほうに顎をしゃくった。土手では、車に轢かれた猫の死骸がぺしゃんこになっていて、そこに群らがる銀蠅の羽音以外、物音はなかった。炎暑は、スラム街や遊廓の人間の気配を圧しつぶしていた。ケンチは言った。

　「この中に、さつきに手ェ出した奴がおるやろ。中学生のときの誓いを忘れたんか。絶対、この中に、さつきと寝た奴がおるんや。裏切り者がおるんや」

　逃げようとしたカンちゃんの頭を、ケンチは二回平手で叩いた。私は、土手の両脇に密生している雑草をひきちぎり、裏切り者はお前ではないかとケンチに詰め寄った。夜遅く、お前がさつきをタクシーで送って帰ってくるのを何度も見ているのだと。

　「俺は、キタ⁽⁵⁷⁾の盛り場で、ひょうたん面した男にかしずかれてる⁽⁵⁸⁾さつきを守ってたんや。そんな連中の中には、ヤクザよりもっとたちの悪いやつが、おとなしそうな顔をして狙とるんや。うまいこと騙されて⁽⁵⁹⁾、一発シャブでもうたれてみィ⁽⁶⁰⁾、さつきの人生、それで終わりや」

　私たちは、ケンチが言い終わった後、とても長い時間、日盛りの土手の道に無言で立ちつくしていた。やがて、ケンチは穏やかな声で提案した。川べりに放置されている化学薬品の壜を指差し、

「恨みっこなし⁽⁶¹⁾にしょうやないか。みんな、ひとりずつ、あの壜のところへ行って、さつきと寝た奴は、十円玉を中に入れる。そのあいだ、他の者は背中を向けて目をつむっとく。どうや？」

最初はゲン、ゲンの次はカンちゃん、その次はお前と、ケンチは私を睨み、最後は自分だと言った。

「それやったら、この中でさつきと寝たやつがおるのかおらんのかがはっきりするだけで、誰が寝たのかはわからん。それでよしとしょうやないか」

光をさえぎるために周りにコールタール⁽⁶²⁾を塗った化学薬品用の壜に、私が十円玉を入れたのは、友情によるものではない。仲間の中に、あのとろけるように美しいさつきの裸体に包まれたやつがいるということを示しておきたかったのである。それは私だ。しかし、私であることはわからないのだから。

最後にケンチが戻ってくると、私たちは再び雑草をかきわけて壜のところに降りて行った。ケンチが両手で壜を持ち上げ、さかさまにして振った。泥水と一緒に、十円玉が三つ転がり出た。私たちは、また長いこと顔を見合わせた。突然、ケンチが泥にまみれて転がっている三つの十円玉を川めがけて蹴りつけ、焦点の定まらない目で土手の道に登り、どこへ行くともなく上流のほうへ歩きだした。私もゲンもカンちゃんも、ケンチの後を追った。

「どこ行くねん？」

とゲンが訊いた。ケンチは私たちに向けて石を投げ、

「こんなクソ暑いときに、お前らとつきおうてられるか⁽⁶³⁾。駅前でかき氷でも食うんや」

と叫んだ。

「暑いのは、お前だけとは違うやろ⁽⁶⁴⁾。親分、あっしどもに

も、奢ってくだせえ」
　ゲンがそう言ったとき、カンちゃんが泣きだしたのである。悲痛な泣き声であった。カンちゃんは土手の道にしゃがみ込み、作業衣の袖で何度も涙をぬぐった。ケンチは顔をしかめて引き返して来ると、
　「なんや、お前だけ、さつきの施しを受けられへんかったんか(65)」
と怒鳴った。カンちゃんは泣きながら、首を横に振り、さつきが好きだったのは、この俺だとばかり思っていた。さつきは、あのとき確かに俺にそう言ったのだと声を震わせ、また泣いた。ケンチは、
　「聞いたか、こいつ俺らを裏切りよったぞ。十円玉を入れよれへんかった(66)」
とふいに金切り声をあげ、カンちゃんの頭を叩こうとしたが、その手で自分の髪をかきむしって空を見上げた。
　私たちは、汗を拭き拭き、カンちゃんが泣きやむのを待ち、それから一列になって駅前への長い土手の道を歩いたのである。

　〈山本食堂〉は、私たちと常連の四人連れに加えて、あらたに三人の客が増えた。尾杉源太郎は、ここのオムレツはうまいのだと勧め、
　「俺が大学を卒業したころは、さつきはもうぼろぼろになっとった(67)。就職してすぐに、俺は東京勤務になったから、俺は意を決して、さつきの所属するプロダクションに行ったんや。そやけど、さつきはそのプロダクションから、もっと小さなプロダクションに移ってた。そのプロダクションの社長に金を出したのが、なんとケンチの組の親分や。写真家に惚れて遊ば

れたあげく別れたり、テレビ局のプロデューサーの女になったりしながら、ときどきケンチと逢うてたみたいや。そうしてるうちに、ケンチは刑務所行きや。ところがなァ、さつきのことが気になって、陰からずっと見とったのは俺だけやあらへん。カンちゃんもや。さつきが、酒と薬で見る影もなくなって⁽⁶⁸⁾、あげくは誰の子かわからん子を堕したころ、カンちゃんが、さつきを訪ねて行きよった。五年前のことや。カンちゃんは、定時制の高校を卒業したあと、家具屋を辞めて、松阪で牛を飼うてる親戚の仕事を手伝うてるうちに、息子に先立たれた⁽⁶⁹⁾この〈山本食堂〉の婆さんに見込まれて、養子になりよった」

　私は、ビールをつぎかけた手を停め、尾杉の野太い顔を見やった。尾杉は食堂の調理場でステーキを焼いている年老いた女主人に視線を移し、

　「そうやねん。あの婆さんは、いまはカンちゃんの戸籍上の母親や。カンちゃんは松阪で牛を育てて、ええ肉を、この店に安う仕入れさす」

　「さつきとのことは、どうなったんや」

と私は訊いた。

　「俺が結婚したあくる年やから、三年前や。三年前に、とうとうカンちゃんが自分の女房にしてしまいよった。いまは松阪で、カンちゃんと肉牛を育てて、元気に暮らしとる。この店は、水曜日が休みなんや。そやから火曜日の夜、カンちゃんとさつきの夫婦が、ひとり暮らしの義理の母親のために、松阪から車でここに泊まりに来よる」

　いまは、少しおでぶちゃんになったが、健康を取り戻したさつきは、相変わらず美しい。尾杉はそう言って、年老いた女主人に勘定を頼んだ。私たちは〈山本食堂〉を出、店の近くの駐

車場に行くと、尾杉の車に乗った。尾杉は車をゆっくりと〈山本食堂〉の前に停めた。
　「ケンチが撃った相手は死んだんか？」
　と私は訊いた。死ななかったが、ひとりでは歩けない体になったらしいと尾杉は言い、
　「あと二年ほどで刑務所から出て来るやろ」
　そうつぶやきながら、腕時計を見た。
　「ケンチはしつこい⁽⁷⁰⁾からなァ」
　私が溜息まじりにひとりごちると、尾杉は、
　「俺とお前とで、刑務所に面会に行って、カンちゃんとさつきとのことを納得させようやないか。あいつはきっと喜ぶような気がするんや」
　私もそんな気がした。
　「さつきは、なんで、俺ら四人と寝たんやろ」
　私は、なぜかほころんでいく顔を両手でこすり、そうつぶやいた。それに対する尾杉の返答はなかった。私は、二番目の子をもうじき出産する妻の顔を思い浮かべ、
　「おい、ゲン。高校二年生のときに、さつきに女の体を教えてもろた感想はどんなもんやった？」
　と訊いた。尾杉は、腕時計の針を人差し指でつつき、そろそろカンちゃんとさつきが来る時間だと教え、お互い、その件に関しては、老後の思い出話にとっておこう、と言って笑った。

（一九八七年夏号「別冊文藝春秋」）

注　释

(1) 格式ばった（かくしきばった）／"かくしきばる"。重视形式礼法，十分讲究的～。

(2) 出てけえへん／相当于标准日语的"出て来ない"。

(3) 取りよるで／相当于标准日语的"とっているから"。

(4) 使わへんのや／相当于标准日语的"使わないのだ"。

(5) 枯れるっちゅうてな／"っちゅうてな"为大阪方言，相当于"と言ってね"。

(6) 大阪湾（おおさかわん）／位于日本濑户内海东端的海湾。西至明石海峡和淡路岛，南至友岛水道（纪淡海峡）。

(7) 一見の客（いちげんのきゃく）／第一次见到的客人，第一次登门的客人。同"一見客（いちげんきゃく）"。

(8) とてつもなくうまい／"とてつもなく"表示非同一般之状。此句的意思为"相当好吃"。

(9) 常連客（じょうれんきゃく）／经常来的客人，回头客，熟客。

(10) 今夜のナイター／今天晚上的夜场比赛，主要指棒球比赛。

(11) 訳ありな話／"訳あり（わけあり）"表示"似乎有特别的情况"之意。此句意思是"有些来由的事情"。

(12) 小耳に挟んできて（こみみにはさんできて）／偶然听到，没有想打听却听到了。

(13) 言わさんでえ／相当于标准日语的"仰らないだろう"。

(14) 尼崎市（あまがさきし）／位于日本兵库县东南部的市。主要工业地区，构成阪神工业地带。

(15) お好み焼き屋（おこのみやきや）／"お好み焼き"是日本的一种食物，在面粉里加入水，和成粘稠状，再掺入海鲜、肉、蔬菜等自己喜欢的材料，放在烧热的铁板上边烤边吃。现在多请厨师烤制。

(16) ホルモン焼き屋／"ホルモン焼き"指将猪等的内脏切成小块烧烤制成的食物。

(17) 思い出やで／相当于标准日语的"思い出だから"。

(18) 誰やねん／相当于标准日语的"誰なんだ"。

(19) 何食わぬ顔（なにくわぬかお）／若无其事的样子，故作不知。

(20) ばらばらになってしもたやろ／"てしもたやろ"是大阪方言，相当于标准日语的"～てしまっただろう"。

(21) はったりにのせられて／"はったり"在此处表示夸大其词的话语、不和实际的言辞。"～にのせられて"表示上了当之意。

(22) 立退き料（たちのきりょう）をせしめようと居座った／"居座る（いすわる）"表示"一直坐着不动"、"一直占着某一位置和场所"等。"せしめる"意思为"捞、夺"。"立退き料"指搬迁费。

(23) 高嶺の花（たかねのはな）／意思为"可望不可及"。

(24) 助平な目（すけべなめ）／色迷迷的目光。

(25) 腑抜け（ふぬけ）／窝囊废，傻瓜，胆小鬼。

(26) ひしゃげた／皱皱巴巴，破破烂烂。

(27) メタンガス／沼气。

(28) 林間学校（りんかんがっこう）／夏令营。暑期在高原等处开办的教育设施，在那里锻炼身体，进行各种自主活动。

(29) バーナー／使用气体燃料、雾状液化燃料或者微粉炭的喷火燃烧装置。

(30) 狙いすました殴打／瞄准目标的毒打。

(31) どぶ板／盖下水道的木板。

(32) 半殺し（はんごろし）にしたるぞ／意思是"把你弄个半死"。

(33) しんど／意思为太累了。与"しんどい"意相同。日本关西方言。

(34) ここからすぐやさかい／"やさかい"是大阪方言，相当于标准日本语的"だから"。

(35) 声を殺して／压低声音。

(36) 適当にあしろうときや／意思相当于"適当にあしらっておきなさい"。

(37) ぐったりとひからびている／干巴巴的，无精打采。

(38) 当惑顔（とうわくかお）／脸上显出迷惑的神情。

(39) しかめっ面（しかめっつら）／绷着脸；满面愁容。

(40) 口の軽い／嘴不严实的。

(41) 金と銀（きんとぎん）／此处的"金"为日本象棋的棋子"金将"，此处的"銀"为日本象棋的棋子"銀将"。

(42) 手に負えなくなり／"手に負えない"意思为很棘手、难办。拿他没有办法。

(43) 飛び抜けて（とびぬけて）／格外地，特别地。

(44) はきだめの鶴／鹤立鸡群。也作"はきだめに鶴"。

(45) 口さがない／爱传闲话的；碎嘴的。

(46) あいのこ／混血儿。

(47) えらいこっちゃ／相当于"えらいことじゃ"。意思为"太糟糕了，出大事了"。

(48) 四六時中（しろくじちゅう）／每天二十四小时，整天整夜。

(49) 腕力に長けた（わんりょくにたけた）／擅长打架。

(50) ～を尻目（しりめ）に／表示毫不理会，根本不在乎。

(51) 腕っぷし（うでっぷし）／与"腕力"意思相同。

(52) あわや／作副词使用，表示险些、差一点的意思。

(53) おさらばする／此处意思为彻底告别。

(54) 夢見心地（ゆめみごこち）／仿佛在梦境之中，就像在做梦一样。

(55) キャンペーンモデル／大型宣传广告模特。

(56) 早よ店に帰らんとあかんねん／"早よ"意思为"赶快，快"，"帰らんとあかんねん"相当于"帰らなければだめなんだ"。

(57) キタ／俗语。指大阪市北区大阪车站东南一带的闹市。

(58) かしずかれてる／"かしずく"的被动形式，"かしずく"表示"精心照例孩子"、"服侍照顾"等意思。

(59) うまいこと騙されて／碰巧被骗。

（60）一発シャブでもうたれてみイ／"シャブ"意为"兴奋剂"，此句可译作"被打上一针兴奋剂（你）试试"。

（61）恨みっこなし（うらみっこなし）／"恨みっこ"意思为"互相仇恨"。此句的意思是谁也不恨谁。

（62）コールタール／煤焦油。

（63）つきおうてられるか／相当于标准日语的"付き合っていられるか"。

（64）お前だけとは違うやろ／相当于标准日语的"お前だけではないだろう"。

（65）受けられへんかったんか／相当于标准日语的"受けられなかったのか"。

（66）入れよれへんかった／相当于标准日语的"入れていなかった"。

（67）ぼろぼろになっとった／相当于标准日语的"ぼろぼろになっていた"。

（68）見る影（みるかげ）もなくなって／已经看不出以前的模样了，惨不忍睹。

（69）息子に先立たれた（さきたたれた）／白发人送黑发人，失去了儿子。

（70）しつこい／缠人，没完没了。

作者简介

宫本辉（1947— ） 1947年3月6日出生于日本兵库县神户市滩区。原名为正仁。后因父亲事业上的挫折等原因，多次搬家，最终在私立关西大仓中学高中毕业。高中毕业后未考上大学的一段期间里，他在图书馆阅读了大量的俄国、法国文学。1966年，考入追手门学院大学文学部，在英美语言文学专业学习。据说在此阶段，他很少听课，把大部分时间都花费在网球运动上。1969年，其父去世，为家里留下了大笔的债务。于是，1970年刚刚大学毕业，他就进入产经广告公司工作。此时，他热中于赛马赌博，并且患上精神焦虑症。1974年，一次偶然阅读文艺刊物，使他下定决心，要进行文学创作，成为一名作家。当时，他认定自己完全可以写出超越这种文艺刊物的小说作品。翌年，宫本辉辞去广告公司的工作。由此，一家人的生活就靠失业保险、借钱、母亲打工来维持。1977年，他的小说作品《泥河》获13届太宰治文学奖（1981年《泥河》被拍成电影），翌年2月，他的另一小说作品《萤川》获得78届芥川龙之介文学奖。由此，他成为日本文坛上的令人瞩目的作家。在他的早期作品里，描写了普通人的生与死，描写了贫穷而心地善良的弱者。可以说他以后许多创作中出现的"对于清冽的、逐渐使人的欲望矮小化的星空的描写"都是他早期创作的变奏。《萤川》以后，他发表了大量的文学作品，其中1982年发表的长篇小说《锦绣》、1982年开始发表的长篇《流转的海》、1999年成书的长篇小说《草原的椅子》是他的重要代表作品。1987年，他的小说《优骏》获得21届吉川英治文学奖，1996年担任芥川龙之介文学奖评委。

☾ 作品简析

　　小说发表的时间是1987年，叙述者"我"和尾杉源太郎在饭馆里的时间也同样应该是20世纪80年代。而叙述者向读者讲述的那些少男少女之间的事情却发生在二十几年前的20世纪60年代。20世纪60年代是日本刚刚进入经济高速发展的时期，但是在现实生活中仍然有许多人们生活在贫民区里。作者在小说里描写的那些少男少女就是这个群体的成员。贫穷的地域和他们父母兄弟姐妹从事的工作，使他们拥有共同的感觉："这是……日本最低劣的地方。"面对贫穷，少男少女们每个人都有自己的选择。他们有的试图通过上大学改变自己的处境、走出贫穷，有的提早就业获得经济收入，有的加入了流氓组织醉生梦死，有的走进了娱乐业出卖自己的青春。二十年后，这些曾经拥有相同少年时代却有着不同选择的年轻人已经步入中年。在社会发生巨变的过程中，他们的生活走向发生了不同的变化，他们被分化为不同的社会阶层。尾杉现在已经成为计算机软件销售公司的老板，吃"四千日元一百五十克的牛肉"眉头不会皱上一下。而神田正直和satuki已经结为夫妻，成为了饲养"松阪肉牛"的专业户，辛勤的劳作使他们有了稳定的生活。只有石井健一还在监狱里服刑，为他的荒唐过去继续付出代价。

　　"我"和尾杉的回忆将小说的时间拉回到他们和石井、神田曾经共有的时代之中。在那个时代里，将他们这些贫穷家庭的孩子联系在一起的是他们充满辛酸、暴力的青春，还有对于同一个女孩无法释怀的记忆。那个叫做satuki的女孩显然不是一个规矩的"好孩子"。尽管如此，她仍然是这群男孩子憧憬的对象，只不过这种憧憬仅仅停留在性的意义上。但是，能够让读者产生感动的也许正是这种憧憬背后少年们感情的真实，因为他们都在试图通过自己的方式赢得一个女孩的感情。无论是神田，还是石井，

无论是尾杉，还是"我"，他们都珍视自己对于 satuki 的感情。为了这份感情，他们每个人都试图要保护 satuki，即使在 satuki 走入娱乐界后仍然关注着她。最终，神田把已经彻底堕落的 satuki 娶为妻子，使 satuki 过上了普通人的正常生活。执著于自己的感情，也许是能够打动读者内心的重要因素。就像神田最终成为出色的松阪肉牛饲养人一样，那同样也是执著的结果。

当然，satuki 的混血血统所具有的社会政治上的意义也是不容忽略的。她的母亲是一个娼妓，服务的对象是佐世保美军基地的美军士兵。在小说的叙述中，读者看不到这个混血儿的父亲的存在，即使与她相依为命的母亲在小说开始的时候也因病死去。satuki 只有轮番在所有的亲戚家里生活，成为一个实际上的孤儿。被遗弃、被欺辱、孤立无援，应该说是 satuki 生活的真实写照，而她的这种命运又是美军对日本的占领所造成的，在这里也能多少看到作者本身的现实批评痕迹。在这种背景下，"母亲是娼妓，女儿也同样是娼妓"，satuki 绝对无力改变自己的命运。因此，当 satuki 的照片被登在男性杂志的封面上时，"我"才指着妓院说出了让人吃惊的话语："比起去那里，要好多了。我，一直以为 satuki 早晚有一天要到那儿去的"。也正是因为如此，satuki 才从一个男人的手里转到另一个男人的手里，最终沉溺于酒精和毒品，甚至怀上的孩子也不知是谁的。某种意义上看，satuki 显然是堕落的。但是造成她的堕落的又是谁呢？作者虽然没有追问，但是小说的叙述却回答了这个问题。同时，小说的叙述者还告诉我们另外一个重要的问题，就是最终拯救 satuki 的是神田这个人物，他容纳接受了她，使她过上了正常的生活。显然，当年那些少年同伴所作出的誓言在神田身上得到了延续。

川村凑在《战后短篇小说再发现 1》的解说里对这个短篇进行了介绍，认为小说"描写了四个男人的性与爱与友情"，是"人

情故事，成长小说"，小说所运用的"饶舌的大阪话十分生动"。这一简单的归纳无疑点出了小说最基本的内容，但是这四个年轻男人和一个女人的生活背景却是读者无法忽略的，在这一生活背景中他们的成长也是值得读者思考的。

キッチン

吉本バナナ

　私がこの世で一番好きな場所は台所だと思う。
　どこのでも、どんなのでも、それが台所であれば食事をつくる場所であれば私はつらくない。できれば機能的でよく使いこんであるといいと思う。乾いた清潔なふきんが何まいもあって白いタイルがぴかぴか輝く。
　ものすごくきたない台所だって、たまらなく好きだ。
　床に野菜くずがちらかっていて、スリッパの裏がまっ黒になるくらい汚ないそこは、異様に広いといい。ひと冬軽くこせるような食料が並ぶ巨大な冷蔵庫がそびえ立ち、その銀の扉に私はもたれかかる。油が飛び散ったガス台や、さびのついた包丁からふと目をあげると、窓の外には淋しく星が光る。
　私と台所が残る。自分しかいないと思っているよりは、ほんの少しましな思想だと思う。
　本当につかれはてた時、私はよくうっとりと思う。いつか死ぬ時がきたら、台所で息絶えたい。ひとり寒いところでも、だれかがいてあたたかいところでも、私はおびえずにちゃんと見つめたい。台所なら、いいなと思う。

　田辺家にひろわれる前は、毎日台所で眠っていた。
　どこにいても何だか寝苦しいので、部屋からどんどん楽な方へと流れていったら、冷蔵庫のわきがいちばんよく眠れることに、ある夜明け気づいた。
　私、桜井みかげの両親は、そろって若死にしている。そこで祖父母が私を育ててくれた。中学校へあがる頃、祖父が死ん

だ。そして祖母と2人でずっとやってきたのだ。

　先日、なんと祖母が死んでしまった。びっくりした。

　家族という、確かにあったものが年月の中でひとりひとり減っていって、自分がひとりここにいるのだと、ふと思い出すと目の前にあるものがすべて、うそに見えてくる。生まれ育った部屋で、こんなにちゃんと時間が過ぎて、私だけがいるなんて、驚きだ。

　まるでＳＦだ。宇宙の闇だ。

　葬式がすんでから3日は、ぼうっとしていた。

　涙があんまり出ない飽和した悲しみにともなう、やわらかな眠けをそっとひきずっていって、しんと光る台所にふとんをひいた。ライナスのように毛布にくるまって眠る。冷蔵庫のぶーんという音が、私を孤独な思考から守った。そこでは、けっこう安らかに長い夜が行き、朝が来てくれた。

　ただ星の下で眠りたかった。

　朝の光で目ざめたかった。

　それ以外のことは、すべてただ淡々とすぎていった。

　しかし！そうしてばかりもいられなかった。現実はすごい。

　祖母がいくらお金をきちんと残してくれたとはいえ、1人で住むにはその部屋は広すぎて、高すぎて、私は部屋をさがさねばならなかった。

　仕方なく、アパ××情報[1]を買って来てめくってみたが、こんなに並ぶたくさんの同じようなお部屋たちを見ていたら、くらくらしてしまった。引っこしは手間だ。パワーだ。

　私は、元気がないし、日夜台所で寝ていたら体のふしぶしが痛くて、このどうでもよく思える頭をしゃんとさせて[2]、家を見に行くなんて！荷物を運ぶなんて！電話を引くなんて！

　と、いくらでもあげられる面倒を思いついては絶望してごろ

ごろ寝ていたら、奇跡がボタもち⁽³⁾のように訪ねてきたその午後を、私はよく覚えている。

　ピンポン⁽⁴⁾とふいにドアチャイムが鳴った。
　うすぐもりの春の午後だった。私は、アパ××情報を横目で見るのにすっかりあきて、どうせ引っこすならと雑誌をヒモでしばる作業に専念していた。あわてて半分ねまきみたいな姿で走り出て、何も考えずにドアのカギをはずしてドアを開いた。（強盗でなくてよかった）そこには田辺雄一が立っていた。
　「先日はどうも。」
　と私は言った。葬式の手伝いをたくさんしてくれた、ひとつ年下のよい青年だった。聞けば同じ大学の学生だと言う。今は私は大学を休んでいた。
　「いいえ。」彼は言った。「住む所、決まりましたか？」
　「まだ全然。」
　私は笑った。
　「やっぱり。」
　「上がってお茶でもどうですか？」
　「いえ。今、出かける途中で急ぎですから。」彼は笑った。「伝えるだけちょっと、と思って。母親と相談したんだけど、しばらく家に来ませんか。」
　「え？」
　私は言った。
　「とにかく今晩、7時ごろ家に来て下さい。これ、地図。」
　「はあ。」私はぼんやりそのメモを受け取る。
　「じゃ、よろしく。みかげさんが来てくれるのをぼくも母も楽しみにしてるから。」
　彼は笑った。あんまり晴れやかに笑うので見なれた玄関に立

つその人の、瞳がぐんとちかく見えて、目が離せなかった。ふいに名を呼ばれたせいもあると思う。

「……じゃ、とにかくうかがいます。」

悪く言えば、魔がさした⁽⁵⁾というのでしょう。しかし、彼の態度はとても"クール"だったので、私は信じることができた。目の前の闇には、魔がさすときいつもそうなように、1本道が見えた。白く光って確かそうに見えて、私はそう答えた。

彼は、じゃあとで、と言って笑って出ていった。

私は、祖母の葬式までほとんど彼を知らなかった。葬式の日、突然田辺雄一がやってきた時、本気で祖母の愛人だったのかと思った。焼香しながら彼は、泣きはらした瞳をとじて手をふるわせ、祖母の遺影を見ると、またぽろぽろ涙をこぼした。

私はそれを見ていたら、自分の祖母への愛がこの人よりも少ないのでは、と思わず考えてしまった。そのくらい彼は悲しそうに見えた。

そして、ハンカチで顔を押さえながら、

「何か手伝わせて下さい。」

と言うので、その後、いろいろ手伝ってもらったのだ。

田辺、雄一。

その名を、祖母からいつ聞いたのかを思い出すのにかなりかかったから、混乱していたのだろう。

彼は、祖母の行きつけの花屋⁽⁶⁾でアルバイトしていた人だった。いい子がいて、田辺くんがねえ、今日もね……というようなことを何度も耳にした記憶があった。切り花が好きだった祖母は、いつも台所に花を絶やさなかったので、週に2回くらいは花屋に通っていた。そう言えば、いちど彼は大きな鉢植えを抱えて祖母の後ろを歩いて家に来たこともあった気がした。

彼は、長い手足を持った、きれいな顔だちの青年だった。素姓は何も知らなかったが、よく、ものすごく熱心に花屋で働いているのを見かけた気もする。ほんの少し知った後でも彼のその、どうしてか"冷たい"印象は変わらなかった。ふるまいや口調がどんなにやさしくても彼は、ひとりで生きている感じがした。つまり彼はその程度の知り合いに過ぎない、赤の他人だったのだ。
　夜は雨だった。しとしとと、あたたかい雨が街を包む煙った春の夜を、地図を持って歩いていった。
　田辺家のあるそのマンションは、うちからちょうど中央公園をはさんだ反対側にあった。公園を抜けていくと、夜の緑の匂いでむせかえるようだった。ぬれて光る小路が虹色にうつる中を、ぱしゃぱしゃ[7]歩いていった。
　私は、正直言って、呼ばれたから田辺家に向かっていただけだった。なーんにも、考えてはいなかったのだ。
　その高くそびえるマンションを見上げたら彼の部屋がある10Fはとても高くて、きっと夜景がきれいに見えるんだろうなと私は思った。
　エレベーターを降り、ろう下にひびきわたる足音を気にしながらドアチャイムを押すと雄一がいきなりドアを開けて、
「いらっしゃい。」
と言った。
　おじゃまします、とあがったそこは、実に妙な部屋だった。
　まず、台所へ続く居間にどかんと[8]ある巨大なソファーに目がいった。その広い台所の食器棚を背にして、テーブルを置くでもなく、じゅうたんをひくでもなくそれはあった。ベージュの布ばりで、ＣＭ[9]に出てきそうな、家族みんなですわってＴＶを見そうな、横に日本で飼えないくらい大きな犬がいそう

な、本当に立派なソファーだった。

　ベランダが見える大きな窓の前には、まるでジャングルのようにたくさんの植物群が鉢やらプランター(10)やらに植わって並んでいて、家中よく見ると花だらけだった。いたるところにある様々な花びんに季節の花々が飾られていた。

　「母親は今、店をちょっと抜けてくる(11)そうだから、よかったら家の中でも見てて。案内しようか？どこで判断するタイプ？」

　お茶を入れながら雄一が言った。

　「何を？」

　私がその柔らかなソファーにすわって言うと、

　「家と住人の好みを。トイレ見るとわかるとか、よく言うでしょ。」

　彼は淡々と笑いながら、落ちついて話す人だった。

　「台所。」

　と私は言った。

　「じゃ、ここだ。何でも見てよ。」

　彼は言った。

　私は、彼がお茶を入れている後ろへ回りこんで台所をよく見た。

　板ばりの床にひかれた感じのいいマット、雄一のはいているスリッパの質の良さ――必要最小限のよく使いこまれた台所用品がきちんと並んでかかっている。シルバーストーン(12)のフライパンと、ドイツ製皮むきは家にもあった。横着な祖母が、楽してするする皮がむけると喜んだものだ。

　小さな蛍光灯に照らされて、しんと出番を待つ食器類、光るグラス。ちょっと見ると全くバラバラでも、妙に品のいいものばかりだった。特別に作るもののための……たとえばどんぶ

り(13)とか、グラタン皿(14)とか、巨大な皿とか、ふたつきのビールジョッキとかがあるのも、何だかよかった。小さな冷蔵庫も、雄一がいいというので開けてみたら、きちんと整っていて、入れっぱなし(15)のものがなかった。
　うんうんうなずきながら、見て回った。いい台所だった。私は、この台所をひとめでとても愛した。

　ソファーに戻ってすわると、熱いお茶が出た。
　ほとんど初めての家で、今まで余り会ったことのない人と向かいあっていたら、何だかすごく天涯孤独な気持ちになった。
　雨におおわれた夜景が闇ににじんでゆく大きなガラス、にうつる自分と目が合う。
　世の中に、この私に近い血のもの(16)はいないし、どこへ行って何をするのも可能だなんてとても豪快だった。
　こんなに世界がぐんと広くて、闇はこんなにも暗くて、その果てしない面白さと淋しさに私は最近はじめてこの手でこの目で触れたのだ。今まで、片目をつぶって世の中を見てたんだわ、と私は、思う。
　「どうして、私を呼んだんでしたっけ？」
　私はたずねた。
　「困ってると思って。」親切に目を細めて彼は言った。「おばあちゃんには本当にかわいがってもらったし、この通り家にはむだなスペースがけっこうあるから。あそこ、出なきゃいけないんでしょう？もう。」
　「ええ、今は大家の好意で立ちのきを引きのばしてもらってたの。」
　「だから、使ってもらおうと。」
　と彼は当然のことのように言った。

彼のそういう態度が決してひどくあたたかくも冷たくもないことは、今の私をとてもあたためるように思えた。なぜだか、泣けるくらいに心にしみるものがあった。そうして、ドアがガチャガチャと開いて、ものすごい美人が息せききって走りこんできたのは、その時だった。

私はびっくりして目を見開いてしまった。かなり年は上そうだったが、その人は本当に美しかった。日常にはちょっとありえない服装と濃い化粧で、私は彼女のおつとめが夜のもの[17]だとすぐに理解した。

「桜井みかげさんだよ。」

と雄一が私を紹介した。

彼女ははあはあ息をつきながら少しかすれた声で、

「はじめまして。」と笑った。「雄一の母です。えり子と申します。」

これが母？という驚き以上に私は目が離せなかった。肩までのさらさらの髪、切れ長の瞳の深い輝き、形のよい唇、すっと高い鼻すじ——そして、その全体からかもし出される生命力のゆれみたいな鮮かな光——人間じゃないみたいだった。こんな人見たことない。

私はぶしつけなまでにじろじろ見つめながら、

「はじめまして。」

とほほえみ返すのがやっとだった。

「明日からよろしくね。」と彼女は私にやさしく言うと雄一に向きなおり「ごめんね、雄一。全然ぬけらんないのよ。トイレ行くって言ってダッシュして[18]きたのよ。今。朝なら時間とれるから、みかげさんには泊まってもらってね。」とせかせか言い、赤いドレスをひるがえして玄関に走って行った。

「じゃ、車で送ってやるよ。」

と雄一が言い、
「ごめんなさい、私のために。」
と私は言った。
「いやー、まさかこんなに店がこむなんて思ってなかったのよ。こちらこそごめんなさいね、じゃ、朝ね！」
高いヒールで彼女はかけてゆき、雄一が、
「ＴＶでも見て待ってて！」と言ってその後を追ってゆき、私はぽかんと残った。
　——よくよく見れば確かに年相応のシワとか、少し悪い歯並びとか、ちゃんと人間らしい部分を感じた。それでも彼女は圧倒的だった。もう１回会いたいと思わせた。心の中にあたたかい光が残像みたいにそっと輝いて、これが魅力っていうものなんだわ、と私は感じていた。はじめて水っていうものがわかったヘレン[19]みたいに、言葉が生きた姿で目の前に新鮮にはじけた。大げさなんじゃなくて、それほど驚いた出会いだったのだ。
　車のキーをガチャガチャならしながら雄一は戻って来た。
「10分しか抜けられないなら、電話入れればいいと思うんだよね。」
とたたき[20]で靴を脱ぎながら彼は言った。
私はソファーにすわったまま、
「はあ。」
と言った。
「みかげさん、家の母親にビビった[21]？」
彼は言った。
「うん、だってあんまりきれいなんだもの。」
私は正直に告げた。
「だって。」雄一が笑いながらあがってきて、目の前の床に

腰をおろして言った。「整形してるんだもの。」

「え。」私は平静を装って言った。「どおりで顔のつくりが全然似てないと思ったわ。」

「しかもさあ、わかった？」本当におかしくてたまらなそうに彼は続けた。「あの人、男なんだよ。」

今度は、そうはいかなかった。私は目を見開いたまま無言で彼を見つめてしまった。まだまだ、冗談だって、と言う言葉をずっと待てると思った。あの細い指、しぐさ、身のこなしが？あの美しい面影を思い出して私は息をのんで(22)待ったが、彼はうれしそうにしているだけだった。

「だって。」私は口を開いた。「母親って、母親って言ってたじゃない！」

「だって、実際に君ならあれを父さんって呼べる？」

彼は落ちついてそう言った。それは、本当にそう思えた。すごく納得のいく答えだ。

「えり子って、名前は？」

「うそ。本当は雄司って言うみたい。」

私は、本当に目の前がまっ白く見えるようだった。そして、話を聞く態勢にやっと入れたので、たずねた。

「じゃあ、あなたを産んだのはだれ？」

「昔は、あの人も男だったんだよ。」彼は言った。「すごく若い頃ね。それで結婚していたんだよね。その相手の女性がぼくの本当の母親なんだ。」

「どんな……人だったのかしら。」

見当がつかなくて私は言った。

「ぼくもおぼえてないんだ。小さい頃に死んじゃってね。写真あるけど、見る？」

「うん。」

私がうなずくと彼は自分のカバンをすわったままずるずるたぐりよせて、札入れの中から古い写真を出して私に手渡した。
　何とも言えない顔の人だった。短い髪、小さな目鼻。奇妙な印象の、年がよくわからない女性の……私が黙ったままでいると、
　「すごく変な人でしょう。」
　と彼が言い、私は困って笑った。
　「さっきのえり子さんはね、この写真の母の家に小さい頃、何かの事情で引きとられて、ずっといっしょに育ったそうだ。男だった頃でも顔だちがよかったからかなりもてたらしいけど、なぜかこの変な顔の。」彼はほほえんで写真を見た。「お母さんにものすごく執着してねえ、恩を捨ててかけおちしたんだってさ。」
　私はうなずいていた。
　「この母が死んじゃった後、えり子さんは仕事をやめて、まだ小さな僕を抱えて何をしようか考えて、女になることに決めたんだって。もう、だれも好きになりそうにないからってさ。女になる前はすごい無口な人だったらしいよ。半端なことがきらいだから、顔から何からもうみんな手術しちゃってさ、残りのお金でそのすじの店を一つ持ってさ、ぼくを育ててくれたんだ。女手一つで(23)って言うの？これも。」
　彼は笑った。
　「す、すごい生涯ね。」
　私は言い、
　「まだ生きてるって。」
　と雄一が言った。
　信用できるのか、なにかまだひそんでいるのか、この人たちのことは聞けば聞くほどよくわからなくなった。

しかし、私は台所を信じた。それに、似ていないこの親子には共通点があった。笑った顔が神仏(24)みたいに輝くのだ。私は、そこがとてもいいと思っていたのだ。

「明日の朝はぼくいないから、あるもの何でも使っていいよ。」
　眠そうな雄一が毛布やらねまきやらを抱えて、シャワーの使い方や、タオルの位置を説明していった。
　身の上話（すごい）を聞いた後、あんまりちゃんと考えずに雄一とビデオを見ながら花屋の話とか、おばあちゃんの話とかをしているうちに、どんどん時間が過ぎてしまったのだ。今や、夜中の１時だった。そのソファーは心地よかった。１度かけると、もう２度と立ち上がれないくらいに柔らかくて深くて広かった。
「あなたのお母さんさ」さっき私は言った。
「家具のところでこれにちょっとすわってみたら、どうしてもほしくなって買っちゃったんじゃない？」
「大当たり。」彼は言った。「あの人って、思いつき(25)だけで生きてるからね。それを実現する力があるのが、すごいなと思うんだけど。」
「そうよね。」
　私は言った。
「だから、そのソファーは、当分君のものだよ。君のベッドだよ。」彼は言った。「使い道があって本当に良かった。」
「私」私はかなりそっと言ってみた。「本当にここで眠っていいの？」
「うん。」
　彼はきっぱり言った。
「……かたじけない。」

と私は言った。
　彼は、ひととおりの説明を終えるとおやすみと言って自分の部屋へ戻っていった。
　私も眠かった。
　人の家のシャワーを浴びながら、自分は何をしてるのかなと久しぶりに疲れが消えてゆく熱い湯の中で考えた。
　借りたねまきに着がえて、しんとした部屋に出ていった。ぺたぺたと(26)はだしで台所をもう1回見に行く。やはり、よい台所だった。
　そして、今宵私の寝床となったそのソファーにたどりつくと、電気を消した。
　窓べで、かすかな明かりに浮かぶ植物たちが10Fからの豪華な夜景にふちどられてそっと息づいていた。夜景——もう、雨はあがって湿気を含んだ透明な大気にきらきら輝いて、それはみごとに映っていた。
　私は毛布にくるまって、今夜も台所のそばで眠ることがおかしくて笑った。しかし、孤独がなかった。私は待っていたのかもしれない。今までのことも、これからのこともしばらくだけの間、忘れられる寝床だけを待ち望んでいたのかもしれない。となりに人がいては淋しさが増すからいけない。でも、台所があり、植物がいて、同じ屋根の下には人がいて、静かで……ベストだった。ここは、ベストだ。
　安心して私は眠った。
　目が覚めたのは水音でだった。
　まぶしい朝が来ていた。ぼんやりおきあがると、台所に"えり子さん"の後ろ姿があった。きのうに比べて地味な服装だったが、
「おはよう。」

とふりむいたその顔の派手さがいっそうひきたち[27]、わたしはぱっと目がさめた。
「おはようございます。」
とおきあがると、彼女は冷蔵庫を開けて困っている様子だった。私を見ると、
「いつもあたし、まだ寝てるんだけど何だかお腹がへってねえ……。でも、この家何もないのよね。出前とるけど、何食べたい？」
と言った。
私は立ち上がって、
「何か作りましょうか。」
と言った。
「ほんとうに？」と言った後、彼女は「そんなに寝ぼけてて包丁持てる？」と不安そうに言った。
「平気です。」
部屋中がサンルーム[28]のように、光に満ちていた。甘やかな色の青空が果てしなく続いて見渡せて、まぶしかった。
お気に入りの台所に立てたうれしさで目がさえてくると、ふいに、彼女が男だというのを思い出してしまった。
私は思わず彼女を見た。嵐のようなデジャヴーがおそってくる。
光、ふりそそぐ朝の光の中で、木の匂いがする、このほこりっぽい部屋の床にクッションをひき、寝ころんでＴＶを見ている彼女がすごく、なつかしかった。

私の作った玉子がゆと、きゅうりのサラダを彼女はうれしそうに食べてくれた。
真昼、春らしい陽気で、外からはマンションの庭でさわぐ子

供たちの声が聞こえる。
　窓辺の草木は柔らかな陽ざしに包まれて鮮かなみどりに輝き、はるかに淡い空にうすい雲がゆっくりと流れてゆく。
　のんびりとした、あたたかい昼だった。
　きのうの朝までは想像もありえなかった、見知らぬ人との遅い朝食の場面を私はとても不思議に感じた。
　テーブルがないもので、床に直接いろんなものを置いて食べていた。コップが陽にすけて、冷たい日本茶のみどりが床にきれいにゆれた。
　「雄一がね。」ふいにえり子さんが私をまじまじと見て言った。「あなたのこと、昔飼ってたのんちゃんに似てるって前から言ってたけど、本当——に似てるわ。」
　「のんちゃんと申しますと？」
　「ワンちゃん。」
　「はあー。」ワンちゃん。
　「その目のかんじといい、毛のかんじといい……。昨日初めてお見かけした時、ふきだしそうになっちゃったわ。本当にねえ。」
　「そうですか？」ないとは思うけど、セントバーナード[29]とかだったらいやだな、と思った。
　「のんちゃんが死んじゃった時、雄一はごはんものどを通らなかったのよ。だから、あなたのことも人ごととは思えないのね。男女の愛かどうかは保証できないけど。」
　くすくすお母さんは笑った。
　「ありがたく思います。」
　私は言った。
　「あなたの、おばあちゃんにもかわいがってもらったんですってね。」

「ええ。おばあちゃんは雄一君をとても好きでした。」
「あの子ね、かかりっきり(30)で育ててないからいろいろ手落ちがあるのよ。」
「手落ち？」
私は笑った。
「そう。」お母さんらしいほほえみで彼女は言った。「情緒もめちゃくちゃだし、人間関係にも妙にクールでね、いろいろとちゃんとしてないけど……やさしい子にしたくてね、そこだけは必死に育てたの。あの子は、やさしい子なのよ。」
「ええ、わかります。」
「あなたもやさしい子ね。」

彼であるところの彼女は、にこにこしていた。よくTVで見るNYのゲイ(31)たちの、あの気弱な笑顔に似てはいた。しかし、そういってしまうには彼女は強すぎた。あまりにも深い魅力が輝いて、彼女をここまで運んでしまった。それは死んだ妻にも息子にも本人にさえ止めることができなかった、そんな気がする。彼女には、そういうことが持つ、しんとした淋しさがしみこんでいた。

彼女はきゅうりをぽりぽり食べながら言った。
「よくね、こういうこと言って本当はちがうこと考えてる人たくさんいるけど、本当に好きなだけここにいてね。あなたがいい子だって信じてるから、あたしは心からうれしいのよ。行くところがないのは、傷ついてるときにはきついことよ。どうか、安心して利用してちょうだい。ね？」

私の瞳をのぞきこむようにそう念を押した。
「……ちゃんと、部屋代入れます。」私はなんだか胸がつまって、必死で言った。「次住む所を見つけるまで、ここで眠らして下さい。」

「いいのよ、気なんか使わないで。それよりたまに、おかゆ作って。雄一のより、ずっとおいしい。」
　と、彼女は笑った。

　年寄りと2人で暮らすと言うのは、ひどく不安なことだ。元気であればあるほどそうだった。実際に祖母といた時、そんなことは考えたこともなく楽しくやっていたけれど、今ふりかえるとそう思えてならなかった。
　私は、いつもいつも「おばあちゃんが死ぬのが」こわかった。
　私が帰宅すると、ＴＶのある和室から祖母が出てきて、おかえりと言う。遅い時はいつもケーキを買って帰った。外泊でも何でも、言えば怒らない大らかな祖母だった。時にはコーヒーで、時には日本茶で、私たちはＴＶを見ながらケーキを食べて、寝る前のひとときを過ごした。
　小さい頃から変わらない祖母の部屋で、たわいのない世間話とか、芸能界の話とか、その日1日のことを何となく話した。雄一のことも、この時間に語られたように思う。
　どんなに夢中な恋をしていても、どんなに多くお酒を飲んで楽しく酔っ払っていても私は心の中でいつも、たったひとりの家族を気にかけていた。
　部屋のすみに息づき、押してくるそのぞっとするような静けさ、子供と年寄りがどんなに陽気に暮らしていても、うめられない空間があることを、私はだれにも教えられなくてもずいぶん早くに感じとった。
　雄一もそうだと思う。
　本当に暗く淋しいこの山道の中で、自分も輝くことだけがたったひとつ、やれることだと知ったのは、いくつの時だろうか。愛

されて育ったのに、いつも淋しかった。
　——いつか必ず、だれもが時の闇の中へちりぢりになって消えていってしまう。
　そのことを体にしみこませた目をして歩いている。私に雄一が反応したのは当然なのかもしれない。

　……というわけで、私は居候生活(32)に突入した。
　私は５月が来るまでだらだらすることを、自分に許した。そうしたら、極楽のように毎日が楽になった。
　アルバイトにはちゃんと行ったが、あとはそうじをしたり、ＴＶを見たり、ケーキを焼いたりして、主婦のような生活をしていた。
　少しずつ、心に光や風が入ってくることがとても、うれしい。
　雄一は学校とバイト、えり子さんは夜仕事なので、この家に全員がそろうことはほとんどなかった。
　私は初めのうち、そのオープンな生活場所に眠るのに慣れなかったり、少しずつ荷物を片づけようと、元の部屋と田辺家を行ったり来たりするのに疲れたけれど、すぐなじんだ。
　その台所と同じくらいに、田辺家のソファーを私は愛した。そこでは眠りが味わえた。草花の呼吸を聞いて、カーテンの向こうの夜景を感じながら、いつもすっと眠れた。
　それよりほしいものは、今、思いつかないので私は幸福だった。
　いっつも、そうだ。私はいつもギリギリにならないと動けない。今回も本当にギリギリのところでこうしてあたたかいベッドが与えられたことを、私はいるかいないかわからない神に心から感謝していた。

ある日、まだ残っている荷物整理のために私は元の部屋へ帰った。
　ドアをあけるたび、ぞっとした。住まなくなってからのここは、まるで別人の顔をするようになった。
　しんと暗く、何も息づいていない。見なれていたはずのすべてのものが、まるでそっぽを向いている⁽³³⁾ではないですか。私は、ただいまと言うよりはおじゃましますと告げて抜き足で入りたくなる。
　祖母が死んで、この家の時間も死んだ。
　私はリアルにそう感じた。もう、私には何もできない。出ていっちゃうことの他には何ひとつ——思わず、おじいさんの古時計を口ずさんでしまいながら、私は冷蔵庫をみがいていた。
　すると、電話が鳴った。
　そんな気がしながら受話器を取ると、宗太郎からであった。
　彼は昔の……恋人だった。祖母の病気が悪くなるころ、別れた。
「もしもし？みかげか？」
　泣くほど懐かしい声が言った。
「お久しぶりね！」
　なのに元気よく私が言った。これはもう照れとか見栄をこえた、ひとつの病と思われる。
「いや、学校に来てないから、どうしたのかと思って聞いて回ってさ、そうしたらおばあちゃん亡くなったっていうだろ。びっくりしてさ。……大変だったね。」
「うん、それでちょっと忙しくて。」
「今、出てこれるか？」
「ええ。」

約束をしながら、ふと見あげた窓の外はどんよりしたグレーだった。
　風で、雲の波がものすごい勢いで押し流されてゆくのが見えた。この世には——きっと、悲しいことなんか、なんにもありはしない。なにひとつないにちがいない。

　宗太郎は公園が大好きな人だった。
　緑のある所が、開けた景色が、野外が、とにかく好きで、大学でも彼は中庭やグラウンドわきのベンチによくいた。彼をさがすなら、緑の中を、というのはすでに伝説だった。彼は将来、植物関係の仕事につきたいそうだ。
　どうも私は、植物関係の男性に縁がある。
　平和だった頃の私と、平和な明るい彼は、絵に描いたような学生カップルだった。彼のそういう好みで、よく真冬でも何でも2人は公園で待ち合わせたものだが、あんまり私の遅刻が多いので申し訳なくて、妥協点として見い出された地点は公園の真横にある、だだっ広い店だった。
　そして今日も、宗太郎はその広い店のいちばん公園よりの席にすわって外を見ていた。ガラスばりのその窓の外は、いちめんの曇り空に風でわさわさゆれる木々が見えた。行きかうウェイトレスの間をぬって彼に近づいてゆくと、彼は気づいて笑った。
　向かいの席にすわって、
　「雨が降るかな。」
　私が言うと、
　「いや、晴れてくるんじゃない？」と宗太郎は言った。「何で2人で久しぶりに会って、天気の話してるんだろうね。」
　その笑顔に安心した。本当に気のおけない[34]相手との午後

のお茶は、いいものだなあ、と思う。私は彼の寝ぞうがむちゃくちゃに悪いのを知っているし、コーヒーにミルクもさとうもたくさん入れることや、くせ毛を直したくてドライヤーをかけるばかみたいにまじめな鏡の中の顔も知っている。そして、彼と本当に親しくしていた頃だったら、今ごろ私は冷蔵庫みがきでずいぶんはげた右手のマニキュアが気になっちゃって話にならないと思う。

「君、今さ。」世間話の途中で、ふいに思い出したように宗太郎が言った。「田辺んとこにいるんだって？」

私はたまげた。

あんまりびっくりして、手に持っていた紅茶のカップをかたむけて、お皿にじょろじょろこぼしてしまったくらいだ。

「大学中の話題だよ。すごいなー、耳に入んなかったの？」

困った顔をして笑いながら宗太郎は言った。

「あなたが知ってることすら知らなかったわ。何なの？」

私は言った。

「田辺の彼女が、前の彼女っていうの？その人がね、田辺のこと学食でひっぱたいたのさ。」

「え？私のことで？」

「そうらしいよ。だって君たち今、うまくいってるんでしょう。俺、そう聞いたけど。」

「え？初耳ですが。」

私は言った。

「だって２人で住んでるんでしょ？」

「お母さんも（厳密には違うけど）住んでるのよ。」

「ええっ！うそだろーっ。」

宗太郎は大声で言った。彼のこの陽気な素直さを私は昔、本気で愛していたが、今はうるさいのですごく恥ずかしいだけ

だった。

「田辺って。」彼は言った。「変わってるんだってね。」

「よく、わかんない。」私は言った。「あまり会わないし。……話も特別しないし。

私、犬のようにひろわれただけ。

別に、好かれてるんでもないしね。

それに、彼のことは何も知らないし。

そんなもめごともマヌケなまでに全然、気づかなかったし。」

「でも、君の好きとか愛とかも、俺にはよくわかんなかったからなあ。」宗太郎は言った。

「とにかく、よかったと思うよ。いつまでひきとられてるの？」

「わかんない。」

「ちゃんと、考えなさいね。」彼は笑い、

「はい、心がけます。」私は答えた。

帰りは、ずっと公園を抜けていった。木々のすきまから、田辺家のマンションがよく見えた。

「あそこに住んでるのよ。」

私は指さした。

「いいなあ。公園の真横じゃない。俺だったら朝5時におきて散歩しちゃうな。」

宗太郎は笑った。とても背が高いので、いつも見上げる形になった。この子だったらきっと——私は横顔を見ながら考えた。きっと、ばりばり(35)私をひっぱり回して新しいアパートを決めさせたり、学校へひっぱり出したりしたんだろう。

それ、その健全さがとても好きで、憧れで、それにとてもついていけない自分をいやになりそうだったのだ。昔は。

彼は大家族の長男で、彼が家から何の気なしに持ってくる何か明るいものが、私をとてもあたためたのだ。
　でも私はどうしても——今、私に必要なのはあの田辺家の妙な明るさ、安らぎ——で、そのことを彼に説明できるようには思えなかった。別に、する必要もなかったけれど、彼と会うといつもそうだった。自分が自分であることがもの悲しくなるのだ。
「じゃあね。」
　私の瞳を通して、胸の深いところにある熱い塊が彼に澄んだ質問をする。
　まだ今のうちは、私に心が残っているかい？
「しっかり生きろよ。」
　彼は笑い、細めた瞳にはまっすぐ答えが宿っている。
「はい、心がけます。」
　私は答え、手を振って別れた。そしてこの気持ちはこのまま、どこか果てしなく遠いところへと消えてゆくのだ。

　その夜、私がビデオを見ていたら、玄関のドア開いて、大きい箱を抱えた雄一が外から帰ってきた。
「おかえり。」
「ワープロ買ったんだ！」
　と雄一がうれしそうに言った。最近気づいたが、この家の人は買物が病的に好きなのだ。それも、大きい買物。主に電化製品ね。
「よかったわね。」
　私は言った。
「何か、打ってほしいものある？」
「そうねー。」

歌詞でも打たせようかな、と私が思っていると、
「そうだ。引っこしハガキを作ってあげようではないか。」
と雄一が言う。
「何、それ。」
「だって、この大都会で住所ナシ、電話ナシで生きてゆくつもり？」
「だって、また引っこす時、また通知するかと思うと面倒で。」
私が言うと、
「ちえっ。」
と彼がつまらなそうにしたので、
「じゃ、お願いします。」
と頼んだ。でもさっきの話が頭に浮かんで、
「ね、でもまずくないの？迷惑なことないの？」
とたずねると、
「何が？」
と本当に不思議そうにきょとんとした。もしも私が恋人だったら、きっとひっぱたく。私は自分の立場を棚に上げて[36]、瞬間、彼に対して反感を持ってしまった。それくらい、わかっていないようだった。彼という人は。
「私はこの度、下記にひっこしました。
お手紙、お電話はこちらへお願いします。
東京都××区××3－21－1
　〇〇マンション1002号
　　　×××－××××
　　　　桜井　みかげ」
雄一がハガキにそう打ってくれたのを、どんどんコピーして（案の定、この家にはコピー機もひそんでいた）あて名書きを

した。

　雄一も手伝ってくれた。彼は今夜はヒマらしい。これも気づいたことだが、彼はヒマがとてもきらいなのだ。

　透明にしんとした時間が、ペンの音と共に一滴一滴落ちてゆく。

　外は春の嵐のような、あたたかい風がごうごう吹いていた。夜景もゆれるようだ。私はしみじみした気持ちで友人たちの名をつづった。宗太郎は思わずリストからはずして、しまった。風が、強い。木や電線のゆれる音が聞こえてくるようだ。目をとじて、おりたたみの小さなテーブルにひじをついて、私は聞こえない街並に思いをはせていた。どうしてこの部屋にこんなテーブルがあるのか、私にはわからない。その思いつきだけで生きているという、テーブルを買った彼女は今夜も店に出ている。

　「ねるな。」

　雄一が言った。

　「ねてない。」私は言った。「引っこしハガキ書くのは、本当はすごく好きなの。」

　「あっ、ぼくも。」雄一が言った。「転居とか、旅行先からのハガキとか、すごく好き。」

　「ねえ、でも。」思いきって再び私はチャレンジした。「なんか、このハガキが波紋を呼んで、学食で女の子にひっぱたかれたりしそうじゃない？」

　「さっきから、そのこと言ってたのか。」

　彼は苦笑した。その堂々とした笑顔がわたしをどきりとさせた[37]。

　「だから、正直に言っていいよ。私、ここにおいてもらってるだけでいいんですから。」

「そんなばかな。」彼は言う。「じゃ、これはハガキごっこかい？」
「ハガキごっこって何？」
「わかんないけど。」
私たちは笑った。それで、また何だか話がそれていった。そのあまりの不自然さに、にぶい私もやっとわかった。彼の目をよく見たら、わかってきた。
彼は、ものすごく悲しんでいるのだ。
さっき、宗太郎は言っていた。田辺の彼女は一年間つきあっても田辺のことがさっぱりわかんなくていやになったんだって。田辺は女の子を万年筆とかと同じようにしか気に入ることができないのよって言ってる。
私は、雄一に恋していないので、よくわかる。彼にとっての万年筆と彼女にとってと、全然質や重みがちがったのだ。世の中には万年筆を死ぬほど愛している人だっているかもしれない。そこが、とっても悲しい。恋さえしていなければ、わかることなのだ。
「仕方なかったんだよ。」雄一は私の沈黙を気にしたらしく、顔もあげずに言った。「全然君のせいじゃない。」
「……ありがとう。」
なぜか私はお礼を言った。
「どういたしまして。」
と彼は笑った。
私は今、彼に触れた、と思った。一ヵ月近く同じ所に住んでいて、初めて彼に触れた。ことによると、いつか好きになってしまうかもしれない。と私は思った。恋をすると、いつもダッシュでかけぬけてゆくのが私のやり方だったが、曇った空からかいま見える星のように、今みたいな会話のたびに、少しずつ

好きになるかもしれない。
　でも——私は手を動かしながら考えた。でも、ここを出なくては。
　私がここにいることで、彼らが別れたのは明白ではないか。自分がどのくらい強いのか、今すぐひとり暮らしに戻れるのか、見当もつかなかった。それにしても、やはり、近々、本当に近々、引っこしハガキを書きながら矛盾しているとは思うが……。
　出なくては。

　その時、ぎいっと音を立ててドアが開いて大きな紙袋を抱えたえり子さんが入ってきたのでびっくりした。
　「どうしたの？店は？」
　ふりむいた雄一が言った。
　「今から行くの！聞いてよ。ジューサー買っちゃったあ。」
　紙袋から大きな箱を出してえり子さんがうれしそうに言った。またか、と私は思った。
　「だから、置きに来たの。先に使ってもいいのよ。」
　「電話くれれば、取りに行ったのに。」
　雄一がハサミでひもを切りながら言った。
　「いいのよ、このくらい。」
　てきぱきと開かれた包みからは、何でもジュースにしてしまいそうな、見事なジューサーが出てきた。
　「生ジュース飲んで、お肌をきれいにしようと思ってさ。」
　えり子さんはうれしそうに、楽しそうに言った。
　「もう年だからムダだよ。」
　雄一が説明書を見ながら言った。
　目の前の２人があまりに淡々と普通の親子の会話をするので、私は目まいがした。「奥様は魔女」みたいだ。不健康きわ

まりない設定の中で、こんなに明るいんですもの。
「あら、みかげは引っこしハガキ書いてんの？」えり子さんが手元をのぞきこむ。「ちょうどいいわ。引っこし祝いあげる。」
そして、くるくる紙に包まれたもう一つの包みを差し出した。広げてみると、バナナの絵が書いてあるきれいなグラスが出て来た。
「それで、ジュースを飲んでね。」
えり子さんが言った。
「バナナジュースを飲むと、いいかもしれない。」
雄一は真顔で言った。
「わー、うれしい。」
私は、泣きそうになりながら言った。
出ていく時、これを持ってゆくし、出てからも何度も何度も来て、おかゆを作りますから。
口には出せずに、そう思った。
大切な大切なコップ。
翌日は、元の家を正式に引き払う日だった。やっと、すべてを片づけた。のろかった。
よく晴れた午後で、風も雲もなく、金色の甘い陽ざしが何もない私の故郷であった部屋をすかしていた。
のんびりした引っこしのおわびのため、大家のおじさんを訪ねた。
子供のころよく入った管理人室で、おじさんの入れたほうじ茶を飲んで話をした。彼も年を取ったなあ。と私はしみじみ思う。これじゃあおばあちゃんも死ぬはずだわ。
よく、祖母がこの小さいイスにすわってお茶を飲んでいた時と同じように、今、私がこのイスにすわってお茶を飲み、天気

やこの町の治安の話をしているのは、異様だった。
　ぴんとこない。
　――ついこの間までのことすべてが、なぜかものすごい勢いでダッシュして私の前を走りすぎてしまった。ぽかんと取り残された私はのろのろと対応するのに精いっぱいだ。
　断じて認めたくないので言うが、ダッシュしたのは私ではない。絶対ちがう。だって私はそのすべてが心から悲しいもの。
　すべて片づいた私の部屋に射す光、そこには前、住み慣れた家の匂いがした。
　台所の窓。友人の笑顔、宗太郎の横顔ごしに見える大学の庭のあざやかな縁、夜遅くにかける電話の向こうの祖母の声、寒い朝のふとん、ろう下にひびく祖母のスリッパの音、カーテンの色……たたみ……柱時計。
　そのすべて。もう、そこにいられなくなったことのすべて。

　外へ出るともう夕方だった。
　淡い黄昏が降りてくる。風が出てきて、少し肌寒い。うすいコートのすそをはためかせて私はバスを待った。
　バス停の、通りをはさんだ反対側にある高いビルの窓が並んで、きれいに青に浮かぶのを見ていた。その中で動いている人々も、上下するエレベーターも、みんなしんと輝いてうす闇にとけてゆきそうだった。
　最後の荷物が私の両足のわきにある。私は今度こそ身一つになりそうな自分を思うと、泣くに泣けない妙にわくわくした気持ちになってしまった。
　バスがカーブを曲がって来る。目の前に流れてきてゆっくり止まり、人々は並んでぞろぞろ乗り込む。
　バスはとても混んでいた。暮れる空がはるかビルの向こうへ

消えてゆくのを、つり革につかまった手にもたれかかるようにして見つめていた。

　まだ若い月が、そうっと空を渡ってゆこうとしているのが目に止まった時、バスが発車した。

　がくん(38)、と止まる度にムッとする(39)のは自分がくたびれている証拠である。何度もムッとしながらもふと外を見ると、遠くの空に飛行船が浮かんでいた。

　風を押して、ゆっくりと移動してゆく。

　私はうれしくなって、じっと見つめていた。小さなライトを点滅させて、飛行船は、淡い月影のように空をゆくのだった。

　と、私の前あたりにすわっている小さな女の子にすぐ後ろの席のおばあさんが小声で話しかけた。

　「ほら、ゆきちゃん飛行船。見てごらんなさい。きれいだよ。」

　顔がそっくりなので孫らしい彼女は、道もバスも混んでいるのでむちゃくちゃに機嫌が悪いらしく、身をよじらせて怒って言った。

　「知らない。あれ飛行船じゃないもん。」

　「そうだったかねえ。」

　おばあさんは全然動じずに、にこにこして答えた。

　「まだつかないのー！眠い。」

　ゆきちゃんはだだをこね続けた(40)。

　ガキ。私もまた疲れていたため思わず汚い言葉で思ってしまった。後悔は先に立たねえんだ(41)。おばあちゃんにそんな口をきくなよ。

　「よしよし、もうすぐだから。ほら見てごらん、後ろ。お母さん寝ちゃってるよ。ゆきちゃんおこしてくるかい？」

　「あー、ほんとだ。」

　はるか後ろの席で眠る母親をふりむいて、やっとゆきちゃん

が笑う。
　いいなあ。
　私は思った。おばあさんの言葉があまりにやさしげで、笑ったその子があんまり急にかわいく見えて、私はうらやましかった。私には2度とない……。
　私は、2度とという言葉の持つ語感のおセンチさ[42]やこれからのことを限定する感じがあんまり好きじゃない。でも、その時思いついた「2度と」のものすごい重さや暗さは忘れがたい迫力があった。

　と、私は神かけて[43]、そういうことをけっこう淡々と、ぼんやりと考えていた、つもりだった。バスにゆられながら、空のかなたに去ってゆく小さい飛行船を目でなんとなくまだ追いかけながら。
　しかし、気づくとほおに涙が流れてぽろぽろと胸元に落ちているではないですか。
　たまげた。
　自分の機能がこわれたかと思った。ものすごく酔っぱらっている時みたいに、自分に関係ない所で、あれよあれよと涙がこぼれてくるのだ。次に私は恥ずかしさで真赤になっていった。それは自分でもわかった。あわてて私はバスを降りた。
　行くバスの後ろ姿を見送って、私は思わずうす暗い路地へかけこんだ。
　そして、自分の荷物にはさまれて、暗がりでかがんで、もうわんわん泣いた[44]。こんなに泣いたのは生まれて初めてだった。とめどない熱い涙をこぼしながら、私は祖母が死んでからあんまりちゃんと泣いてなかったことを思い出した。
　何が悲しいのでもなく、私はいろんなことにただ涙したかっ

た気がした。

　ふと気がつくと、頭の上に見える明るい窓から白い蒸気が出ているのが闇に浮かんで見えた。耳をすますと、中からにぎやかな仕事の声と、なべの音や、食器の音が聞こえてきた。
　——厨房だ。
　私はどうしようもなく暗く、そして明るい気持ちになってしまって、頭をかかえて少し笑った。そして立ちあがり、スカートをはらい、今日は戻る予定でいた田辺家へと歩き出した。
　神様、どうか生きてゆけますように。

　眠くて。と雄一に告げて、私は田辺家に戻ってすぐ寝床に入ってしまった。
　えらくつかれた1日だった。しかし、泣いたことでずいぶん軽くなって、心地よい眠りが訪れた。
　うわ、本当にもう寝てる、と台所にお茶を飲みに来た雄一の声を、頭の片すみで聞いたような——気がした。

　私は、夢を見た。

　今日、引きはらったあの部屋の台所の流しを私はみがいていた。
　何がなつかしいって、床のきみどり色が……住んでいる時は大キライだったその色が離れてみたらものすごく愛しかった。
　引っこしの準備を終えて、戸棚の中にもワゴンの上にも、もう何もないという設定だった。実際、そういうものはとうの昔に始末してしまっていたのだが。
　気づくと、後ろで雄一がぞうきんを手に床をふいてくれていた。そのことに、私はとても救われていた。

「少し休んで、お茶にしましょう。」
　と私は言った。がらんとしているので声がよく響いた。広く、とても広く感じた。
「うん。」
　と雄一が顔をあげた。人の家の、しかも引っこす所の床を、そんなに汗かいてみがかなくても……と私は思った。とても彼らしい。
「ここが、君んちの台所か——。」
　床にひいたざぶとんにすわって、私の運んだお茶を——もう、湯のみはしまってしまったので、カップに入れたのを——飲みながら雄一が言った。
「いい台所だったんだろうね。」
「うん、そうなの。」
　私は言った。私の場合は、ごはん茶わんで茶道のように両手でお茶を飲んでいた。
　ガラスケースの中にいるような静けさだった。見あげた壁には、時計のあとだけがあった。
「今、何時。」
　私が言うと、
「夜中でしょ。」
　と雄一が言った。
「なんで？」
「外暗いし、静かだから。」
「じゃあ、私は夜逃げね。」
　私は言った。
「話の続きだけど。」雄一は言った。「うちももう出るつもりなんだろう？出るなよ。」
　ちっとも話の続きじゃないので、私はびっくりして雄一を見

た。

「ぼくだって、えり子さんみたいに思いつきで生きてるって君は思ってるらしいけど、君を家に呼ぶのは、ちゃんと考えて決めたことだから。おばあちゃんはいつも、君の心配をしてたし、君の気持ちがいちばんわかるのは多分、ぼくだろう。でも、君はちゃんと元気に、本当の元気を取り戻せばたとえばぼくらが止めたって、出ていける人だって知ってる。けど君、今はムリだろう。ムリっていうことを伝えてやる身寄りがいないから、ぼくが代わりに見てたんだ。うちの母親がかせぐムダ金はこういう時のためにあるんだ。ジューサーを買うためだけじゃない。」彼は、笑った。

「利用してくれよ、あせるな。」

まるで殺人犯に自首を説得するような誠意を持って、私をまっすぐに見て、彼は淡々とひとことひとこと語った。

私は、うなずいた。

「……よし、床みがきを再開しよう。」

と彼は言った。

私も洗い物を持って立ちあがった。

カップを洗っていると、水音にまぎれて雄一が口ずさむうたが聞こえた。

♪月明かりの影　　こわさぬように

岬のはずれにボートをとめた

「あっそれ知ってる。何だっけ。けっこう好き。誰のうただっけ。」

私は言った。

「えーと、菊池桃子。すごい耳につく[45]んだよね。」

雄一が笑った。

「そうそう！」

私は流しをみがきながら、雄一は床をみがきながら、声を合わせてうたを続けた。真夜中、しんとした台所に声がよく響いて楽しかった。
「ここが、特に好き。」
と私は2番のアタマのところをうたった。
とおくの――
とうだい――
まわるひかりが――
ふたりのよるには――
こもれびみたい――
はしゃいで、大声でくりかえして2人はうたった。
♪遠くの灯台　　まわる光が
2人の夜には　　木もれびみたい……

　ふと、私の口がすべって言った。
「おっと、あんまり大声でうたうと、となりで寝てるおばあちゃんがおきちゃう。」
　言ってから、しまったと思った。
　雄一はもっとそう思ったらしく、後ろ姿で床をみがく手が完全に止まった。そして、ふりむいてちょっと困った目をした。
　私は途方にくれて、笑ってごまかした。
　えり子さんがやさしく育てたその息子は、こういう時、とっさに王子になる。彼は言った。「ここが片づいたら、家に帰る途中、公園で屋台のラーメン食べような。」

　目がさめてしまった。
　真夜中の田辺家のソファーで……早寝なんて、やりつけない⁽⁴⁶⁾ことをするものではない。変な夢。……と思いながら、

台所へ水を飲みに行った。何だか心が冷え冷えとしていた。お母さんはまだ帰っていない。2時だ。

まだ夢の感触が生々しい。ステンレスにはねる水音を聞きながら、私は流しをみがいちゃおうかしら、とぼんやり思っていた。

天を、星が動いてゆく音が耳の奥に聞こえてきそうなくらいに、しんとしている孤独な夜中だ。かすかすの心に、コップいっぱいの水がしみてゆく。少し寒く、スリッパをはいた素足がふるえた。

「こんばんはー。」
と言って突然、雄一が後ろに来たのでおどろいた。
「な、何。」
と私はふりむいた。
「目がさめちゃって、腹へって、ラーメンでも作ろうかなあ……と思って……。」
夢の中とはうって変わって、現実の雄一は寝ぼけたブスな顔でぐしゃぐしゃ(47)そう言った。私は泣きはらしたブスな顔で、
「作ってあげるから、すわってね。私のソファーに。」
と言った。
「おお、君のソファーに。」
そう言ってふらふらと彼はソファーに腰かけた。
闇に浮かぶこの小さな部屋の、ライトの下で冷蔵庫を開ける。野菜をきざむ。私の好きな、この台所で——ふと、ラーメンとは妙な偶然だわ、と思った私はふざけて雄一に、背を向けたまま、
「夢の中でもラーメンって言ってたね。」
と言った。

すると、反応が全くない。寝てんのかなと思った私がふりむくと、雄一はすごくびっくりした目できょとんと私を見つめていた。
　「ま、まさか。」
　私は言った。
　雄一はつぶやくように、
　「君の、前の家の台所の床って、きみどり色だったかい？」
と言った。「あっ、これはなぞなぞじゃないよ。」
　私はおかしくて、そして納得して、
　「さっきは、みがいてくれてありがとうね。」
と言った。いつも女のほうが、こういうことを受け入れるのが早いからだろう。
　「目がさめた。」と彼は言ったが、遅れをとったのがくやしいらしくて「カップでないものにお茶入れてほしいもんだ。」と笑った。
　「自分で入れなさーい。」
と言うと、
　「あっそうだ。ジューサーでジュース作ろう！君も飲むかい？」と言った。
　「うん。」
　雄一は冷蔵庫からグレープフルーツを出して、楽しそうにジューサーを箱から出した。
　私は、夜中の台所、すごい音でつくられる２人分のジュースの音を聞きながらラーメンをゆでていた。
　ものすごいことのようにも思えるし、何てことないことのようにも思えた。奇跡のようにも思えるし、当たりまえにも思えた。
　何にせよ、言葉にしようとすると消えてしまう淡い感動を私

は胸にしまう。先は長い。くりかえりくりかえしやってくる夜や朝の中では、いつかまたこのひとときも、夢になってゆくかもしれないのだから。

　「女になるのも大変よね。」
　ある夕方、唐突にえり子さんが言った。
　読んでいた雑誌から顔をあげて、私は、は？と言った。美しいお母さんは出勤前のひととき、窓べの植物に水をやっていた。
　「みかげは、みどころありそうだ⁽⁴⁸⁾から、ふと言いたくなったのよ。あたしだって、雄一を抱えて育ててるうちに、そのことがわかってきたのよ。つらいこともたくさん、たくさんあったわ。本当にひとり立ちしたい人は、何かを育てるといいのよね。子供とかさ、鉢植えとかね。そうすると、自分の限界がわかるのよ。そこからが始まりなのよ。」
　うたうような調子で、彼女は彼女の人生哲学を語った。
　「いろいろ、苦労があるのね。」
　感動して私が言うと、
　「まあね、でも人生は本当にいっぺん絶望しないと、そこで本当に捨てらんないのは自分のどこなのかをわかんないと、本当に楽しいことが何かわかんないうちに大っきくなっちゃうと思うの。あたしは、よかったわ。」
　と彼女は言った。肩にかかる髪がさらさらゆれた。いやなことはくさるほどあり、道は目をそむけたい⁽⁴⁹⁾くらいけわしい……と思う日の何と多いことでしょう。愛すら、全てを救ってはくれない。それでも黄昏の西陽に包まれて、この人は細い手で草木に水をやっている。透明な水の流れに、虹の輪ができそうな輝く甘い光の中で。

「わかる気がするわ。」
　私は言った。
「みかげの素直な心が、とても好きよ。きっと、あなたを育てたおばあちゃんもすてきな人だったのね。」
　とヒズ・マザー(50)は言った。
「自慢の祖母でした。」
　私は笑い、
「いいわねえ。」
　と彼女が背中で笑った。

　ここにだって、いつまでもいられない——雑誌に目を戻して私は思う。ちょっとくらっとする(51)くらいつらいけれど、それは確かなことだ。
　いつか別々のところでここをなつかしく思うのだろうか。
　それともいつかまた同じ台所に立つこともあるのだろうか。
　でも今、この実力派のお母さんと、あのやさしい目をした男の子と、私は同じところにいる。それがすべてだ。
　もっともっと大きくなり、いろんなことがあって、何度も底まで沈みこむ。何度も苦しみ何度でもカムバックする。負けはしない。力は抜かない。

　夢のキッチン。
　私はいくつもいくつもそれをもつだろう。心の中で、あるいは実際に。あるいは旅先で。ひとりで、大ぜいで、ふたりきりで、私の生きるすべての場所で、きっとたくさんもつだろう。

注　释

(1) アパ○○情報／一家广告资讯杂志的名字。

(2) 頭をしゃんとさせて／让头脑清醒清醒。

(3) ボタもちのように／就像天上掉下来的馅饼一样。源自"棚から牡丹餅"。

(4) ピンポン／门铃的响声。

(5) 魔がさした／恶魔附身，使人产生平时不可能有的邪念。

(6) 行きつけの花屋／常去的花店。

(7) ぱしゃぱしゃ／此处表示在湿漉漉的小路上行走时发出的声响。

(8) どかんと／大而重的状态。

(9) CM／电视当中插播的广告节目。

(10) プランター／小型的塑料栽培容器。

(11) 抜けてくる／此处表示抽空溜出来。

(12) シルバーストーン／不粘锅。

(13) どんぶり／大饭碗。

(14) グラタン皿／耐高温的盘子。

(15) 入れっぱなし／随意地摆放。

(16) 私に近い血のもの／与我血缘相近的人。

(17) 夜のもの／晚上睡觉时用的物品，睡衣被子等。此处指在晚上工作，特指从事晚上娱乐行业的人。

(18) ダッシュしてきた／一口气跑来。

(19) ヘレン／海伦・凯勒（1880—1968）。美国女性教育家、社会福利事业家。两岁时成为盲聋哑人，但是仍然坚持学习直至大学毕业。她为身体残疾者做了很多工作。曾经三次到日本。

(20) たたき／此处指没有铺地板或者榻榻米的地面。

(21) ビビッた／不好意思，不自信，往后缩。

(22) 息を呑んで／大吃一惊，几乎喘不上气来。

(23) 女手一つで／凭着一个女人的力量。

(24) 神仏（しんぶつ）／神与佛。

(25) 思いつき／此处指"一时的想法"、"一闪念"。

(26) ぺたぺたと／此处指用手、脚或者平的东西轻轻敲打平坦处时发出的声音。

(27) ひきたち／"ひきたつ"。此处表示更为明显、显著的意思。

(28) サンルーム／太阳房，阳光房。

(29) セントバーナード／狗的一种。高大，毛长，白色或者黑色、褐色。耐寒，嗅觉灵敏。经常作为救助犬。

(30) かかりっきり／专门地从事某事，尽心尽力。

(31) NYのゲイ／"NY"指纽约。"ゲイ"指同性恋者。

(32) 居候生活／"居候"（いそうろう）指食客，寄居他人家里的人。此处指这样的生活。

(33) そっぽを向いている／意思为"看着别处"，"不理睬"。

(34) 気のおけない／此处表示不需要拘谨，可以轻松交往的意思。

(35) ばりばり／此处指精神十足的样子。

(36) 棚にあげて／表示不触及不好办的事情、将事情搁置起来，放在一边。

(37) どきりとさせた／让～一惊。"どきり"意思是突然发生的事情使之心跳不止。

(38) がくん／此处指很重的物体启动、停止时产生的冲击之状。

(39) ムっとする／不高兴，不悦。

(40) だだをこね続けた／小孩由于没有满足自己的要求而哭闹、撒娇。

(41) 後悔は先に立たねえんだ／可就后悔来不及了。

(42) おセンチさ／感伤，伤感。

(43) 神かけて／此处可以理解为"面对上帝"。

(44) わんわん泣いた／嚎啕大哭。

(45) 耳につく／此处指听后难以忘却。

(46) やりつけない／此处指不习惯。

(47) ぐしゃぐしゃ／乱糟糟的样子。

(48) みどころありそうだ／此处指将来有前途、有希望。

(49) 目をそむけたい／表示想背过脸不看。此处指道路极为险峻，使自己都不敢直视。

(50) ヒズ・マザー／他的母亲。his mother。

(51) くらっとする／一瞬之间感到眼晕目眩。

作者简介

吉本芭娜娜（1964— ）　原名为吉本真秀子，1964 年 7 月 24 日生于东京，其父为日本著名评论家、诗人吉本隆明。1987 年毕业于日本大学艺术学部文艺学科。同年，发表的《厨房》获第六届《海燕》新人文学奖，由此登上文坛，成为轰动日本的文学作家。此后，她曾多次获得泉镜花文学奖等奖项，是日本 1980 年代后期成名的优秀青年作家。她的成名作品《厨房》被翻译成英语、中文、韩语、德语等多种语言，受到读者和评论家的好评，并且在 1989 年被拍成电影。她幼时很想成为漫画家，但随着其姐姐漫画才能得到承认，她打掉了这个念头，试图在小说世界上寻找展现自己才能的场所。她的小说语言简洁通俗，大量使用感性的、日常的会话表现，似乎面对读者在直接讲述。她的小说在简洁的感性描写中经常表现"死与再生"、"丧失与治愈"的主题，获得了不少年轻读者的共鸣。吉本的文学创作目前被划为两个时期。前一个时期从《厨房》开始，经过《鸫》、《白河夜船》(1989)、《N.P》(1990)，到《阿姆里它》(1994)。后一个时期为从《玛里卡的长夜／巴黎梦幻日记》开始到现在。在这一时期内，尽管她发表了许多作品，但是并没有以明确的形式展现其新的创作风格。

☪ 作品简析

《厨房》是作者的成名之作，与村上春树的《挪威的森林》同年发表，并同样成为当年的畅销书。小说生动的现代口语表现以及女性主人公的孤独情绪引起了当时年轻女性读者的共鸣，在社会上产生了强烈的反响。值得人们注意的是，小说的题目所使用的"厨房"这个词汇不是日语固有词汇"台所"，而是外来语"キッチン"。外来语"キッチン"在日常口语中一般不使用，即使在这个短篇里面也几乎没有使用。显然，它的使用具有区别一般意义上的厨房的目的。按照一些研究者的观点看，"厨房"在小说里不是一般意义上作饭的地方，而是"为家庭成员烹饪食物的地方"。女主人公之所以喜欢这个地方，与她寻求家庭成员的内在要求相关。在她看来，通过在厨房烹制食物这种方式才能与家庭成员达成平淡的、日常的联系。主人公"我"的痛苦来自于她的家庭成员的死，来自于这种死造成的孤独，而解除这种痛苦的方式就是找到可以为家庭成员作饭的厨房，在这个地方为她所喜爱的家庭成员做饭。因此，虽然小说里并没有反反复复地提到厨房，而且厨房似乎在小说里也没有占据重要的位置，但是它的象征意义却是不能忽略的。小说里，有这样的描写："听着眼前的两个人平淡地进行普通母子的会话，我感到一阵眩晕。""(在雄一家里，)打扫卫生，看电视，烤点心，过着家庭主妇般的生活。""(我)想不到还有什么没有其它想要的东西，我很幸福。"这些描写所表达的应该说正是"我"对于家庭温暖的向往，"我"所感到的"眩晕"自然不是病态，而是感受到家庭温暖时的强烈的激动，"我"最大的幸福就是成为温暖平和的家庭中的一员。实际上，主人公为雄一的"母亲"做粥，为雄一煮面条正是意味着"我"最终寻找到了这样的地方。当然，主人公的孤独、痛苦也就因此而消失。寻找家庭成员可以说正是这一小说的主题所在。正像在小说里主人公所表白的那样："有厨房，有植物，同一屋檐下有人，

多么安静……太好了。""我相信厨房。那里有这不相像的母子的共同点。他们的笑脸就像神佛一样灿烂"。雄一"母子"神佛一般灿烂的笑脸对于"我"来讲,可以说就是能够包容自己的家庭成员的温暖的爱。

当然,"我"所需要的并不是那种来自传统的大家庭的温暖,尽管这种大家庭带来的"某种开朗的东西"可以"温暖我","但是,我……现在需要的是田边家的那种奇妙的开朗、安宁",需要的是朋友一般母(父)子关系的小家庭。在这种家庭里,"我"可以感受幸福、安宁,感到开朗。在这种家庭里,作为家庭成员的他者不会对自己成为束缚,每个人都在做自己的事情,不受别人的干扰,也不干扰别人。这种充满亲情——每个人又生活得十分轻松的家庭关系也许才是小说试图描绘的现代人需要的家庭。

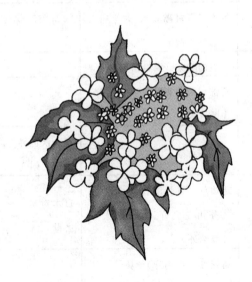

二、日本现代文学史年表（小说）

年号	公元	作品（作者）	有关事项
明治43	1910	家（岛崎藤村）、青年（森鸥外）、土（长塚节）、纹身（谷崎润一郎）	《白桦》、《三田文学》创刊大逆事件
44	1911	天真的人（武者小路实笃）、雁（森鸥外）、霉（德田秋声）	中国辛亥革命
45	1912	行人（夏目漱石）、大津顺吉（志贺直哉）	《奇迹》创刊、石川啄木去世
大正1	1912	悲哀的父亲（葛西善藏）	
2	1913	阿部一族（森鸥外）、大菩萨山岭（中里介山）	
3	1914	心（夏目漱石）	第一次世界大战、第三次《新思潮》创刊
4	1915	路边草（夏目漱石）、罗生门（芥川龙之介）、山椒大夫（森鸥外）	日本对华二十一条，长塚节去世
5	1916	高濑舟（森鸥外）、鼻子（芥川龙之介）、明暗（夏目漱石）、较量（永井荷风）、贫穷的人们（宫本百合子）	第四次《新思潮》创刊、夏目漱石去世、上田敏逝去

二、日本现代文学史年表（小说）

续表

年号	公元	作品（作者）	有关事项
6	1917	在城崎（志贺直哉）、和解（志贺直哉）、该隐的后裔（有岛武郎）	俄国十月革命
7	1918	领着孩子（葛西善藏）、新生（岛崎藤村）、田园的忧郁（佐藤春夫）、忠直卿行状记（菊池宽）、地狱图（芥川龙之介）	新村建立、第一次世界大战结束、发生米骚动、日出兵西伯利亚
8	1919	一个女人（有岛武郎）、友情（武者小路实笃）、幸福者（武者小路实笃）	中国"五·四"运动爆发
9	1920	珍珠夫人（菊池宽）、舞会（芥川龙之介）	阶级艺术论出现、经济危机开始
10	1921	暗夜行路（志贺直哉）、三等船客（前田河广一郎）、无限拥抱（泷井孝作）	无产阶级文学论出现、中国共产党成立
11	1922	都市的忧郁（佐藤春夫）、多情佛心（里见敦）	日本共产党成立、森鸥外去世
12	1923	出租孩子的店铺（宇野浩二）、太阳、苍蝇（横光利一）、幽禁[《鲵鱼》初稿]（井伏鳟二）	关东大地震、《文艺春秋》、《赤旗》创刊、有岛武郎自杀、大杉荣遇难
13	1924	痴人之爱（谷崎润一郎）、伸子（宫本百合子）、矗立富士之影（白井乔三）、女工哀史（细井和喜藏）	新感觉派组成、私小说论争、《文艺时代》、《文艺战线》创刊

续表

年号	公元	作品（作者）	有关事项
14	1925	柠檬（梶井基次郎）、卖淫妇（叶山嘉树）	治安维持法公布、普通选举法公布、中国上海"五卅事件"
15	1926	伊豆舞女（川端康成）、生活在海上的人们（叶山嘉树）、水泥桶中的信（叶山嘉树）、点鬼簿（芥川龙之介）	目的意识论争、日本文艺家协会成立、大正天皇去世
昭合2	1927	河童、齿轮、一个傻瓜的一生（芥川龙之介）、春天乘着马车来（横光利一）、在治疗室（平林泰子）	无产阶级文学组织分裂、芥川龙之介自杀、金融危机爆发
3	1928	来自牛奶糖厂（佐多稻子）、上海（横光利一）、盘旋的乌鸦群（黑岛传治）、真知子（野上弥生子）、深夜与梅花（井伏鳟二）	全日本无产阶级艺术联盟成立、三·一五大镇压、日内务省设立特高警察
4	1929	黎明前（岛崎藤村）、蟹工船（小林多喜二）、没有太阳的街（德永直）、浅草红团（川端康成）	无产阶级作家同盟（纳普）成立、四·一六对日共大逮捕
5	1930	机械（横光利一）、圣家族（堀辰雄）、南国太平记（直木三十五）	新兴艺术派俱乐部组成、田山花袋去世
6	1931	失明的故事（谷崎润一郎）、转换期的人们（小林多喜二）、水晶幻想（川端康成）	日本无产阶级文化联盟（克普）成立、中国九·一八事变
7	1932	鲇鱼（丹羽文雄）、女人的一生（山本有三）	上海一·二八事变、五·一五事变

二、日本现代文学史年表（小说）

续表

年号	公元	作品（作者）	有关事项
8	1933	年轻的人（石坂洋次郎）、春琴抄（谷崎润一郎）、人生剧场（尾崎士郎）、转换时期[后为《为党生活的人》]（小林多喜二）	无产阶级文学遭镇压、小林多喜二被害
9	1934	麻疯病（岛木健作）、家徽（横光利一）	行动主义文学论争、"文艺复兴"呼声高起、直木三十五去世
10	1935	雪国（川端康成）、真实一路（山本有三）、故旧可忘（高见顺）、苍氓（石川达三）、宫本武藏（吉川英治）	纯粹小说争论、日本笔会成立、设立直木文学奖、芥川文学奖
11	1936	冬之宿（阿部知二）、迷路（野上弥生子）、普贤（石川淳）、风起了（堀辰雄）	二·二六军事政变、中国西安事变
12	1937	路旁之石（山本有三）、旅愁（横光利一）、濹东奇谈（永井荷风）、生活之探求（岛木健作）	日本全面侵华
13	1938	活着的士兵（石川达三）、麦子与士兵（火野苇平）	日本作家从军、日本笔会退出国际笔会
14	1939	在所有星星下（高见顺）	二次世界大战爆发
15	1940	夫妻善哉（织田作之助）、日历（壶井荣）	
16	1941	缩图（德田秋声）、菜穗子（堀辰雄）	太平洋战争爆发
17	1942		北原白秋、与谢野晶子去世

续表

年号	公元	作品（作者）	有关事项
18	1943	东方之门（岛崎藤村）、细雪（谷崎润一郎）、李陵（中岛敦）	岛崎藤村、德田秋声去世、黑岛传治去世
19	1944	津轻（太宰治）、鲁迅（竹内好）	
20	1945	御伽草纸（太宰治）、歌声、响起来（宫本百合子）	德国无条件投降、日本无条件投降、民主主义文学运动兴起
21	1946	死灵（埴谷雄高）、舞女（永井荷风）、灰色的月亮（志贺直哉）、樱岛（梅崎春生）、播州平原（宫本百合子）、黑暗的图画（野间宏）、在死影之下（中村真一郎）、白痴（坂口安吾）	主体性论争、政治与文学论争、文学者的战争责任论争、《世界》《近代文学》《人间》《群像》《新日本文学》《展望》创刊
22	1947	两个院子（宫本百合子）、五勺酒（中野重治）、令人讨嫌的年纪（丹羽文雄）、肉体之门（田村泰次郎）、绿色山脉（石坂洋次郎），缅甸的竖琴（竹内道雄）、夏之花（原民喜）、斜阳（太宰治）、脸上的红月亮（野间宏）、路标（宫本百合子）	日本笔会重新成立、《文学界》复刊、横光利一去世
23	1948	虫子种种（尾崎一雄）、俘虏记（大冈升平）、失去作为人的资格（太宰治）、永远的序章（椎名麟三）	战后派文学盛期、川端康成任日本笔会会长、太宰治自杀、菊池宽去世

二、日本现代文学史年表（小说）

续表

年号	公元	作品（作者）	有关事项
24	1949	山之音（川端康成）、千羽鹤（川端康成）、真理先生（武者小路实笃）、火鸟（伊藤整）、假面的告白（三岛由纪夫）、足摺岬（田宫虎彦）、斗牛（井上靖）、猎枪（井上靖）	风俗小说论争、中华人民共和国成立、下川、三鹰、松川事件相继发生
25	1950	武藏野夫人（大冈升平）、鸣海仙吉（伊藤整）、遥拜队长（井伏鳟二）、画册（田宫虎彦）	美侵朝、金阁寺被烧毁、中间小说涌入文坛
26	1951	野火（大冈升平）、墙（安部公房）、广场的孤独（堀田善卫）	原民喜自杀、宫本百合子去世、日美安全保障条约签定
27	1952	真空地带（野间宏）、风媒花（武田泰淳）、二十四只眼睛（壶井荣）、小仓日记（松本清张）	国民文学论争、久米正雄去世
28	1953	坏伙伴（安冈章太郎）、人工庭院（阿部知二）	MHK开始电视播送、朝鲜停战协定签字
29	1954	骤雨（吉行淳之介）、远来的客人们（曾野绫子）、潮骚（三岛由纪夫）、美国学校（小岛信服）、游泳池旁小景（庄野润三）	第三代文学新人出现
30	1955	云的墓标（阿川弘之）、白色的人（远藤周作）、太阳的季节（石原慎太郎）	坂口安吾去世，"神武景气"出现

续表

年号	公元	作品(作者)	有关事项
31	1956	吟公主(今东光)、金阁寺(三岛由纪夫)、钥匙(谷崎润一郎)、人的条件(五味川纯平)、楢山小调考(深泽七郎)、冰壁(井上靖)、挽歌(原田康子)	"太阳的季节"论争、战争责任论争、侦探小说热、匈牙利事件
32	1957	点与线(松本清张)、天平之甍(井上靖)、海与毒药(远藤周作)、死者的宴席(大江健三郎)、人墙(石川达三)、裸体的皇帝(开高健)	苏联人造卫星上天
33	1958	饲育(大江健三部)、花影(大冈升平)楼兰(井上靖)	德永直去世
34	1959	纪之川(有吉佐和子)、我们的时代(大江健三郎)、海边光景(安冈章太郎)	反安保斗争、永井荷风去世、政治与文学论争
35	1960	睡美人(川端康成)、不悦的感觉(高见顺)、婉这个女人(大原富枝)、死之棘(岛尾敏雄)、忍川(三浦哲郎)	新安保条约通过、浅沼稻次郎遇害、高速经济发展政策出台
36	1961	雁之寺(水上勉)、忧国(三岛由纪夫)	纯文学论争
37	1962	沙中女(安部公房)、古都(川端康成)、榆家的人们(北杜夫)、龙马奔走(司马辽太郎)、悲器(高桥和巳)	战后文学论争

二、日本现代文学史年表（小说）

续表

年号	公元	作品（作者）	有关事项
38	1963	沙上的植物群（吉行淳之介）、蟹（河野多惠子）、地群（井上光晴）	政治与文学论争、日本近代文学馆建立
39	1964	他人的脸（安部公房）、然而，我们的日子（柴田翔）、个人的体验（大江健三郎）、冰点（三浦绫子）、傍晚的云（庄野润三）	东京奥林匹克运动会举行、东海道新干线通车、佐藤春夫去世
40	1965	黑雨（井伏鳟二）、甲乙丙丁（中野重治）、拥抱家族（小岛信夫）、春雪（三岛由纪夫）	谷崎润一郎、梅崎春生、高见顺去世
41	1966	沉默（远藤周作）、华冈青州之妻（有吉佐和子）	
42	1967	万延元年的美国足球（大江健三郎）、燃尽的地图（安部公房）	壶井荣去世
43	1968	三只蟹（大庭美奈子）、坂上之云（司马辽太郎）	川端康成获诺贝尔文学奖、大学动乱
44	1969	时间（黑井千次）、青春之门（五木宽之）、洋槐的大连（清冈卓行）、我的解体（高桥和巳）	
45	1970	杳子（古井由吉）、转门（河野多惠子）、树影（佐多稻子）	三岛由纪夫剖腹自杀、公害问题日益严重
46	1971	狂风记（石川淳）、嵯峨野明月记（辻邦生）	志贺直哉去世、高桥和巳去世

续表

年号	公元	作品（作者）	有关事项
47	1972	只有一个人的叛乱（丸谷才一）、恍惚的人（有吉佐和子）	川端康成自杀、田中角荣日本列岛改造论
48	1973	不归的夏天（加贺乙彦）、非洲之光（丸山健二）、日本沈没（小松左京）、洪水接近我的灵魂（大江健三郎）	椎名麟三、阿部之二、大佛次郎去世、石油危机、第四次中东战争
49	1974	冥途上的家族（富冈多惠子）、鸽子们的家（中上健次）、综合污染（有吉佐和子）、落日燃烧（城山三郎）	山本有三去世
50	1975	甜蜜的房间（森茉莉）、岬（中上健次）、火宅之人（檀一雄）	"内向的一代"活跃、井上光晴去世
51	1976	近似无限透明的蓝色（村上龙）、流离谭（安冈章太郎）、枯木滩（中上健次）	檀一雄去世、武者小路实笃去世
52	1977	献给爱琴海（池田满寿夫）、我是什么（三田诚广）、死之棘（岛尾敏雄）、泥河（宫本辉）、五月巡礼（黑井千次）	
53	1978	九月的天空（高桥三千纲）、到傍晚（吉行淳之介）、宠儿（津岛佑子）	
54	1979	愚者之夜（青野聪）、且听风吟（村上春树）、同时代的游戏（大江健三郎）	荒正人、中岛健藏、中野重治去世
55	1980	武士（远藤周作）、远雷（立松和平）	

三、主要参考书目

《现代日本文学史》 大久保典夫等编 笠间书院 1989

《战后日本文学史·年表》 松原新一等编 讲谈社 1986

《日本文学全史（现代）》 市古贞次等编 学灯社 1986

《近代日本文学史》 三好行雄著 有斐阁双书 1979

《现代日本文学大事典（增订缩印版）》 久松潜一等编 明治书院 1968

《日本近代文学大事典》 日本近代文学馆编 讲谈社 1984

《新潮日本文学辞典（增补修订版）》 矶田光一等编 新潮社 1991

《新研究资料 现代日本文学》第 1 卷 浅井清等编 明治书院 2000

《新研究资料 现代日本文学》第 2 卷 浅井清等编 明治书院 2000

《国语常识》（第二版） 三谷荣一等编 大修馆书店 1994

《现代文学研究事典》 大久保典夫等编 东京堂出版 1983

《新现代文学研究必携》 竹盛天雄等编 学灯社 1992